文化中国

芳菲
湖南

徐茂君◎主编

湖南大学出版社

《芳菲湖南》编委会

编委会主任

徐茂君

编委会副主任

唐成文　刘绍权　刘俊峰　黄绍湘　王玉杰

编委会成员

邓学锋　谭雄鸠　刘伟光　李胜军

肖坤吾　段　皓　曹小勇　黄青荣

高昌华　段兴文　狄　洪　汤文美

李文剑　尹定峰　穆振民　范湘彤

从花草出发，抵达美丽湖南

——《芳菲湖南》序

◎刘绍权

　　当"美丽"成为国策，我们便讶然发现其现实意义是何等深刻。习近平新时代中国特色社会主义思想和党的十九大精神都蕴含了"生态文明"建设的伟大目标和"美丽中国""绿水青山就是金山银山"的发展理念。"美丽"也成了湖南省委省政府的发展规划：建设富饶美丽幸福的新湖南。

　　我们力图为"美丽"做一些事情，《芳菲湖南》便应运而生。这是一本特别的"美丽之书"。它的特别之处在于，我们将"美丽"由"倒江翻海卷巨澜""为有牺牲多壮志"的"壮美"而移接到了"桃花源里可耕田""一枝一叶总关情"的"优美"。切口是小一些，然而落英缤纷，芳草鲜美，故事因而变得鲜活亮丽，馨香扑面。我们深知，一花一世界，一树一菩提。每一枝花，每一枚叶，都是镌刻在三湘大地上的一个灼眼的路牌，沿着这些芬芳的路牌走下去，我们便不知不觉转入人杰地灵的三湘四水，抵达一个"心忧天下"的美丽湖南。

　　风花雪月，诗情画意，实则是人们心底最为柔软的情愫。在湖南这片钟灵毓秀的大美之地，孕育了无数芬芳美丽的奇花异草。虽则从生物学的角度而言，这些花木绝大部分不唯湖湘独有，然而"橘生淮南则为橘，橘生淮北则为枳"，"不到潇湘岂有诗"？于是在这片诗的国度里，"蒹葭苍苍，白露为霜""桃之夭夭，灼灼其华""有女同车，颜如舜华""朝饮木兰之坠露兮，夕餐秋菊之落英""薜荔柏兮蕙绸，荪桡兮兰旌""似琉璃之栖邓林，若珊瑚之映绿水""水晶帘动微风起，满架蔷薇一院香"……这些幽处于山野泽国的花草正是因为乘上了诗意的翅膀，才得以栖息于文人的书案，歇翅于旅人的帽檐，舞动于仕女的心房……

在这一方热土之上，我们寄情于花木，但是我们没有止步于"陌上花开"。于是乎在遥远的年华里，在"斑竹一枝千滴泪"的幽怨背后，我们仿佛看到了舜帝为天下苍生披荆斩棘的身影；在"美人香草"的隐喻之中，我们看到了"虽九死其犹未悔"的忧愁忧思的屈子；在"岸芷汀兰，郁郁青青"之际，我们体悟到了"先天下之忧而忧，后天下之乐而乐"的情怀；在濂溪，我们读懂了先生"出淤泥而不染，濯清涟而不妖"的节操；在船山草堂，我们抚摸圣人手植的柏树，风骨铮铮，浩气逼人；在岳麓，枫叶如丹，层林尽染，独立寒秋的伟人发出了"问苍茫大地，谁主沉浮"的千古浩叹……"我欲因之梦寥廓，芙蓉国里尽朝晖。"一方水土养一方人，书中写的虽是植物，但又岂是博物学里躺在书本教案的植物？当植物被投射了理想、寄托了心志、安放了情怀之后，便焕发出耀眼的人文光彩，深厚的哲思底蕴，以及郁茂勃发的时代气息。

《芳菲湖南》的140篇雅文，出自中国邮政集团公司旗下《时代邮刊》杂志的五位年轻女编辑之手，系纯手工的原创之作。她们用敏感到近乎于痴的笔触撰出了这些端凝雅驯而不失清新活泼、清嘉曼妙而全无脂粉之气的文字。这些文字正如她们笔下的花木，摇曳多姿，意趣盎然，各领风骚。然则湖湘地大物博，我们只是撷取几枝，挂一漏万，加之作者多非博物学专才，难免浅尝辄止。但是鲜有人从这个角度展示湖南风采、解读湖湘文化，《芳菲湖南》的这个尝试是难能可贵、可喜可贺的。在空前关注生态文明建设和全域旅游的当下，展示本乡本土的花木，呈现它们所蕴藏的元气淋漓的人情之美，深邃醇厚的人文之美，乐莫大焉。

是为序。

刘铭权

目录

CONTENTS

湘潭篇

株洲篇

衡阳篇

郴州篇

常德篇

益阳篇

湘西篇

张家界篇

怀化篇

永州篇

长沙篇

它叫芙蓉，确切来讲是木芙蓉。湖南人给予了它全民性礼遇，衣食住行纷纷请它代言，诸如芙蓉区、芙蓉镇、芙蓉路、芙蓉广场、芙蓉桥、芙蓉矿，乃至叼在嘴上喝进肚里的皆有它的身影……或如"芙蓉国里尽朝晖"所说，它一扫落叶的肃杀之气，容不得片刻悲秋感怀，带来灿烂阳光。

三月三，地菜煮鸡蛋

◎易 欢

　　"三月三，地菜子煮鸡蛋"。每年农历三月初三，长沙的小雨淅淅沥沥地下着，这时候的长沙几乎家家户户都会吃上荠菜煮的鸡蛋，味道清香、甘甜。荠菜，长沙人叫它"地菜子"，也叫"地米菜"。俗话说："地菜子煮鸡蛋，吃了石头都踩烂。"意思是说在这一天吃了地菜子煮鸡蛋，这一年都头不痛，腰腿不痛，身体会很强壮，连最硬的石头都可以踩烂。

　　至于为什么会有这样的说法，有这样一段美丽的传说。相传在楚地，人们因为风吹雨打，头痛病很常见。三月初三，神农路过云梦泽，见乡民头痛难耐，他找来野鸡蛋和地菜，煮给人们充饥。当人们吃了以后，头突然不痛了。自此，"三月三，吃地菜子煮鸡蛋，一年不头疼"的习俗也就延续至今。

　　还有这样一个传说：三国时期，名医华佗到沔城采药，一天，偶遇大雨，在一老者家中避雨时，见老者患头痛头晕症，痛苦难耐。华佗随即替老者诊断，并在老者园内采来一把地米菜，嘱老者取汁煮鸡蛋吃。老者照办，服蛋三枚，病即痊愈。此事传开，人们都纷纷用地米菜煮鸡蛋吃，热潮遍及城乡。华佗给老者治病的日期是农历三月初三，因此，三月初三，地米菜煮鸡蛋，就逐渐流传开来，形成了风俗。

　　还有一种说法是，因荠菜的谐音是"聚财"，故此，老百姓又根据民间传说，于三月初三这一天祭祖的时候，把新鲜荠菜洗净后捆扎成一小束，放入鸡

蛋、红枣等，再配两三片生姜，煮上一大锅，全家人都吃上一碗，食之既可交发财运，又可防治头昏病，久而久之便形成一种民间特有的食疗习俗。

其实，荠菜在古代，就早已成了美味佳肴呢。早在《诗经·谷风》就有云："谁谓荼苦？其甘如荠。"宋代大诗人陆游也对荠菜情有独钟，曾吟诗赞美："手烹墙阴荠，美若乳下豚。"甚至说自己曾经"春来荠美忽忘归"。清代扬州八怪之一的郑板桥也题诗画称赞："三月荠菜饶有味，九熟樱桃最能名。"

其实，说起荠菜，并不是其有赛过山珍海味的滋味，而是那一份远离家乡游子的情怀。想起一句话："父母在，人生尚有来处；父母去，人生只剩归途。"三月初三，吃的也不仅是地菜煮鸡蛋……

人间五月天，星城樟树香

◎易 欢

    又是人间五月天。这几天，长沙全城似乎都有一股淡淡的清香，长沙街头这若隐若现的香气，像抓不住的迷人的影子。是什么花这么香？原来，这个季节，长沙满城的香樟树开花了，这淡淡的清香，就是这种不起眼的小白花散发出的香气。那一树繁密的樟树花儿，点缀在长沙的大街小巷。樟树的花朵实在太貌不惊人，不像樱花、杜鹃或玫瑰花，拥有缤纷美丽的花形和花色，要不细心留意，樟树开花总是容易被路人忽略。

    樟树一般在四月中下旬到五月上旬开花，色白带淡黄，簇生，花朵很小，"看相"不佳。一般人很少留意到香樟花，但它给人一种"润物无声"的感觉。如果出太阳、温度高，香味会散发得快一些；晚上的时候，因为人的嗅觉更灵敏，更易感觉到花香。

    香樟是一种常绿乔木，原产于我国东南沿海，隋唐时即传植入长沙地区。作为长沙的市树，城中所见最多的便是樟树了，它被列入国家二级重点保护野生植物名录。在长沙的行道树中，它占据了四分之三，贯通长沙市区的几大主干道。长沙古树名木中数量最多的树种是香樟，共有2 247株"百岁"以上老香樟。

长沙有名的香樟中，圆通寺的古樟，树龄近千年，胸径达2.28米。浏阳市金刚乡石霜寺外的两株樟树更令人叫绝，两树隔小溪相对而生，在3米多高处长为一体，成为一株数人才能合抱的合欢树，人称夫妻树，又名"隔河相会"，是石霜寺十八景之首。当地人寓以黄乐与秀花的爱情故事，并吟诗叹曰："一径通幽寺，双樟隔小溪。干从颈项合，枝上树梢离。倩影映泉碧，桥虹入涧奇。千秋儿女恋，怀古看夫妻。"香樟树寿长，树姿雄伟，树冠开展，树叶繁茂，颇能象征长沙人艰苦奋斗、坚韧不拔的性格和情操。

香樟材质密致，有浓烈的香气，可防虫蛀，是制作家具和手工艺品的好材料。江西吉安的樟木衣箱，香气袭人，外表雕刻各式图案、花纹，是举世闻名的实用工艺品。明代以后，吉安人大批移居长沙，樟木箱也就成为长沙民间的一种传统手工业产品。

香樟在长沙这座城市里有着不同寻常的位置。长沙城里到处可见专门辟出的古树保护区域。这些保护起来的古树，有的生于道路中间（黄土岭路上长沙理工大学附近有一株），有的占据市中心（袁家岭拐角处有一株）的寸土寸金之处，有的幽居于近郊学府内（中南大学内有一株）。近十多年来，长沙新修和拓改了100多条城市道路，大约有上百棵樟树跟道路规划发生矛盾。按照长沙市委市政府"修建道路一棵树也不砍"的精神，依"树"就势将上百棵樟树全部保留下来。现在，在湖南大学东方红广场附近，在阜埠河路口的渔湾市，都可以看到一排排老樟树像一道城市景观被保护在道路中间。潇湘大道猴子石大桥北900米处，一棵百年老樟树长在西半幅路面上，修路时将路幅西移10米，老樟树与公交车站台形成一道别致的风景。八一路上的一棵双胞胎百年古树、溁湾镇与高叶塘交界的枫林路的一棵百年老樟树都在道路拓改中得到保护……这些老樟树承载着城市厚重的历史记忆，像活文物一样每时每刻记录着长沙的变迁。

五月天，熏风里，午后的阳光安静，巷陌不语，只有汹涌袭来的樟香迷得人只想睡觉。

宁静长沙，从桂花公园开始

◎易　欢

　　在多数人的印象里，长沙人都是风风火火、吃苦霸蛮，出了名的调子高。可是直到您去了这里，才真正发现，长沙人的生活也可以如此恬淡幽静，一动一静之间，品味宁静生活。

　　古城长沙，东塘往东五百余米，望之蔚然而深秀者，桂花公园也。公园地处于旧时桂花水库原址，曾有古桂数株，故取名为桂花公园。1995 年 5 月 28日建成开放，占地约三十余亩。在城中心高大建筑包围下，桂花公园闹中取静，保持着自己独有的宁静、清新，和恬淡格调。

　　有人考证，唐代儒生韦固携妻云游星沙至此，皓月下见一老者，背靠桂花大树，翻阅宝书，找寻红绳。韦固上前请教，老人答曰："只要我将红绳系于天下有情人手上，定必好合，白头偕老，美满幸福"。今天，月下老人依旧在，桂子亦如昔。另有后羿射日、嫦娥奔月、吴刚伐桂等诸多动人故事，记于园内的一浮雕之上，历历在目。

桂花公园共有300多棵桂花树，十多个品种，其中既有花色淡红的丹桂、金黄的金桂，也有白色的银桂和四季桂。其中入园左边的一棵银桂和右边的一棵金桂，树龄都在百年以上，花开时桂花如繁星点点，满园飘香。

桂子月中落，天香云外飘。每年中秋前后，桂花公园里已是满园桂花，金灿灿挂在树枝上，行人忍不住驻足停留，用力吸上几口才舍得离去。不过，桂花虽香，你越是凑得近贪婪地吸取，越是闻不到；当你走过，不经意的时候，却能感到阵阵香气溢进你的鼻腔，隐忍且含蓄。正如李清照《鹧鸪天·桂花》中所写："暗淡轻黄体性柔，情疏迹远只香留。何须浅碧深红色，自是花中第一流。"

邀亲朋好友，公园里"香飘幽巷深，人醉桂花楼"；约三五知己，桂花茶廊内坐拥春花秋月；或小憩、或垂钓于桂花潭边，莲花朵朵，杨柳依依。信步园中，小桥上，微风阵阵；青石边，流水潺潺；曲径处，暗香浮动；明月下，树影婆娑……白居易曾写："遥知天上桂花孤，试问嫦娥更要无"。在其中，一种身处闹市却如同田园般的"结庐在人境，而无车马喧"的世外桃源感油然而生。

那棵千年罗汉松，那些红色记忆

◎易　欢

　　"乡愁是什么？"席慕容说，"乡愁是一棵没有年轮的树，永不老去……"提起乡愁，池塘古树、灰墙老井、袅袅炊烟，让人浮想联翩。而对于湘赣边陲的小河乡田心村的村民来说，乡愁则是那棵古罗汉松的2 000年福荫。

　　位于小溪河畔的这棵树龄上千年的古罗汉松，枝繁叶茂，形态奇美，巨大的树冠兀自撑开一片天地，被人称之为"树王"成为长沙浏阳小河乡一大奇观。

　　小河乡里有座石桥架于小溪河上，这是浏阳河的一条支流。小溪河吸纳了小河境内最高点金钟湖的一支水，汇入浏阳河，注入湘江。而位于严坪村与江西万载县黄茅镇界山处的金钟湖流出的另一支水，则是南川河的源头。小溪河流水淙淙，罗汉松就生长在河边。

　　"身是菩提树，已非凡草木。"在清代诗人曾燠笔下，罗汉松形态"支离复拳曲"，是"六朝栋梁材"。浏阳的这棵千年罗汉松树高10米多，主干直径接近2米，需5人合抱，周围多根根茎抱团围绕。树蔸丛生，枝繁叶茂，郁郁葱葱，给人以苍劲之感；华冠如盖，覆盖百余平方米。

这棵千年罗汉树，早成了村里人不可失去的精神象征。过年的时候，不少村民会来到罗汉树下，点一炷香，拜一拜，祈求来年风调雨顺、平平安安。而巨型树冠下，建有石桌和石椅，可以供小孩在此嬉戏打闹、大人们在这里话家常，好不热闹。

罗汉松，树形古雅，因种子和种托组合一起形似罗汉而得名，在南方的庙宇、宅院多可见，或门前对植，或中庭孤植，但树龄上两千年的野生罗汉松非常罕见。罗汉松有雌雄之分，只有雌树方可结种，种子可入药。小河乡的千年罗汉松为雌树，每到八九月份的时候，种子成熟，树上像极了一个个罗汉在打坐。

小河是革命老苏区，这里有红一方面军后方总医院，有红十八军建军时的旧址，还有造币厂、军械厂、工农兵银行、列宁图书馆、红军学校、红军墓等。枪炮声、呐喊声、口号声……这棵千年罗汉松，亲历了多少火与血的故事！据传1930年8月，习仲勋受刘志丹的委派前来浏阳与毛泽东联系，就在这棵大树下，毛泽东与习仲勋就如何开展农村武装斗争建立农村革命根据地等问题交谈了两个多小时，对全国农民运动的开展、革命根据地的开辟与建设有着重要的历史意义。这件事虽未确证，但这棵罗汉松确实是这段轰轰烈烈的革命岁月最直接的见证者。

罗汉松扎根的土地也是历史悠久、文蕴深厚之地，小河曾出土了石器、锛斧、陶器，以及春秋两汉时期的青铜礼器、铜矛铜戈、铜钺兵器等物。梦回千年前，这棵罗汉松为幼树时，是否也曾聆听过古战场的喊杀声？

天际风云变幻，白云苍狗，唯有这棵罗汉松耸立千年，看尽了人间沧桑，守护这一方水土安宁。

老周南的爬山虎

◎易　欢

　　"爬山虎刚长出来的叶子是嫩红的，不几天叶子长大，就变成嫩绿的。爬山虎的嫩叶不大引人注意，引人注意的是长大了的叶子。那些叶子绿得那么新鲜，看着非常舒服，叶尖一顺儿朝下，在墙上铺得那么均匀，没有重叠起来的，也不留一点儿空隙。一阵风拂过，一墙的叶子就漾起波纹，好看得很。"叶圣陶眼里的爬山虎是这样的。但我独爱属于老北正街百年周南的这一隅爬山虎。

　　我从小生活在长沙最古老的城区，往南 500 米是恢宏宽阔的五一大道，往北 500 米是拥挤繁盛的中山路。儿时的记忆像是碎片，只剩几个场景像散落的拼图偶尔呈现于悲伤或温情的梦里。潘城堤仍在，只是北正街消失了，就像周杰伦的歌里那样"小弄堂、老街坊，是属于那年代白墙黑瓦的淡淡的忧伤"。十余年间，经过几次重修和改造，原来的麻石青砖已经变成了柏油路，老人渐渐消失，原来在马路中间玩跳房子的孩子业已长大，而我，就是其中一个。唯有那见证了百年长沙的老周南还在，那一墙的爬山虎还是以前的那一抹绿色。

从"周氏家塾"到周南女学，从周南女子师范学堂、私立周南女子学校，再到现在的长沙市周南实验中学，不变的还是那满墙的沧桑。

爬山虎大概是不受古人宠爱的吧，不然关于它的诗词也不会那么少了。唐伯虎曾在他的《落花诗》中吟："扑檐直破帘衣碧，上砌如欺地锦红"。没错，诗中所说的地锦，就是常见的爬山虎。爬山虎，俗称钳壁藤，我以为谓之爬山虎更为本真、形象、生动。爬山虎是植物中的猛类，为了生存，辟一方天地，占一席阴凉，它那么执着，那么刚毅，生命力那么旺盛，不管根基肥瘠，只要有依附即一个劲地蹿生，贴住墙壁吮吸尘埃雨露，恣意地蔓长，不用多少时间就铺成了一张绿幔。

如今世人却与古人不同，敬畏它，把它视为倔强向上的精神图腾。生在周南中学的爬山虎更有理由招摇，就在周南这片绿色之下，青年毛泽东以此作为营地。他在这片爬山虎下不仅发展了新民学会第二批会员，还在这里召开了新民学会年会。

它不择地而生，它同样要忍受风餐露宿，它为高度奋斗不止。是的，被人欣赏是爬山虎的追求，一心往上爬是它的本能，义无反顾是它的秉性，人不也是这样吗？

你或许不能想象一个小孩站在周南校舍最高一层的视角：一望无际的灰瓦屋顶，若隐若现的远方。一个小孩的格局可以多么小，以至那时每每透过爬山虎望向最远处的楼房，就以为这就是长沙。

我想，大千世界，每一种生物都是精灵，都以特有的秉性生存着，而且自得其乐，爬山虎是这样，我也是这样。

日啖酸枣三百颗，不辞长作浏阳人

◎易 欢

　　巍巍大围山，九曲浏阳河。上天赐予浏阳最珍贵的山水资源，并成为浏阳独特的城市名片。一直以来，浏阳给所有人的印象都是低调而内敛的，无论你有没有来过这座小城，你一定知道她。

　　生活在浏阳，有鱼米之乡的精细美食，也有让北上广羡慕的慢节奏生活。如果你问一个浏阳人，他的家乡有什么零食，他大概可以像报菜名一样来上一段。但更多的人似乎对酸枣情有独钟，酸枣糕、酸枣粒、原味酸枣……酸枣在这里被制成各种口味的零食。

关于酸枣有这样的一段传说。康熙年间，康熙帝御驾亲征噶尔丹，因车马劳顿，士卒皆疲，康熙爷忧军心不稳，贻误战事。思处间，忽闻人马嘶鸣，猝惊，问手下士卒，答曰：不知何处传来香气，令军心大振。细闻之，康熙也顿觉神目皆开，驱马寻至贺兰山顶，更觉清香扑面，举目四望，遍山似枣物红果，尝之，酸甜怡人，神清气爽。又行，缥缈山雾间落驾于一村落，见村姑皆肌如润，肤如玉，似天宫圣女，问其故，皆曰：食山中野枣而致。康熙大悦，曰：此乃圣物也。随命军士林中安营，以振军心。不日率军亲征，携皇威平定噶尔丹。圣驾回宫后，将此酸枣遍赏后宫，以显皇恩。

上文中的酸枣俗称北酸枣，北方酸枣喜光，耐干旱，耐严寒，适应性强，无论山区、丘陵、平原，只要有扎根之处，都能生根、开花、结果。

而浏阳酸枣俗称南酸枣，"小而圆，其核中仁微扁，其大枣仁大而长，不相类也。"南酸枣喜温暖湿润的气候，对土壤要求不严，以疏松湿润、土层深厚的砂质土壤生长较好；主要分布于我国南方海拔 300 米至 2 000 米的山坡、丘陵或沟谷疏林中。

当然我们其实更关注它吃的一面，其实南酸枣直接拿来吃的应该不多，在浏阳更多的是加工成甜品零食。来到湖南，来到浏阳，在超市或景点酸枣粒应该是一种很常见的休闲零食了。如果你是个喜欢自己动手的人，那么在秋季果熟的时节，自己可以尝试去做做这道美味。

将红薯削皮、酸枣洗干净，蒸煮红薯和酸枣。蒸熟后，用木槌将红薯和酸枣捣碎。不把核挑出来可以做酸枣粒，把核去掉可以捏成团，做成块、切成条。不过，挑核没有任何诀窍，只能是在捣碎的酸枣中一个个挑出，这是最费工夫的工序。加入白糖、辣椒粉将红薯泥和酸枣泥搅拌均匀，甜辣的口味，根据个人的喜好增减。晾晒个四五天，正宗的浏阳酸枣零食就做成了。

说湖南人爱吃、好吃，是不是从一颗酸枣里也能一探究竟。吃过正宗的浏阳酸枣，才算是来过湖南吧。日啖酸枣三百颗，不辞长作浏阳人。

法国梧桐的长沙身影

◎易　欢

　　宋美龄说喜欢法国梧桐，蒋介石就在整个南京种满法国梧桐。毫无疑问，在他们眼里，法国梧桐是一种浪漫的树。

　　电影《致青春》里就有这样一个浪漫的画面：阮莞骑着单车穿行在浓深的法国梧桐树影里，男友赵世永在后面推。一公里的道路，两边全是高大的法国梧桐。风一阵阵吹来，晃动的树影撩动着飞扬的青春……这个惊艳的出场，清新唯美，一下子就抓住了观众的心。

　　其实，不只是在南京，也不只是在电影里，长沙也曾在街道两旁遍植法国梧桐，也是那样浪漫那样唯美。

　　长沙在街道两旁遍植法国梧桐，最初的愿望是为了街道的绿化美化。因为法国梧桐高大魁梧，枝叶繁茂，而且生长快，与七叶树、椴树、榆树一起被誉为世界四大行道树。上世纪五六十年代，长沙城里绿化基础差，为了尽快达到绿化效果，便大面积栽种了法国梧桐、泡桐等作为行道树。三五年过后，长沙很多街道两旁的法国梧桐就长得非常茂盛了，黄兴路、蔡锷路、建湘路、湘春路、迎宾路、东风路、韶山路、梓园路等街道的两旁，都是绿荫如盖的法国梧桐。

　　徐娭毑在长沙八一路附近住了40年，法国梧桐贯穿了她的整个人生记忆。年轻时她上班下班，为了抄近道，都走迎宾路。在徐娭毑的记忆里，迎宾路没拓修之前是条不起眼的泥泞小路，路边没有绿化，只有平房民居。1975

年，迎宾路开始拓修，同时在路边栽上了法国梧桐。后来，迎宾路两旁的法国梧桐长得特别高大茂盛，成了全长沙街道绿化美化的"代表作"之一。徐娭毑每天在迎宾路边走来走去，感到特别清凉、舒畅。如今一晃40多年过去了，迎宾路上的法国梧桐依然繁茂。

除了迎宾路，如今能够体现长沙当年用法国梧桐绿化美化街道成果的，还有梓园路。"即便是太阳暴晒的大热天，走在街上仍能感觉到丝丝凉意。"1985年，因为工作关系，陈嗲嗲搬到梓园路，成了廖家湾社区最早的居民之一。如今走出社区走上梓园路，还能走进那片清凉里。而这些法国梧桐，正是当年种下的。对于他来说，这片树荫已经成为了一个休闲放松的好地方。陈嗲嗲饶有兴致地回忆，长沙那个时候最多的树种，可能就是法国梧桐和泡桐树了。上世纪80年代的时候，他每天早上会骑自行车上班，沿着梓园路上人民路，再到五一路的百货商店，沿路都是这种茂密的法国梧桐。

时间在变，环境在变，人们的要求也在变。伴随着香樟树成为长沙的市树，法国梧桐、泡桐等这些行道树，在这座老城也渐渐退出了历史舞台。如今，那仅有的几条法国梧桐老街，还能让人们依稀看见法国梧桐的长沙身影，还能让徐娭毑、陈嗲嗲他们回想起长沙并不遥远的黑白模样。

芙蓉国里尽朝晖

◎易　欢

　　它叫芙蓉，确切来讲是木芙蓉，湖南人给予了它全民性礼遇，衣食住行纷纷请它代言，诸如芙蓉区、芙蓉镇、芙蓉路、芙蓉广场、芙蓉桥、芙蓉矿等，乃至叼在嘴上喝进肚里的皆有它的身影……或许是因它塑造了这片土地上的秋冬景观。诚如"芙蓉国里尽朝晖"所说，它一扫落叶的肃杀之气，容不得片刻悲秋感怀。

　　"多情常伴菊花芳"的芙蓉花不仅仅受湖南人的喜爱，不单有芙蓉国一说，还有芙蓉江、芙蓉城。所谓芙蓉江原指浙江省的瓯江，因两岸曾遍植芙蓉而得名。四川成都也因全城种满芙蓉而称作芙蓉城。至于芙蓉国，是说湘江两岸早在一千多年前就曾栽满芙蓉，诗称"秋风万里芙蓉国"。

借此回望，当年湘江两岸秋风万里满目芙蓉，这是芙蓉的故事，也是湖南的故事。

唐宋时代，湖南湘、资、沅、澧流域广生木芙蓉，木芙蓉高者可达数丈，花繁叶盛，常有白、黄、淡红数色的花朵竞相开放。位于洪江市的芙蓉楼，正建于唐代，是湖南迄今较早以芙蓉命名的建筑，为王昌龄宴会宾客之地。

唐代另一位诗人柳宗元也被贬至永州，写有《湘岸移木芙蓉植龙兴精舍》。至随后的唐末五代时期，一个寒风乍起的秋雨天，另一位诗人谭用之在湘江两岸看到大片的芙蓉，不由感慨："万里秋风芙蓉国，暮雨千家薜荔村"。

无论是王昌龄，还是柳宗元、谭用之，当他们以贬谪之身来到当时的湖南，美艳的木槿都足以抚慰其流放的内心。那个时候的潇湘地域没有后来的美好，而是一袭远古的凄远。谭用之看到的湘江与今日湘江断然不同，那是洪水不断的大河，八百里洞庭湖浩浩汤汤。在遍布河汊水道的乡野湖南，芙蓉以强盛的生命力、鲜艳浓烈的花容、高挑挺举的身姿俘获了南下贬谪诗人的心灵。

中华人民共和国成立后，开国领袖毛泽东两次在诗中引用"芙蓉"，更使芙蓉国之雅称广为传播。一次是 1961 年秋天，毛泽东为答谢周世钊、李达、乐天宇所赠礼物和诗，写下咏叹湖南风物的《七律·答友人》。其中，有"我欲因之梦寥廓，芙蓉国里尽朝晖"句。诗中，毛泽东既是赞叹湖湘文化之悠久、绚烂，更是因为毛泽东对牺牲了的许多亲朋故旧的追怀。故乡湖南，在诗人的梦里，那遍地绽放如同朝霞的芙蓉，就是这个古老省份的象征。同年 12 月 26日，是毛泽东 68 岁生日。当天，他又写了一封信给湖南省副省长、同学、诗友周世钊，更直接引用了谭用之《秋宿湘江遇雨》："秋风万里芙蓉国，暮雨千家薜荔村。"

千年前的谭用之是无法想象此番情景的，他所处的芙蓉国秋风万里，而今满眼朝晖。三湘四水，物华天宝，热土潇湘，人杰地灵、英雄辈出，不负"惟楚有材、于斯为甚"的盛名。

莫道天凉好个秋，浏阳金桔来润喉

◎易　欢

　　秋日暖阳里，从长沙市区出发，驱车东行两小时，来到浏阳市沿溪镇金桔村。田间地头、山坡林下，秋天的金桔村一切都呈现出瓜熟蒂落的态势——即将收获的这片土地美不胜收，一幅幅美图在田间地头。

　　青黄的稻浪翻滚成风景自不必说，放眼望去一片片整齐的黛绿又是什么？是金桔树林在阳光下散发出诱人的色泽。而摇曳在青枝碧叶之间的金桔果实，正如宋朝《食货志》所描述："其大者如金钱，小者如龙目，色似金，肌理细莹，圆丹可玩，啖者不剥去金衣，食用以渍蜜为佳。"

　　浏阳金桔已有一千多年的栽培历史，最早见于宋朝《食货志》："浏邑之东，山深土满，遍地沃壤，宜于种桔，栽种数年，果实累累，远销外埠。贷银钱以资日用，可收久远之利。深谷之民，有以此代耕者。"据《湖南省志》记载，浏阳金桔明朝列为"贡果"。清同治年间，大光、达浒、团罗一带，年产金柑万担以上，所产金桔不仅个儿大，外观也很漂亮。金黄的果皮，细嫩的果肉，甘甜而略带酸味的果汁，使它历代都作为向朝廷纳贡的珍果，被誉为"金桔之乡"。

　　金秋十月，被金桔树包裹的金桔之乡沿溪镇，就浸泡在一片金桔的香气之中。那是最艳丽的时节，放眼一望满山的金桔树挂满了金灿灿黄橙橙的金桔子，就像千万盏灯笼，把桔乡映照在辉煌灿烂之中。清晨，打开门窗，一缕缕如梦似幻的清香就扑鼻而来，当你用鼻孔去捕捉它时，它的味道好像又没有，当你不去捕捉它时，这香味又时不时地钻入你的鼻孔，沁入你的心扉，像要和你捉迷藏一样，忽隐忽现，这时你才真正体会到"唯有暗香来"的意境。

浏阳金桔作为一种集食用、药用、观赏为一体的具有地方特色的名优小水果，除食用和观赏外，同时具有很高的药用价值。据《本草纲目》介绍，金桔主治"止渴解醒，下气快膈，辟臭，皮优佳"。果实煎汤或泡茶内服，能"理气、解口渴、止咳、化痰、治胸块郁结，伤酒口渴、食滞胃呆"。在浏阳民间，广为流传清乾隆皇帝六下江南途经浏阳时，因受风寒病重无药可医，食下几粒金桔后病除神爽的故事。

桔园的秋色之美也是变幻无穷、斑斓耀目的。绿色丛中霍然夺目的金黄，明绿底色里突出的果黄，略带青涩的没有成熟的果子的浅绿，斑驳光亮的橘叶的翠绿，如同画家手上的调色板；整个桔园呈现在一片黄绿、翠绿、碧绿、金黄等浓浓淡淡、令人沉醉的色彩之中，而这样的色彩更像画家笔下的油画，明艳动人。

一阵凉意一阵秋，莫道天凉好个秋，浏阳金桔来润喉。

霜叶红于二月花

◎易　欢

　　"停车坐爱枫林晚，霜叶红于二月花"，读此诗句，一片深秋枫林美景跃然铺展在面前，夕晖晚照下，枫叶流丹，层林如染，真是满山云锦，如烁彩霞。深秋的红枫，它比江南二月的春花还要火红，还要艳丽呢！

　　春花自是娇媚，秋叶更为动人。这些，您都可以在"日夜江声下洞庭"的湘江之滨、岳麓山中领略到。轻轻回想岳麓之下的红枫，一幅生动多情的山水洲城的画图就如初日般在脑海喷薄而出。

　　毛泽东是爱着这片钟灵毓秀的山水的。"独立寒秋，湘江北去，橘子洲头。看万山红遍，层林尽染；漫江碧透，百舸争流……" 93年前的深秋，凝望着滔滔北去的湘水，青年毛泽东在长沙橘子洲头挥笔写就脍炙人口的《沁园春·长沙》，抒发了他青年时期心忧天下、济世救民的壮志豪情，他深爱这"万山红遍"的大好江山。

　　深秋红枫的醉人美景，千百年来吸引了无数文人墨客浅吟低唱。唐杜牧的"停车坐爱枫林晚，霜叶红于二月花"；孟宾于的"寒山梦觉一声磬，霜叶满林秋正深"；宋辛弃疾的"云来鸟去，涧红山绿"……置身红枫美景中，无不有感而发。清代诗人袁枚在他的《游岳麓山诗三首》中也留有"霜叶红如锦，松声响作涛"的诗句，写的正是岳麓山青枫峡的景象。枫以人传，诗壮名城。

长沙岳麓山、北京香山、南京栖霞山和苏州天平山被称为我国四大传统红叶观赏胜地。如同黄栌是香山红叶的主角一样，枫香则是麓山的主角。岳麓山的枫香群落主要分布在云麓峰、白鹤泉、青枫峡一带。红色的枫叶散生在常绿林中，纤细娟秀，鲜花般柔情；灿若云霞，宛如淋不灭的火焰，在燃烧着，在跃动着，在旋舞着，明亮得甚至晃眼。走近细看，却又发现构成巨大火焰的每一片叶子都有自己的美：正的歪的直的卷的，高高翘起的，倒吊在枝干上的，不一而足。忽而一阵大风吹起，千百片红叶离开了树枝，在风中灵巧地翻飞着，滚动着，旋转着，晃晃悠悠地飘落了下来。踩在落叶铺就的山路上，倾听着脚底传出的细碎"沙沙"声，观赏着一丝丝风轻盈地穿过树林时卷起树叶子飘飘扬扬地旋舞，感到说不出的惬意。

物换星移，江流依旧。在枫叶红了的时候，携一壶老酒，与友对饮在橘子洲头，遥望岳麓山层林尽染的风流，然后将一腔诗意托付给湘江漂游，岂不妙哉！

如今再次独立橘子洲头，远观对面的红枫，您是否也在见证这座历史文化名城的沧桑巨变，感受这座千年古城散发的蓬勃朝气。您是不是也被激发出"中流击水，浪遏飞舟"的豪情呢？

人间十月芳菲尽，请到潇湘赏枫来。

岳阳篇

栀子花常被当作是乡野之花　在湖南，尤其是岳阳，随处可见栀子花，它们开在庭院，开在公园，也开在乡间　农家小院，路边山坡，不需怎么照料，一到开花季，就蓬蓬勃勃地开出满树花朵来

洞庭水试君山茶

◎黄　菲

春未老，风细柳斜斜。试上超然台上望，半壕春水一城花。烟雨暗千家。寒食后，酒醒却咨嗟。休对故人思故国，且将新火试新茶。诗酒趁年华。

每次读这首词，都为东坡先生遗憾：如果先生当时是在湖南的岳阳而不是山东的密州，那么他品的新茶，必定是君山银针了。东坡作此词是寒食后，正是品君山银针的最佳时节。君山银针只能在清明前后 7 天到 10 天内采摘，摘的是春茶的第一朵嫩芽。

君山银针产于洞庭湖中的君山岛。君山岛土壤肥沃，雨水丰沛，适宜种茶。故有诗云："岳阳楼头无事做，洞庭水试君山茶。"岳阳钟灵毓秀，小小的君山岛，藏着一个微型的古典蕴藉的中国。湘妃竹倾诉着温柔坚贞的古典爱情，柳毅井传颂着一诺千金的信义，秦始皇的封山印、汉武帝的射蛟台、朗吟亭、飞来钟……流传于此的神话和典故为君山染上了浪漫绮丽的色彩。李白、杜甫、白居易、范仲淹、陆游……这些中国历史上最有才情的灵魂，都曾在此地挥就诗篇。君山的茶，饱吸湘楚大地的精华，尽得云梦七泽的灵气，茶味中又多了几缕醇厚绵长的"文化味"。

徐柯《梦湘呓语》记载文人墨客品茗论茶，认为茶滋味以"轻清为佳"，"故君山为贵"，"东坡云，茶欲其白，琦尝饮君山茶矣，则茶之至白者也"。君山茶历史悠久，据传第一颗种子是 4 000 多年前娥皇女英播下的。据载文成公主出嫁时便带了君山茶入西藏。《巴陵县志》记载："君山贡茶自清始，每岁贡 18 斤。"每年仅 18 斤的君山贡茶，只有皇帝的重臣和宠妃才能喝上。《红楼梦》第 41 回《栊翠庵茶品梅花雪》中，妙玉用梅花积雪烹煮给宝玉和黛玉喝的老君眉茶，就是君山银针。君山茶中以君山银针尤佳，入口香气沁人唇齿清芬不说，更奇的是冲泡时，茶叶全部向上冲，继而徐徐下沉，三起三落，意味盎然。

如今君山茶已走入寻常百姓家，品茗亦已成为寻常之事，但人们仍然愿意以庄重的仪式表达对茶的敬惜之情。今春在岳阳君山的一间茶室喝茶时，朋友请茶艺师演绎了品茶的十道程序。面容温婉的茶艺师先是奉上一个小小香炉，笑语盈盈道："第一道程序'焚香'，'焚香静气可通灵'，茶须静品，香可通灵。"接着她素手纤纤，清洗茶器："第二道程序'涤器'，'涤尽凡尘心自清'，品茶的过程是茶人澡雪自己心灵的过程。"每一道程序都有雅致的说辞——"鉴茶"是"娥皇女英展仙姿"，"投茶"是"帝子沉湖千古情"，"润茶"是"洞庭波涌连天雪"，"冲水"是"碧涛再撼岳阳城"，"闻香"是"楚云香染楚王梦"，"赏茶"是"看茶舞"，"品茶"是"人生三味一杯里"。最后一道程序是"谢茶"，"品罢寸心逐白云"。茶艺师的眉宇间多了一份庄重："这是精神上的升华，品了三道茶之后，'四面湖山归眼底，万家忧乐到心头'。"

好一个"万家忧乐到心头"！其时暮色四合，华灯初上，踱至窗前，凝望万家灯火，心中一时激荡，不禁举起手中茶杯，向"先天下之忧而忧，后天下之乐而乐"的先贤们遥遥致意。

此花绝胜佳人笑

◎黄　菲

　　两千多年前的一个晴美春日，熏风如酒，日光将花朵蒸腾出芳醇的香气，一位皇帝和他的妃子在上林苑赏花，佳人相伴，皇帝的眼睛和心却被一丛初绽的花朵吸引了，他叹息道："此花绝胜佳人笑也。"

　　这个故事来自于《贾氏说林》。皇帝是汉武帝，那丛"态若含笑"的花，是蔷薇。妃子的笑颜虽然不及蔷薇娇美，但也是一朵玲珑剔透的解语花，她含笑问皇帝："笑可买乎？"武帝说："可。"妃子便取黄金百两，作为买笑钱，以尽武帝一日之欢。蔷薇因此得了一个别称：买笑花。

　　因为这个故事，我对"略输文采"的汉武帝生出几分惺惺相惜之情——至少，他懂得欣赏蔷薇的美。

　　蔷薇的美，是跨越时间跨越空间，令世界达成"共识"的美。

　　帝王以为美。汉武帝以蔷薇为"绝胜佳人"，以文章、书法、绘画为三绝的梁元帝萧绎亦钟爱蔷薇，他在竹林堂有十间花屋，多种植蔷薇，枝叶交映，芬芳袭人。

诗家更以为美。李白、白居易、杜牧、李商隐等都有咏蔷薇的诗篇。蔷薇是蔓生植物，《本草纲目》中称"此草蔓柔靡，依墙援而生"。诗人韩偓雨中看蔷薇，怜其"通体全无力，酡颜不自持"；秦观亦有同感，云："有情芍药含春泪，无力蔷薇卧晓枝。"诗人眼中，蔷薇最美的，是那一段若含笑若有情的风流姿态。

东方以为美。"绿树阴浓夏日长，楼台倒影入池塘。水晶帘动微风起，满架蔷薇一院香。""菱透浮萍绿锦池，夏莺千啭弄蔷薇。尽日无人看微雨，鸳鸯相对浴红衣。""鹅儿唼喋栀黄嘴，凤子轻盈腻粉腰。深院下帘人昼寝，红蔷薇架碧芭蕉。"在东方的审美中，蔷薇营造的是闲雅宁静诗情画意的园林庭院之美，一种士大夫阶层所推崇的美。再淡泊洒脱的中国读书人，心底也有一个属于庙堂的梦，隐于山林和田园毕竟是不甘的，那就种一架蔷薇，在理想和现实之间悬挂一道芬芳的帘栊，出则庙堂，兼济天下，入则隐于庭院园林吧。

西方亦以为美。西方咏蔷薇的诗章也非常多，其中最美、最著名的一句是余光中先生翻译的英国诗人西格里夫·萨松的"心有猛虎，细嗅蔷薇"。人生如战场，每个人的内心深处都栖息着一只猛虎，但一朵熹微晨露中的蔷薇却将战场变成幽婉曼妙的花园，令猛虎亦渐渐温柔恬静。为何是细嗅蔷薇而不是别的花朵呢？也许在西方的审美中，蔷薇象征着世界上最美好最柔和的事物，有着令世界变得柔软、宁和、诗性的魔力。

蔷薇是一个美的大家族。唐朝时蔷薇开始广为栽种，宋朝时品种渐多，明清时品种迭出，据明王象晋的《群芳谱》，"蔷薇有朱蔷薇、荷花蔷薇、刺梅堆、五色蔷薇、黄蔷薇、淡黄蔷薇、鹅黄蔷薇、白蔷薇……"至今天，这个家族愈发盛大，出现了百叶蔷薇、粉团蔷薇、突厥蔷薇、法国蔷薇、绒毛蔷薇、野蔷薇、七姊妹、白玉堂……真是一个美不胜收的大家族。

湖湘气候宜人，多蔷薇，尤以岳阳为盛。岳阳的许多小区和学校围墙边都遍栽蔷薇，开时连春接夏，清馥可人，一团团一簇簇，灿若云霞，美如织锦，像一张张嫣然的笑脸在南风中轻轻摇漾，令这座洞庭湖畔的古城生机盎然，风情无限。

柔媚多情"无骨花"

◎黄 菲

　　如果让我来评选最美的花朵，我会在海棠和芍药之间苦苦纠结，最后，忍痛舍海棠，取芍药。

　　芍药与牡丹自古是"花中二绝"，牡丹被称为"花王"，芍药被称为"花相"。这大概与两种花的自然特质有关。牡丹是木本植物，花枝较粗壮，且经修剪后都非常齐整，因此牡丹花朵再大都不会压倒枝条，总是保持雍容高贵的姿态。而草本植物的芍药，花枝柔弱，常常被硕大的花朵压得颤颤巍巍。牡丹因枝挺而雅，芍药因枝柔而媚。在中国人的审美中，对牡丹是敬，对芍药是昵。因为柔弱妩媚，芍药又被称为"无骨花"。文人雅士对芍药的柔媚欲罢不能。白居易说它"动荡情无限，低斜力不支"，元稹怜之"酡颜醉后泣"，柳宗元赞其"欹红醉浓露"，秦观则将芍药喻为一位含情含泪的多情少女，写下"有情芍药含春泪，无力蔷薇卧晓枝"的佳句。芍药在诗人眼中是女性美的意象。苏轼看到芍药后，说"亲见雪肌肤"，苏辙目睹芍药零落，叹"憔悴无言损玉肤"，杨万里说芍药"欲比此花无可比，且云冰骨雪肌肤"。

　　芍药在中国的栽培历史超过4 900年，是中国栽培最早的一种花卉，因其花形妩媚，花色艳丽，故占得形容美好容貌的"婥约"之谐音，名为"芍药"。早在《诗经》中就已经出现了芍药。《郑风》中，一对青年男女于农历三月三的上巳节在溱水和洧水之滨约会，临别之际，男子赠女子芍药表达爱意和离情。数百年后，白居易经过溱洧，写下了"落日驻行骑，沉吟怀古情。郑风变已尽，溱洧至今清。不见士与女，亦无芍药名"的诗篇。芍药也因此有了一个诗意而忧伤的别称——"将离"。芍药是"五月花神"，芍药之后，春天的花朵全部谢幕。因此芍药是群芳对春的告别之花，在春天的群芳中"殿后"，故又有"殿春"之称。苏轼就曾写下"多谢花工怜寂寞，尚留芍药殿春风"的诗句。

芍药的花朵以红粉白色居多，还有蓝、黄、绿、黑、紫、复色等多种颜色。红芍药在白居易的笔下"似泪著胭脂"，白芍药在杨万里的眼里是"水精淡白非真色，珠璧空明得似无"，黄芍药到了文征明的画中则是"月露冷团金带重，天风香泛玉堂春"……

无论何种颜色的芍药，开起来都十分尽情尽兴，韩愈咏之"浩态狂香昔未逢，红灯烁烁绿盘龙"。芍药的美，也让这位大诗人有些手足无措，"觉来独对情惊恐"，恍惚之间不知道自己"身在仙宫第几重"。一般来说，花朵越大，香气越淡，而芍药花朵愈大，香气愈加馥郁。王禹偁赞赏它"风递清香满四邻"，"仙家重热返魂香"，柳宗元则说"夜窗蔼芳气，幽卧知相亲"。

我们常说美好的事物都是"美而无用"的，而芍药却不然，它的"美"便是第一重"用"。我一位岳阳的朋友，从上海一家外企离职，回老家种了一大片芍药花田，每年四五月间花开如锦，云蒸霞蔚，吸引无数游客，整个小镇的旅游经济都被拉动了。它还有一重"用"是药用，芍药根具有很高的药用价值，花谢后将芍药根挖出来售卖，也是一笔不菲的收入。

杜英：又美丽又坚强

◎黄 菲

　　岳阳人民都是外貌协会的。一个小小的佐证就是，在湖南省的其他市州纷纷选择樟树做市树的时候，他们选择了杜英。

　　毫无疑问，樟树是一种非常庄严的树——像一位德高望重的长者。而杜英呢，杜英，是一种非常美丽的树。美丽一般用来形容花朵，但是放在杜英身上，恰如其分。

　　杜英，又名冬桃、胆八、羊屎果、山杜英。杜英是常绿乔木，主干挺拔，可高达 20 多米，树冠广阔，枝繁叶茂。

　　杜英的美，美在叶。第一次看到杜英树时，便被它吸引了目光，因为它的叶子和其他树的叶子大不一样。同一棵杜英树上，树叶有的是红色的，有的是绿色的。绿的绿得通透，红的也红得干脆，没有中间色彩。这样明明很对立的两种色彩，间杂在同一棵树上，静静地互相依偎着，轻盈地在风中摇曳着，不但毫不违和，反而相互映衬相互成全，使红的更艳丽，绿的更青翠。

杜英的红叶并不是天生就是红的，而是由绿叶变红的。杜英的树叶在凋零前，都会先变红，但是红得明亮而纯粹，丝毫没有将要凋落的颓败。为什么会出现这样奇丽的变化呢？植物学家说，深秋季节，一些当年春季长出的叶片，在低温霜冻的影响下，叶绿素转化为花青素，叶片的绿色被花青素的红色遮盖，于是呈现鲜艳的红色。园林工作者把这种美丽的红色称为"绯红"——真是一个极美的名字！在苍翠的绿叶中，这些绯红的叶子有如嫣然盛放的花朵，灼灼灿灿，光彩照人。在岳阳的君山岛生长着近 200 株杜英树，树龄最长的已达 140 年。一般来说，杜英树换叶的时候，新叶鲜红，老叶由绿变红。而君山的杜英树却独具特色。在大树老枝上有的叶面是红色，叶背是绿色；有的红叶亮着光泽，红得透明耀眼，竟是嫩叶。

杜英的美，也美在花。每年夏天，仿佛就在某一个清晨，你会猛然发现，杜英已经满树繁花。白色的小花乖乖巧巧的，稠密而有序地排列着，像一个个小小的羽毛球倒挂在一条条花枝上，像一串串大自然悬挂在树上的小风铃，在茂密的树叶间闪闪烁烁。如果想看得再真切些，得走到树下，仰起头来仔细观察。万物有灵且美，这小小的花朵儿，吸饱了自然的灵气，有着惊人的美丽。花瓣边缘处细裂成丝状，似流苏，又像蕾丝，娇小玲珑，俏丽别致。清风徐来，满树的小花儿如无声的风铃随风荡漾，摇曳生姿，一缕缕甜甜的幽香扑鼻而来。风吹过，小小花朵簌簌飘落，恍如下了一场花雨。

娇小玲珑的杜英花，花语却是"顽强、朴实"。这是因为杜英虽然美丽，但同时也是顽强和朴实的。它成活率高，适应性强，生长迅速，成本低，效益好，是一种既美丽又坚强的树。

那么，向又美丽又坚强的杜英致敬吧！

汨罗江畔的菖蒲
◎黄 菲

对汨罗江畔人家来说，菖蒲是最亲切不过的植物。一则汨罗多水，菖蒲喜水，溪流、池塘、湖泊、水田边，处处可见菖蒲的身影。二则菖蒲是代表端午节气的植物，而汨罗因屈原的缘故，极重视端午节，悬菖蒲、艾叶于门窗以避邪祛疫，至今仍是此地的端午习俗。

菖蒲先百草于寒冬刚至时觉醒，因而得名。先民崇拜菖蒲，将之当作神草。《本草·菖蒲》载曰："典术云：尧时天降精于庭为韭，感百阴之气为菖蒲，故曰：尧韭。"先民将农历四月十四日定为菖蒲的生日，"四月十四，菖蒲生日，修剪根叶，积海水以滋养之，则青翠易生，尤堪清目"。

菖蒲又名溪荪，即溪边香草，名字很有幽致。菖蒲是气息热烈的植物，与月令相宜。"彼泽之坡，有蒲与荷。"菖蒲极爱清水，生长在溪涧之中，生根于白石之上，有山林之气。荷花渐开菖蒲渐盛的农历五月，亦被称作蒲月。这种菖蒲是指野生的菖蒲，长如剑，韧如丝，宽大肥厚的叶片更有朴拙的味道。菖蒲、艾草、石榴、蜀葵、栀子等都是初夏的莳花，应时的花草带着初夏的气息，蓬蓬勃勃，野气生生，催得时序流转。

菖蒲集野趣与文气于一身，生于野外则生机勃勃，养于厅堂则亭亭玉立，自唐宋起便深受皇家与士大夫阶层的青睐，成为庭园和书斋中的重要观赏植物。曾几有诗写道："窗明几净室空虚，尽道幽人一事无。莫道幽人无一事，汲泉承露养菖蒲。"书斋之中，对一盆碧青菖蒲，赏其幽姿，沐其清香，确有一番幽人雅致。何况菖蒲虽非真能驱邪避疫的"灵草"，但确实有药用价值。《本草纲目》中说菖蒲，"其益智宽胸，去湿解毒，可以使人耳聪目明"。古人秉烛夜读，菖蒲可以收烟护目。同时，菖蒲是极芳香的植物，其香气能提神清脑，于读书人大有益处。

苏轼和苏辙都很喜欢菖蒲。苏轼曾描述他在书斋中养菖蒲的情景："石菖蒲并石取之，濯去泥土，渍以清水，置盆中，可数十年不枯……苍然于几案间，久而益可喜也。"他的"忍苦寒、安淡泊、伍清泉、侣白石"是赞美菖蒲品质的最经典、被引用得最多的句子。菖蒲极少开花，故有"莫讶菖蒲花罕见，不逢知己不开花"的诗句。菖蒲开花被认为是祥瑞之事。苏辙养了多年的菖蒲一日忽然开了八九朵花，兄弟俩欣喜不已，吟诗唱和。

菖蒲与兰、菊、水仙一起被誉为"花草四雅"，也是画家们乐于描绘的植物。扬州八怪之一的郑板桥有题画诗云："玉碗金盆徒自贵，只栽蒲草不栽兰。"金冬心更是甚爱菖蒲，将书斋起名"九节菖蒲馆"。他笔下的菖蒲古拙苍茂，别有意趣。苦瓜和尚、八大山人、吴昌硕、齐白石等常以菖蒲为题材作画，郑逸梅更是盛赞菖蒲"有山林气，无富贵气，有洁净形，无肮脏形"。

而最早托菖蒲言志、结菖蒲为友的是屈原。《楚辞》中大量吟咏的"荪"即菖蒲："荪桡兮兰旌""荪壁兮紫坛""荪何以兮愁苦""荪独宜兮民正"……屈原钟爱芳香的草木，他在汨罗江畔流连时，水边那香气浓郁清冽的菖蒲想必曾令他一次次驻足和流连。这位以菖蒲为师为友的诗人选择在汨罗江完成他绚丽而又高洁的一生，也令菖蒲与汨罗结下了最久远最深沉的缘分。

君山风物里的"中国"

◎黄　菲

江山如此多娇，即便身为一个岳阳人，也不得不承认，小小的君山岛就自然风光而言其实并无殊色。

这个小岛的特殊之处在于，它的烟波之下，苍翠之中，蕴藏着一个古老的"中国"——这个"中国"是浪漫绮丽的，是优美蕴藉的，是"男信女贞"的，是崇尚家国情怀的，是有着某种古典魔幻主义色彩的。君山风物，讲述着的，是这样一个"中国"。

君山多树。最古老的，是秦皇火树，即秦始皇火烧君山劫后余生之树。《史记》中《秦始皇本纪》载：始皇二十八年南巡衡岳，因阻风君山，迁怒湘山神二妃，故而伐树赭山。是怎样神奇的一方水土，竟然令这遭逢大火焚烧的树，千年不死，今日仍苍苍翠翠，生机盎然。

柳毅井的东山坡长着一棵椤木石楠，树龄280多年。不知是怎样的机缘，将棉藤、苦瓜芦、威灵仙的种子撒落在这株椤木石楠的苋部洞眼里，三种藤缠缠绕绕直达树梢。更奇妙的是在椤木石楠树干上的一个树洞里，又长出一株挺拔的女贞树。藤缠树常被描述成爱情，但柳毅井最动人之处，在于它讲述的不是才子佳人的爱情，而是重然守诺的信义。春天，这棵椤木石楠上有五种叶，四种花。不管今人如何解读，它们只管应着季节的召唤，蓬蓬勃勃地开花。

原崇胜寺后院中生长着一棵金桂。这棵树龄300年的金桂，每年一进入农历8月，就欣欣然地开起花来，花朵金黄，花香馥郁，整个君山岛都飘满了甜蜜的香气。桂树本有"仙友"之称，君山岛有蓬莱之称，这株在各种绮丽神

话和传说中浸淫 300 余年的金桂，必是真正的仙友了。

君山多竹。此地的竹，应是中国最古典的竹了。君山四面环水，雨量充沛，云雾缭绕，土地肥沃，宜竹生长，故七十二山山山有竹峰。龙竹、龟甲竹、罗汉竹、方竹、梅花竹、实心竹、连理竹……最深入人心，是斑竹。《述异记》中记载："舜南巡不返殁葬于苍梧之野，娥皇女英追之不及，相思恸哭，泪下沾竹，文悉为之班班然。"斑竹讲述的，是最符合中国传统审美的故事——明"君"许国，贤"妃"殉情。但我更喜欢刘禹锡的解读："斑竹枝，斑竹枝，泪痕点点寄相思。楚客欲听瑶瑟怨，潇湘深夜月明时。"斑竹的故事是不可考证的，但有情人的相思是相通的，在斑竹前驻足的人，谁不是借竹的泪痕，浇灌自己心中的块垒？

君山多茶。七十二山，层层叠翠，坡坡种茶。《巴陵县志》载："君山制贡茶，每岁十八斤。"君山茶原名白鹤茶。相传君山原有一白鹤井，山上寺庙中有一老道，号白鹤真人。真人从南海普陀崖带来茶种，植于君山，采制后用白鹤井水冲泡，热气腾空，形似白鹤，茶叶立于杯底，状如群笋。白鹤真人自然不可考，但从这个传说可知，君山岛蕴藏着的是"儒"的"中国"，也是"道"的"中国"。

桑：永远的家园

◎黄 菲

午夜梦回时，想起老家，先想起的总是屋前屋后的大桑树。想起春天时，满树手掌大的嫩绿桑叶，我和邻居的小伙伴摘来养蚕宝宝；想起夏夜在桑树下摆上凉床乘凉，听老人们讲野史逸事，夜深露重后才迷迷糊糊地被父母拖回家里。想起秋初，满树紫红的桑葚晶莹剔透，一串一串地悬挂着，摘下来就直接往嘴里塞，满嘴酸酸甜甜的汁水……

不知道吾乡人为什么会选择种桑树——他们并不是诗书之家，不一定懂得桑树的文化意义。

桑树是历史极其悠久的树，最早的记述出现在甲骨文当中。先秦农业时代，桑已经是普遍栽种的植物。在305篇的《诗经》之中，"桑"的出现多达22篇。桑树在远古时代先民的生活中占有非常重要的地位。桑树的叶可以用来养蚕，果可以食用和酿酒，树干及枝条可以用来制造器具，皮可以用来造纸，叶、果、枝、根、皮皆可以入药。农耕社会中，人们的吃穿以及贸易往来都是和桑树紧密相连的。

采桑缫丝是中国重要的农业活动，男耕女织是中国传统的农业生产方式。先秦时期，桑推动了农耕文化的发展，也成了人们心中的神树。有记载，周天子祈福祭天，会选择在桑林进行，桑也是商周时宗庙祭祀时的神木。人力鼎盛，国家才会强大，所以人们崇拜生育。而桑叶采了可生，桑葚多子，正是当时的崇拜生育繁衍的人们所向往的。

总觉得，榆树是男性的树，桑树是女性的树。男耕女织的中国传统社会，女性植桑养蚕，是桑园中的生产主角。"春日载阳，有鸣仓庚。女执懿筐，遵彼微行，爰求柔桑。"《诗经》中已有诗句描写春风和韵、艳阳高照、黄莺鸣唱、少女采桑的图画。"罗敷喜蚕桑，采桑城南隅。"使"耕者忘其犁，锄者忘其锄"的美女罗敷就是一位采桑女。"巧笑东邻女伴，采桑径里逢迎。疑怪昨宵春梦好，元是今朝斗草赢，笑从双脸生。"因为劳动的缘故，采桑女的形象总是生动活泼生机勃勃的。青翠桑林，繁枝茂叶又为爱情的萌生创造了极好的环境。《诗经》中有许多的爱情诗都来自桑园，"爰采唐矣？沬之乡矣。云谁之思？美孟姜矣。期我乎桑中，要我乎上宫，送我乎淇之上矣。""期我乎桑中"，就是"和我在桑林中约会"的意思。因此，"桑林"又成为了青年男女爱的乐园，桑林、桑树成为爱情的隐语。

桑树是属于家园的树。《诗经》云："维桑与梓，必恭敬止。靡瞻匪父，靡依匪母。"——看到桑树和梓树一定毕恭毕敬，因为我尊敬父亲，依恋母亲。桑树是和人们生活关系十分密切的树，人们屋前屋后多植有桑树，"五亩之宅，树之以桑"。桑树常常作为一个温暖的意象，出现在关于田园生活的诗歌中。"暖暖远人村，依依墟里烟。狗吠深巷中，鸡鸣桑树颠。""绿树村边合，青山郭外斜。开轩面场圃，把酒话桑麻。"有家园的地方，有人间烟火的地方，总是有桑树。

被偏爱的木兰花

◎黄 菲

木兰花是被季候偏爱的花。

从惊蛰到春分，南国的大地进入芬芳绚烂的花季，春分的节气花木便是木兰。春分是花事最盛的节气，一候海棠，娇美无匹；二候梨花，素洁淡雅；三候木兰，更有许多美妙处。

木兰花古称辛夷花，又名玉兰、白玉兰、望春花，花语是"冰清玉洁"，已有2 500多年栽培历史。木兰花是开在高处的花朵。木兰花树最高可达15米，花有白色，有紫色，花朵大而芳香。木兰花是花谢之后方才长出叶子的，开花时一片树叶都没有，高大的树上缀满花朵，像栖息了一树的鸽子，每一只都活泼泼地展翅欲飞。木兰花宜远观也宜近赏。细细欣赏，怒放的木兰花，犹如一座精致玲珑的房子，次第打开，洋溢着青春喜悦的气息。

木兰花是被屈原偏爱的花。读《离骚》不难得知，这位爱国的屈大夫，是一个植物控，一个香气控。他喜欢各种芬芳的花木：屈原两次写到木兰花："朝搴阰之木兰兮，夕揽洲之宿莽"——清晨去山坡上采集木兰，傍晚在洲畔摘取宿莽；"朝饮木兰之坠露兮，夕餐秋菊之落英"——早晨饮取木兰上的露滴，晚上服用菊花的残瓣。屈原是一个浪漫的人，一个坚贞的人，一个具有审美品位和道德洁癖的人。在屈原心里，木兰花是坚贞、高洁、芳香的花木，所以他才会选择木兰花来寄托自己润身润德的理想和洁身自好的情怀。同时，木兰去皮不死，生命力极强，这无疑也是"路漫漫其修远兮，吾将上下而求索"的屈原所欣赏的。屈原投江之地汨罗，从街道到园林，处处可见木兰花，应该也是此地人对他的一种纪念吧。不知每年花开之际，屈原的英魂，会不会在晨曦微露时来饮木兰花中的朝露呢？

想到木兰花，就想到文学中两位以木兰为名的好女子。一位是《木兰辞》中女扮男装代父从军的花木兰，既有"万里赴戎机，关山度若飞"的英雄气概，又有"当窗理云鬓，对镜贴花黄"的女儿姿态。另一位是林语堂先生《京华烟云》中的女主角姚木兰，一位书香之家的闺秀，外柔内刚，有礼有节，有勇有谋，寄托了林语堂对女性的最高理想。从北魏的民间到民国时的大师，为何都选择"木兰"为女主角的名字呢？白居易有诗句"木兰曾作女郎来"，木兰花高洁、美丽、清芬，选择这种花来做一个女子的名字，一定寄托着取名者的美好祈愿。

想到木兰花，还想到许多美丽缠绵的诗句。"别后不知君远近，触目凄凉多少闷。渐行渐远渐无书，水阔鱼沉何处问？"这是欧阳修的。"人生若只如初见，何事秋风悲画扇。等闲变却故人心，却道故心人易变！"这是纳兰容若的。"绿杨芳草长亭路，年少抛人容易去。楼头残梦五更钟，花底离愁三月雨。"这是晏殊的。这些词的词牌名，叫做"木兰花"。"木兰花"的词牌名因何而来，有多种说法，但不管哪种说辞，以这样一种芬芳清丽的花朵之名为词牌名，用它来集结那些情意深婉的美丽词句，就像用深山的井水来泡上好的茶叶一般，是最相宜不过的事情了。

柔美如柳，坚韧如柳

◎黄 菲

写下"柳"字时，心里慢慢生发出一个江南的春天——烟雨蒙蒙，杨柳依依，轻衣怒马，长亭更短亭。

柳树渲染出的，是这样一个古典的中国式的春天。因为它正是这样一种古典的中国式的树，柔美，坚韧。

如果树有性别，柳树应是女性，有着中国仕女般的柔美。"见芙蓉怀媚脸，遇杨柳忆折腰。""杨柳弱袅袅，恰似十五女儿腰。""团团明月脸，冉冉柳枝腰"……诗人们将美女的身腰比作柳枝，因为柳枝袅娜，纤细，修长，更令人心动的是那一份柔韧，曼妙，灵动。"柳眼梅腮，已觉春心动。""芙蓉如面，柳如眉。""孤意在眉，深情在睫。"眉是最能传情达意的。诗人们将女子的眉毛比作柳叶，因为柳叶除了婉约灵秀，更有一番楚楚动人的韵致。

柳树是在古典诗词中出镜率最高的一种树，这些诗词读来读去，离不开一个"情"字。"昔我往矣，杨柳依依；今我来思，雨雪霏霏"，这是故土难离之情；"撩乱春愁如柳絮，依依梦里无寻处"，这是伤春惜春之情；"梨花院落溶溶月，柳絮池塘淡淡风"，这是闲雅赏乐之情；"忽见陌头杨柳色，悔教夫婿觅封侯"，这是相思相望之情。选择柳树作为一个抒情的意象，还是因为它的美，唯有美，才令人柔软，令人依恋，令人生出千丝万缕的情意。

柳树在中国，还与离别有关。中国自古有送别时折柳相赠的习俗。"杨柳东风树，青青夹御河。近来攀折苦，应为离别多。""纤纤折杨柳，持此寄情人。""新知折柳赠，旧侣乘篮送。""为近都门多送别，长条折尽减春风。""朝

朝送别泣花钿，折尽春风杨柳烟。" "无令长相思，折断杨柳枝。"在"年年柳色，灞陵伤别"里，我们隔着历史的烟尘依稀看到，长安灞桥两岸，一步一柳，送别的人在此折柳枝相赠，依依不舍。

分别时为何折柳相送呢？常见的说法是，"柳"谐"留"音，赠柳表示留恋不舍之情。但一种普遍的延绵上千年的文化习俗，恐怕不是一个"谐音"就能解释的。我更喜欢清代褚人获的解释："送行之人岂无他枝可折而必于柳者，非谓津亭所便，亦以人之去乡正如木之离土，望其随处皆安，一如柳之随地可活，为之祝愿耳。""无心插柳柳成荫"，柳树和其他树木相比，最大特点是"随地可活"。赠柳，表达的不止是一份留恋之情，更是一份美好祝愿，祝愿远行的人，到了新的地方后，能像柳树一样，迅速成活，生根发芽，生意盎然。

我的老乡左宗棠公，应该也会赞同这一说法。左宗棠为收复新疆率领湘军来到西北大漠，大漠"赤地如剥，秃山千里，黄沙飞扬"，令他忧心如焚。他要求凡大军过处广植柳树，并亲自携镐植柳。在他倡导下，荒凉的西北，竟然形成一道柳树"连绵数千里绿如帷幄"的塞外奇观。为纪念左公，人们将他和部属所植柳树称为"左公柳"。

左宗棠当年选择植柳，其中自然有他的故园情怀——36岁闻达前一直在家乡湘阴柳家冲柳庄务农，杨柳依依的浓浓乡情必定令他在戎马倥偬的岁月中魂牵梦萦；但更现实的原因，也许还是因为柳树生命力强，易栽易活，只要有水，折一条树枝插在湿地就能存活。

这就是柳树，最柔弱者，也最坚韧。

栀子花的名士风流

◎黄 菲

　　……色白，近蒂处微绿，极香，香得掸都掸不开，于是为文雅人不取，以为品格不高。栀子花说："我就是要这样香，香得痛痛快快，你们他妈的管得着吗！"

　　汪曾祺先生《人间草木》里的这一段，写的就是栀子花。

　　栀子花常被当作是乡野之花。在湖南，尤其是岳阳，常常可见栀子花，它们开在庭院，开在公园，也开在乡间。农家小院，路边山坡，不需怎么照料，一到开花季，就那么蓬蓬勃勃地开出满树花朵。岳阳乡下的舅舅家院子里就有两棵栀子花，舅舅全家都南下广州，家里常年不住人，端午节经过他家，院子里那两棵栀子花树上，仍然是满树繁花。我怀着对这些雪白花朵的满腔爱意，当了一次采花人，摘了几十朵栀子花，用一个布袋子装着，每天随身携带，一个多星期，花瓣枯萎了，香气依然不败——真是没见过香得这么皮实的花！

　　栀子花为何"为文雅人不取"呢？很长一段时间，我都为它抱不平。论色，栀子洁白无瑕，如雪玉堆成。"雪魄冰花凉气清，曲栏深处艳精神""色疑琼树倚，香似玉京来""疑为霜裹叶，复类雪封枝"……赞美栀子花颜色如玉的诗句实在太多。论香，还有别的什么花能香得过栀子花吗？香气馥郁，底蕴醇厚，洋溢着活泼泼的喜悦，慢慢回味，又觉得这清芬里氤氲着脉脉乡愁。论历史之悠

久，栀子在中国的栽培史有2000余年。早在西汉时期，司马相如就在《上林赋》中提到过栀子："鲜支黄砾。"鲜支，即栀子。因为它的六瓣大花朵形似酒杯，古人称酒杯为"卮"，于是加"木"，唤它为栀子。

后来我明白了，"文雅人"看不上栀子花，一则因为它太过寻常了。"雨里鸡鸣一两家，竹溪村路板桥斜。妇姑相唤浴蚕去，闲看中庭栀子花。"在农家小院里，栀子花也开得那么起劲，太不矜贵了。可是，不管在怎样的环境里都能安之若素，怡然盛放，慷慨地呈上芬芳花朵，这种"不以物喜，不以己悲"的精神气质，不是非常迷人吗？二则，中国某些"文雅人"喜欢"扶着秋海棠吐半口血"的调调，以"弱"为美，觉得栀子花太过强壮了。栀子花确实好养，将枝条插在泥土里，保持湿润，便能成活；将枝条插在盛有清水的容器中，经常换水，也可生根——这样强壮的欣欣向荣的生命力，何等可敬可爱啊！依我之见，栀子花有一种是真名士自风流的不羁品质，它的"为文雅人所不取"，正是它的最可取之处，"文雅人"以为的"品格不高"，正是它的最高贵之处。

岳阳人就没有某些"文雅人"的臭毛病，特别能欣赏栀子花。1986年，栀子花以高票当选为岳阳的市花。岳阳湖泊众多，湿润多雨，非常适合栀子花的生长。这个洞庭湖畔的城市的夏天，是从栀子花的浓香中萌发的。端午前后，栀子花纷纷打开它们雪白芬芳的花朵，故岳阳有"五月栀子闹端阳"之说。当栀子花的香气层层洇染，岳阳的夏天亦渐入佳境。

栀子花开的季节来岳阳吧，你一定会爱上这座芬芳之城的。

湘潭篇

　　野菊的 "野"，就在于它生长得肆意，毫无
节制，毫无规则——不择地而生，无规矩而放
碎石滩、河道边、沙坡上、黄泥中、篱笆下，到
处都是；形态亦是各异：挺直的、倒伏的、倒挂
的……让人想到 "随情随性"，想到 "自然天成"

醉美荷花满莲城

◎宾丝丝

　　"山有扶苏，隰有荷华。"莲花穿越遥远的时空，从诗经中迤逦而来，携带着婉约的诗意，散发着醉人的香息。清丽雅致的外表，高洁脱俗的气韵，令无数的人为之倾倒！古往今来，多少文人墨客挥毫泼墨，倾诉情怀，为它描摹出了一幅幅绝美的画卷，为它谱写出了一首首醉人的诗篇。宋代理学家周敦颐的《爱莲说》里赞道："出淤泥而不染，濯清涟而不妖，中通外直，不蔓不枝，香远益清，亭亭净植，可远观而不可亵玩焉。"女词人李清照与莲花的邂逅，可谓一次美丽的"相遇"。她在《如梦令》中写道："常记溪亭日暮，沉醉不知归路。兴尽晚回舟，误入藕花深处。争渡，争渡，惊起一滩鸥鹭。"诗人杨万里曾陶醉于西湖莲花一隅，吟出千古妙句："接天莲叶无穷碧，映日荷花别样红。"可见，喜爱莲花清雅之人，满眼是诗，满眼是景。

莲花虽不比"国色天香人咏尽"的牡丹，不同于"娇娆全在欲开时"的海棠，也没有茉莉的"一卉能熏一室香"，更不像梅花般"暗香浮动月黄昏"，就是"晓露濯洗素妆白"的梨花也比它更显洁白，但其独特之美又是各类花卉无法比拟的。它历经尘污仍清高，貌美却不妖娆，芬芳如馨却淡然；质感细腻如玉，恰似冰雕玉琢般，但又尽显柔韧。

湘潭素有"莲城"的美誉。这里山多、水多，塘多，仲夏时节，几乎随处可见的荷田、莲花为这座有着 1 200 多年历史的古城添彩增色。湘潭赏荷花有三个好去处。喜欢看规模巨大的，可去湘潭县花石镇，那里种植有 5 万余亩湘莲；想看各式各样的荷花，非盘龙大观园 4A 级景区莫属，据说那里 1200 多个品种；不失赏莲雅兴的观荷之所则是宏兴隆湘莲基地了，远看近观都十分惬意。在一片片翠绿的荷叶中，粉的、白的、红的荷花，在水面上含笑伫立，美丽的花骨朵引来戏水的蜻蜓不时停驻，走近一些，隐隐可见晶莹的露珠在莲叶上滚动，像一幅幅水墨画。有"莲"这个得天独厚的资源，湘潭又以盛产"湘莲"而闻名，特别是"寸三莲"，被誉为"中国第一莲"。

"湘莲"有着悠久的历史，早在三千多年前，楚大夫屈原被流放在湖南沅湘之间时，写下的诗辞中就有大量关于莲花的描写，可见屈原爱莲成癖。《离骚》有曰："制芰荷以为衣兮，集芙蓉以为裳。"他不仅衣裳要用莲荷制作，还希望与莲花为邻，住在荷下。他的《九歌》有"筑室兮水中，葺之兮荷盖，芷葺兮荷屋"的句子。两千多年前的《越绝书》中，也有"沈沈如芙蓉，始生于湘"的记载。考古部门在澧县九里发掘的战国一号楚墓中，发现有莲藕等实物，长沙马王堆 1 号汉墓随葬的瓜果菜蔬中，发现有藕片，出土的竹简中也有藕的记载。这些曾经生活的痕迹，栩栩如生浮现于眼前，仿佛能看到几千年前的先祖们乘着一叶小舟在无穷无尽的莲叶中穿梭，一边洗藕摘花，一边嬉戏打闹，那些悠闲自乐的生活场景不只存于古诗词中，也一直持续到现在。

夜游莲池，月已西斜，一池碧水，清幽而静谧，犹如一幅淡雅的水墨画，散发出一种朦胧迷离的美。塘中的芙蓉仙子摇曳着婀娜的倩影，风姿绰约，如梦似幻。微风徐来，空气中弥漫着缕缕荷香，沁入心脾，耳边还不时传来动听的蛙声、蝉鸣……让人陶醉，不愿离去。

红蓼的生命力

◎宾丝丝

　　你知道吗？红蓼是一种生命力非常强的草，与其说它是草，还不如叫它为花。

　　红蓼虽然是草，但它植株高大，最高可达两米多，茎中略空，成节状，形似拐杖，一丛丛、一簇簇倔强站立的野草，对土壤没什么要求。路旁、沟渠、田埂、河川两岸的草地或潮湿处，甚至一些贫瘠之地，都能看到其俊逸的身影。在万物萧瑟的秋季，当其他野生植物渐渐结束生命周期之时，清瘦的红蓼却开得愈发兴高采烈。其实，从远处看，红蓼并不漂亮，只不过猩红色吸引人罢了。但是，只要你走近了看，就会被它的花朵所惊艳。其穗状的花是由一粒粒饱满的花苞组成，每一个花苞在绽放后，都是一朵精致的小花，而每个花苞内又含有一粒小小的黑籽。就这样，一层又一层叠加，集结成了穗状的花。当所有花苞都盛开时，一穗草花热闹而奔放、浓烈活泼而美丽，随风摇曳，可谓"簇簇复悠悠，年年拂漫流"。

　　我人生中第一次感受到红蓼的美是在湘潭易俗河镇的一片生态环境良好的

湿地里，那里长满了红蓼和芦苇，放眼望去红的花海，黄的芦苇，绿的草地，给人以万般的滋味。在浸润的情调里，在无限的美景中，总有新词旧调漫上心头。那种感觉，或有元代黄庚"十分秋色无人管，半属芦花半蓼花"的韵味，或有北宋张耒"楚天晚，白蘋烟尽处，红蓼水边头"的发现，或有晚唐薛昭蕴"红蓼渡头秋正雨，印沙鸥迹自成行"的寂寥。在我国传统文化中，渡口的红蓼，就像灞桥之柳，常用来表达一种离别的愁绪，红蓼便充当了渲染秋色的角色。湘潭籍国画大师齐白石在93岁高龄时曾专门画过一幅《红蓼》，并题诗曰："枫叶经霜耀赤霞，篱边黄菊正堪夸。潇湘秋色三千里，不见诸君说蓼花。"不难看出白石先生寄托的是一种深深的思念和情愫。但最令我慨叹的还是南宋陆游的那句"数枝红蓼醉清秋"。他虽不是画家，但诗中用一个"醉"字，刻画得活灵活现，景物醉了，连人也醉了。

红蓼的美是艳丽的，也是哲学的。这泼皮的野草，一个"野"字，既有生命的无限活力，也包裹着出生的卑贱与苦涩。我不知道，有一种生长叫自生自灭，是生长的幸福还是死亡的莫大悲哀？生命的一切全是靠着天赐予，阳光、雨水、冰雪还有风暴，倾注在一株偶然落生的红蓼身上。她不知道从泥土钻出的瞬间是生还是死，也不清楚在何时落生？更不会有喝彩的掌声。一切都在默默中生死，在无言里搏斗。大地是最好的依托，从泥土的深处，汲取养料，长出倔强的充满骨感的枝叶。只要给她一片水域，她就能红遍整个河岸。所以，我们见到的红蓼，总是沿着河岸或者渡口落生。在一条看不见流水的深处，蜿蜒着根须。我知道，挺拔的红蓼，充满骨质的身材，血液里滚动的是河流的浪花，是河流的涛声，是河流的气魄。沿着深不见底的水系，红蓼河流样地生长，高大、茂盛、红艳……

长久以来，人人都道寂寞红蓼，可谁又知晓红蓼的心意。它一直都是以高姿态在生长，但花穗却总是谦卑地低头向着大地，或许它那清苦的内心随时都在提醒自己：生命从来都不是以高度或精彩来衡量的，最重要的是姿态，有的时候哪怕要付出痛苦的代价，美感也是非常重要的。正如白石先生笔下的红蓼肥硕而张扬，干净而俊逸，定然是红蓼生命力最旺盛的时期，给人一种昂然向上的感觉。画中的红蓼不再寂寂，昂扬中蕴含静穆。我觉得，这才是最本色的红蓼。

辣椒的性格

◎宾丝丝

辣椒是有性格的，一代伟人毛泽东就有"不吃辣椒不革命"的宏论。毛泽东从小到大、从少到老，一生不改吃辣椒的嗜好。毛泽东是湘潭人，湘潭人普遍爱吃辣椒，自然也爱种辣椒。

辣椒，又名番椒、胡椒、海椒。产地原在美洲热带地区，始为印第安人种植。大航海时代，欧洲殖民者掠其种子，途经海上丝绸之路，将其扩散到了亚洲。明末清初，辣椒方从海路传入江浙，至清朝中叶才慢慢进入内陆地区。

辣椒初入中国时，并不食用，仅作花卉观赏。戏曲家汤显祖在其所著的昆曲《牡丹亭》中，有一段关于辣椒花的唱段："凌霄花，阳壮的怠。辣椒花，把阴热窄……"这段花神与判官的对唱，是用各种花来比喻一个女子从约会、恋爱、定亲、结婚、洞房、生子，直至衰老的历程。而辣椒的"椒"与"交"相通相合，它有着别致的意味，喻示着火辣的爱情。

汤显祖时代正值明朝末期，一枚枚本为火热、辛辣的辣椒，从江浙倏一登陆，经苏杭、过秦淮，顿跌温柔之乡，一朵朵米白与米黄的辣椒花成了十足的"玉树后庭花"，一枚枚辣椒种子被清廷的铁蹄陆续带入了湖南。许多专家在研究湖南人吃辣椒的发展史时，发现湖南人能创造性地以辣代粮，以辣代盐，以辣代药，以辣调味，以辣取暖，还能以辣椒之火点燃希望之光。而如今，"湖南人不怕辣"已经成了全国人民的共识，湖南人的血性脾气也在吃辣椒的过程中形成了。在过往很长一段时光中，有人形容湖南人一生只做三件事：吃辣，读书，打天下。

毛泽东一生最爱吃红烧肉和辣椒，特别是辣椒，没有辣椒就吃不下饭。他曾回忆说："长征的时候，吃不到肉不大想肉吃，只是老想有辣椒吃就好了。"

1949年冬在西柏坡，毛泽东宴请苏联特使米高扬，对米氏不敢吃辣椒大加"嘲笑"，再次提出了"辣椒革命论"——越爱吃辣椒的就越革命，不爱吃辣椒的革命性就不强，并"强逼"米高扬尝了一口辣椒，看着米高扬辣得直流眼泪的模样，毛泽东不由得开怀大笑。

1953年夏天，毛泽东对护士长吴旭君说，小的时候，最初开始吃辣椒也怕辣，不敢吃，一点一点吃，慢慢就习惯了。到后来，不但不怕辣了，还怕不辣。接着他开玩笑说："事实证明，能吃辣椒的人革命性强。"他还曾打趣地对王稼祥夫人朱仲丽说："你连碗里的辣椒都怕，还敢打敌人？"

1962年4月，毛泽东在武汉东湖宾馆吃到厨师精心制作的朝天椒，饭量大增，吃得高兴，满头大汗，又和随行人员谈起了辣椒革命论："吃辣椒是要有决心的。要不怕辣，不怕苦。辣椒是个好东西，大凡革命者都爱吃它。我们湖南家家都种辣椒，人人都吃它，人人都革命。"毛泽东一生革命，一生嗜好辣椒，成为一段美谈。不过，他的"辣椒革命论"，却只能当笑话听听罢了，要不然，不吃辣椒的人会有意见。

毛泽东与辣椒的趣闻轶事，让他的父老乡亲对辣椒有了更特殊的情感。湘潭人吃辣椒花样繁多，而且几乎每一顿都离不开辣椒，油淋辣椒、辣椒炒肉、剁椒蒸鱼头等等，应有尽有。湘潭人为什么对辣椒这么着迷呢？那是因为辣椒有湘潭的味道，有家的味道，如今更是有主席的味道——这，已经成了湘潭人一种永远都不会改变的情怀。

紫藤花落惊艳了时光

◎宾丝丝

前段日子，在朋友圈看到朋友发的紫藤照片，心里就惦记着有时间要去看一看魂牵梦萦的紫藤萝瀑布。

第一次听说紫藤萝是在很多年前，当时买了一本名家散文集，书里就记录了宗璞写的一篇《紫藤萝瀑布》。记得当时读完这篇文章，便久久沉浸在文章所描述的意境里，想象自己已经来到一片紫藤的瀑布之前，嗅着花香，赏着盛放的紫藤。"每一穗花都是上面的盛开、下面的待放。颜色便上浅下深，好像那紫色沉淀下来了，沉浸在最嫩最小的花苞里。每一朵盛开的花像是一个张满了的小小的帆，帆下带着尖底的舱。船舱鼓鼓的，又像一个忍俊不禁的笑容，就要绽开似的该有多美啊！"宗璞用她的诗意的文字让我做了一个很长的关于"紫色花舱"的梦。

不知为什么，总觉得这个梦是我心中一抹最柔软的存在，陪我度过了一个又一个春夏秋冬。紫藤是一种特别深情的植物，藤蔓交叉缠绕地生长，随着时间的流逝会缠绕得越来越紧，再也不分开，后来才得知，紫藤花的花语原来是沉迷的爱。

紫藤原产我国，是一种攀爬缠绕型大藤本植物，盛开在三四月份，盛开的时候大串大串的紫色花穗垂挂枝头，灿烂繁华，迎风摇曳，非常漂亮。古人喜欢在庭院中种植。明代书画家文徵明在苏州拙政园中所植的紫藤，至今已可两人合抱，为我国最古老的紫藤之一。唐朝诗人李白爱紫藤，作有《紫藤树》诗，描绘了在瑰丽的春天里紫藤花盛开的佳景："紫藤挂云木，花蔓宜阳春；密叶隐歌鸟，香风留美人。"紫藤，也是中国国画题材中的一种吉祥之物，寓意紫气东来、紫光祥兆等。紫藤遒劲有力，缠绕在花架间，就像一条条巨龙用力向上攀爬，一团团，一簇簇，远远望去，似翠绿的浪花升腾着淡紫色的云霞，清香四溢，典雅而又清丽。

近现代国画大师齐白石，对紫藤就有一种特殊的偏爱。齐白石画紫藤始于他回老家湘潭避难之际，且多以吴昌硕篆书笔法入画，他多称之为"藤萝"。他画藤萝，不仅因为欣赏其美，也因为自己曾种过藤萝，藤花会不时勾起他对过去生活的回忆。齐白石在借山吟馆居住时曾写道："借山四野皆藤海，樵牧何曾认作花。"这些野藤虽不被樵夫牧人所重视，但却引起齐白石的注意，将其作为绘画题材。他在58岁所作的《藤萝蜜蜂》中回忆道："借山馆后有野藤，其花开时游蜂无数，移孙四岁时，为蜂所逐，今日移孙亦能画此藤虫，静思往事，如在目底。"还在《藤萝》中题有："家在借山馆后。四周藤萝如山。"齐白石还曾在画中题道："时居保阳（保定），游莲花池，见池上紫藤最盛，归客窗后，画长幅并题。"据齐白石的孙子齐可来回忆，当年为了画出紫藤的神韵，爷爷齐白石曾多次到紫藤公园写生。这在胡佩衡、胡橐父子合写的《齐白石画法与欣赏》中得到了证实："老人60岁时认为画藤的功夫很差，特别在章法上最差，所以每天要练习创造不同构图的藤萝小稿。"他笔下的藤萝，大致是南方花叶并盛之藤，虽然他曾到公园看过先开花后长叶的北方紫藤，回来画了一幅，但由于没有藤叶掩映而"太费经营"，因此还是回归原貌。这也许是白石老人太迷恋家乡的藤萝而致吧。

天空依旧，风依旧，紫藤依旧交缠。有些事，随着光阴的溜走便变了，但有些画面一旦装进心里，再也不会褪色，而是眷恋成了永远，怀念成了昨天。望着朋友圈里那张紫藤照，交叉缠绵，只剩下蜿蜒的绿封了视线。那碎了一地的紫藤花瓣，在此刻也温暖了心田，醉了流年。

永不凋谢的韶山红杜鹃

◎宾丝丝

　　三月的韶山，正是杜鹃花盛开的时节。正如毛岸青、邵华的散文《我爱韶山的红杜鹃》里描述的那样："韶山的杜鹃像朝霞，韶山的杜鹃像烈火，韶山的杜鹃像鲜血……"是呀！杜鹃花红遍了韶山冲。

　　钟灵毓秀的韶山，相传因舜曾在此演奏过韶乐而得名。韶乐是远古的高雅艺术，一直作为宫廷雅乐供皇上、士大夫专用，就连孔子听了韶乐也赞不绝口，所谓"子在齐闻韶，三月不知肉味"。而最令人神往的，是韶山的红杜鹃，它像燃烧的云霞，像飘舞的红绸，烂漫如锦，娇红如血，飞扬着"百般红紫斗芳菲"的风采。要说韶山的美景，当属滴水洞一号楼旁、滴水洞景区、龙头山等处的红杜鹃，似"红火"般漫山遍野地盛开着。

　　杜鹃花，又名映山红、山石榴，属杜鹃花科的一种小灌木；一般春季开花，花冠呈漏斗形，五彩缤纷，花色繁茂艳丽，被人们誉为花中西施，也是中国的十大名花之一。杜鹃花有超强的生命力，无论是干旱或是潮湿，都无阻它的生长。

　　到过韶山的人，都会或多或少听到有关毛主席和纪念毛主席活动的动人故事和神奇传说。而听到最多的是，1993年12月26日，毛主席的铜像千里迢迢地从南京运来，本该阳春三月开放的红杜鹃花提前了整整三个月在韶山开放。漫山的红杜鹃在风中摇曳着，整个山间都弥漫着一种春天的气息。仿佛这春天的杜鹃花在为毛主席百年寿诞重返故里而动情，红红地、火一样地绽放在韶山方圆5公里内的群山之上，可谓"花随人意开，天随人意变"。

　　"杜鹃啼血"的历史故事，"庄生晓梦迷蝴蝶，望帝春心托杜鹃"的浪漫情怀，还有当年采药的独身老人刘义和韶山杜鹃花王的传说，终究只是传说，而1993年韶山冬日杜鹃红，万人目睹，俨然成了神话。

　　杜鹃花开在韶山，韶山的杜鹃也在国人心上开花，红了韶峰，红了眼帘，红

到人的心窝里。1993 年盛开的韶山红杜鹃，成了人们心中抹不去的传奇。"红杜鹃"在人心里飞翔，"山石榴"成了吉祥符号。韶山的杜鹃花只能是红的，它是红年代、红心境和红信仰。那是人们骨缝里长出来的花，伴随一生，至死改变不了颜色。

　　黄鹤山下那个久远的小村庄，凄美而浪漫地诞生了杜鹃花的传说故事。痴情刘鹄变成小鸟衔回的那片血红"五瓣花"，神奇地长出了"五宝绿珠"花蕊。千百年来，人们一直都说那是忠贞"未婚妻"鹃子"花中西施"的化身。而在很多中国人的心里，长着"五宝绿珠"的杜鹃花，那一定就是"韶山红"。因为是"韶山红"让旧中国看到了另外一种光亮，因为是"韶山红"滋润了亿万中国人的心房！那每一丛都蕴含着一份坚韧不拔的品格，每一枝都铭刻着一段生死相许的记忆，每一朵都承载着一个矢志不渝的灵魂，每一瓣都象征着一缕生生不息的美好情愫。

　　"冬去春来，满山红遍，子规啼依旧"。天地哺育了杜鹃花，人们难忘"韶山红"。每每看到成千上万游人瞻仰韶山的景象，似乎我的手指在轻轻抚摸韶山红杜鹃，试图记住它的颜色和芬芳。

最爱那一抹淡雅菊花香

◎宾丝丝

当夏日的喧嚣渐渐退去，当秋日的风在枝间树梢散发出天凉的味道。空气中因了那一抹淡雅菊花香而变得诗意而又别致。

花事已尽，唯有菊香！菊花的香，轻灵、淡然，有着暗香盈袖般的温婉；香得淡雅、悠然而又洁心清骨，醺醺然欲醉。

"采菊东篱下，悠然见南山"，因陶渊明，菊也就有了高洁、清雅、淡泊等象征意义。南唐后主李煜的《长相思》中如是说："一重山，两重山，山远天高烟水寒，相思枫叶丹。菊花开，菊花残，塞雁高飞人未还，一帘风月闲。"菊瓣迤逦，落笔旖旎，如捧一掬蘸满了烟水的清寒诗意，撒香在岁月秋深里，那么落寞而空灵，那么痴缠而空荡。在中国文化里，菊花亦代表高洁与孤独，爱菊的人，可能正是因为知音少，寂寞多，才特别理解菊的幽然自赏。

菊花清新高雅，寓意优美，色泽动人，是古往今来人们尤为喜欢的一种花卉，中国是菊花的故乡，早在3 000多年前，人们就开始栽种菊花。1986年，菊花更是以高票当选为湘潭市花。但几十年过去，菊花在这座城市里貌似已销声匿迹，湘潭城区更多看到的是杜鹃和莲花。其实，深秋时节，湘潭乡间的小小野菊总会绚然而开，开得风风火火，随处可见，迷煞人眼。

野菊的"野"，就在于它生长得肆意，碎石滩、河道边、沙坡上、黄泥中、篱笆下，到处都是。野菊花形态亦是各异：挺直的、倒伏的、倒挂的……让人想到"随情随性"，想到"自然天成"。

记得小时候，每至菊花时节，我就喜欢与小伙伴们相携出坡采菊花。采一朵，插到自己的鬓角上，或者，互相插到对方的鬓角上，然后对望着，哈哈大笑，笑少女的娇憨，也笑少女的顽劣。有时将一捧捧的菊花揉碎了，撒向天空，漫天花舞；阳光下金色灿灿，烁然生辉，仿佛那个季节，就成了一个"菊花天"。要回家了，一定要采上一束野菊花，握在手中，摇摇曳曳地行走在回家的山道中，一路花香，一路欢笑，惹得下坡的乡人，也每每顾盼不已。多年之后，回忆起彼时的情景，仍然忍俊不禁，觉得少女时代的自己还真像是一朵野菊花呢，泼泼辣辣地生长着，任情任性地开放着。

再回想"采菊东篱下，悠然见南山"，陶渊明所采之菊，一定就是野菊花。也只有野菊花，才能让人"悠然"，才能让人生"南山"隐逸之思。篱下菊花很美。曾经爬满篱笆的扁豆蔓枯萎了，曾经铺满地面的茵茵绿草憔悴了。只有篱下菊花，还在傲然开放着，那么灿烂、那么明亮、那么惊人眼目。任何人走过，都会禁不住回首，再回首。

野菊花，这些秋天的精灵，带着芬芳的情怀，散发着那淡淡的花香，从幼年的梦幻中走出。"独傲秋霜幽菊开"，在这个纷纷扰扰的尘世里，有人可以高贵如牡丹，有人可以超凡如兰花，但我却永远醉心于家乡的那一朵朵野菊花。

隐山庙前垂丝古柏

◎宾丝丝

隐山位于湘潭县西南排头乡黄荆坪西侧，又名龙穴山，清为湘潭四大名山之一。古人蔡江门曾题诗赞曰："古来隐山避兵处，尽资今人作霸图。"

据说，明正德皇帝朱厚照南巡至此，因山雾特大，坐骑迷途隐失。正德忙去寻觅，忽遇汉代名臣张良现身。正德疑惑不已，正待去追，张良旋即隐去。故正德遂手书"天下隐山"四字赐与隐山慈云禅寺正殿牌楼。后乡人还在张良隐身之处建一庵，取名向隐庵。《长沙府志》《寰宇记》等书，亦有"天下隐山"之记载。

北宋理学家、文学家周敦颐曾来隐山隐居讲学，在龙王山莲花池畔写下了千古佳作《爱莲说》，故"隐山"由此成名。只是当时隐山庙的那棵垂丝古柏，没有引起周敦颐的注意，没有出现在周敦颐笔下。

隐山庙前的这株垂丝古柏，被评为"湖南十大树王"。其胸径 1.47 米，高约 35 米，遮阴面达 160 余平方米，树尖枯萎，枝叶成线状下垂，故俗称垂丝柏，又称线柏。此株古柏树龄 880 余年，为南宋理学家胡安国亲手栽种。古柏常年青翠，不脱枝落叶，木质坚硬，树芯为深黄色或淡红色，燃烧时发出浓郁的芳香气味，故又名香柏，属我国名贵木材。

在湖湘文化的传承中，隐山占据着非常重要的地位，"碧泉书院"被看作湖湘文化的源头。南宋文学家、理学家、大学士胡安国为避"靖康之乱"，举家由福建迁徙至隐山，开坛讲学，提出了"实事求是、经世致用、内圣外王、修身养性"的思想。后来，他的四子胡宏将学堂定名为"碧泉书院"，培养出了张栻、彪居正、朱熹等弟子，形成了一个规模大、实力强、较稳定的湖湘学派。张栻、彪居正主持重修长沙岳麓书院，这些弟子又大多传学于岳麓书院。岳麓名闻天下，成为中国古代四大书院之一，其中一个很重要的原因是它曾是湖湘学派活动的基地。朱熹、张栻岳麓会讲使得岳麓书院讲堂之中的那两把普普通通的座椅，几乎成为中华文化的一个神坛。当时士子们"以不得卒业于湖湘为恨"。正是在这一文化流派的滋养下，明清两代特别是中国近现代史上，王船山、曾国藩、左宗棠、谭嗣同、毛泽东、蔡和森、齐白石等等，人才辈出，形成了"惟楚有材，于斯为盛"的旷世奇观。

历代名人雅士游览隐山，尤其仰视隐山古柏之后，往往诗兴大发，留下了很多脍炙人口的佳句和名篇。宋朝时，有胡安国的《同张敬夫上隐山命宏儿牵手》："万丈高岗路，跻攀任意寻。扶筇儿半助，得句友同吟。狮子踞危石，龙湫生细霖。隐山名胜地，垂老亦登临。"有张栻的《重过隐山》："不到隐山今几年，隐山泉石尚依然。忽然一阵催诗雨，扰我东窗一觉眠。"也有清朝严元烈的《隐山行》："挎子出城隈，隐山忽在目。远山漾朝暾，迤逦速磴曲。山根乱石横，龙窟邈川麓。"还有清朝郭金的《咏古柏》："堂堂一树袅千丝，广荫森然百代垂。苍翠来随流叶泯，抚摩犹见爱莲遗。先人种后皆璎珞，故物当前垂鼎彝。看到子孙昭于泽，灵根长得覆云慈。"

曾经的碧泉书院朗朗书声犹在耳畔；耸立在隐山庙前的参天古柏静穆依然，共同诉说着湖湘文脉的源远流长。

腊梅花开暗香来

◎宾丝丝

　　"每年腊月，我们都要采撷腊梅花。上树是我的事。腊梅木质疏松，枝条脆弱，上树是有点危险的。不过腊梅多枝杈，便于蹬踏，而且我年幼身轻，正是'一日上树能千回'的时候，从来也没有掉下来过。"读汪曾祺先生《人间草木》印象最深刻的是腊梅花。

　　汪曾祺先生好像特别喜欢腊梅花，也是他爱画的题材。见过他一幅《岁朝图》，画的就是腊梅配天竹，并题曰："我家废园有大腊梅花数株，每于雪后摘腊梅朵以花丝穿缀配以天竹果一二颗奉祖母插戴。"他曾说："天竹和腊梅是春节胜景，天然的搭配。"据说，只有南方人喜欢把南天竹与腊梅同插在一只花瓶，称之"清供"，插完便过年。腊梅其实并没有遍布全国，北方人对梅花的概念是模糊的。北方人所谓的梅花，一般指汪曾祺所写的"腊梅"，而真正的梅树，在北方是很难栽活的。

　　湘潭人对腊梅，是不陌生的。伟人毛泽东一直对梅花情有独钟。在韶山毛泽东同志纪念馆珍藏和展出的毛泽东遗物中，有200来件生活用瓷，大多数都装饰着他喜爱的梅花图案。关于腊梅，还有这样一则故事：新中国成立后，毛泽东用的瓷器是景德镇生产的"建国瓷"，上面装饰着山水图案。1965年初，考虑到这批瓷器的工艺式样均已陈旧，中央办公厅与景德镇联系，为毛泽东制作一套新的日用瓷器。在商定制作方案时，毛泽东身边工作人员要求厂方在制作时将餐具印上梅花图案。当新制作的瓷碗、瓷碟第一次摆上餐桌，毛泽东深感

意外。碗、碟内外腊梅花栩栩如生，明艳动人，他非常喜爱这套双面腊梅碗。二十世纪六七十年代，湘潭电池厂还曾出品过《腊梅》电池。

腊梅因似梅花，与梅花开花期又相接近，所以很多人将腊梅当作梅花。腊梅名梅，却不是梅。腊梅是腊梅科属灌木；而梅花，却是蔷薇科。腊梅花以黄色为主，清香沁人肺腑。相对梅花来说，腊梅花开得更早，更耐严寒。毛泽东的《卜算子·咏梅》写道："风雨送春归，飞雪迎春到。已是悬崖百丈冰，犹有花枝俏。俏也不争春，只把春来报。待到山花烂漫时，她在丛中笑。"我想应该指的也是腊梅。《卜算子·咏梅》写出了腊梅不畏风雪，坚忍顽强、傲雪绽放的品格。元朝诗人王冕："不要人夸颜色好，只留清气满乾坤。"描绘出超脱的高雅形象以及宁静淡泊的高洁品质；腊梅花的品格与气节几乎写意了我们"龙的传人"的精神面貌。在文学艺术史上，梅诗、梅画数量之多，足以令任何一种花卉都望尘莫及。

生如寒冬一枝梅。我欣赏腊梅花，不只为其凌寒而来、迎风冒雪的坚韧，更欣赏她默默开放的品格、无意争春的豁达。同样，我们生命的走向虽然多样，但我们必须使它有意义，即使是在万里雪飘的世界里，也当如腊梅花，绽放耀眼的美丽。想到这里，我不禁轻声吟起王安石的《梅花》："墙角数枝梅，凌寒独自开。遥知不是雪，为有暗香来。"

一簇紫花轻摇曳

◎宾丝丝

从未见过还有比紫花地丁更矮、更贴近大地的花。似乎是过于羞怯，它们尽量矮着身子，嫩绿的叶子屏风样围着一簇簇紫色的小花。那紫是朦胧的，雾一样的一团，而花又是这样细致而娇小，它们在眼前摇曳，使原本有些荒芜的景致有了种梦幻感，仿佛某些隐秘的故事在杂草丛生的土地上蠢蠢欲动。

紫花地丁，别名堇堇菜、独行虎、兔耳草、金前刀，是一种多年生草本植物，可入药，具有清热解毒的功效。它也是极好的地被植物，因此在湘潭的一些地区直接栽植它，形成美丽的缀花草坪。紫花地丁只不过是一种野草，和高大的樱花玉兰相比，它渺小得就是地皮上的一寸草而已，然而，它却在春季里开得姹紫，开得香甜。

063

那些小紫花，如此地浸润人心，如春天很细很细的雨，"随风潜入夜，润物细无声"。你几乎看不见它的存在，却又真真实实地感觉到它的触摸。这让人想起张爱玲，她用纤秀的细手，拿一支生花的妙笔，让一个个枯瘦的文字有了奇异而绚烂的生命。这种感觉正像紫花地丁带给人们视觉上的刺激，是无比的神秘和喜悦。她与胡兰成的交集，无疑也染上了这种神秘的刺激性。在胡兰成第一次看到自己相片时，就特意取出并给他在背后题了字："见了他，她变得很低很低，低到尘埃里，但她心里是欢喜的，从尘埃里开出花来。"在张爱玲的故事里，是很少浪漫与传奇的，但她一定希望现实中的自己能拥有一份完美传奇的爱情，因而她才可以一开始就放低姿态，对胡兰成全身心地投入与崇拜。她在一封信中对胡兰成说："我想过，你将来就是在我这里来来去去亦可以。"

没有一种花，如紫花地丁那样可以低到尘埃里。如爱的告白，赤裸着自己全盘托付的心。在我国，和紫花地丁有关的说法或者记录大多集中在它的食用和药用价值上，而在其他国家，则更多地作用在精神情感层面上。日本作家川端康成笔下的紫花地丁完全是内心的真情实感自然而然的流露。他在《古都》里第一句就从两株紫花地丁写起，"一棵老枫树有两个树洞，紫花地丁分别在这里寄生，一上一下，相距约莫一尺。春天到了，紫花地丁开花了，花影投在初生的青苔上面，蝶群翩翩飘舞，白色点点。一个名叫千重子的少女面对两株紫花地丁自言自语：'上边和下边的紫花地丁彼此会不会相见，会不会相识呢？'"白描一样的文字，因了两棵紫花地丁，把我们带进梦幻般的灵动和淡淡的清愁里。紫花地丁作为一种自然物象被川端康成赋予了人的感情，它隐喻了千重子和失散姐妹苗子从分离到相逢再到分离的经历，同样也是千重子内心感情变化的"晴雨表"。《古都》的故事由紫花地丁娓娓道来，散发着的淡淡的哀愁和挥之不去的孤寂之情，让人读后那种虚无感萦绕心头，挥之不去。

紫花地丁之所以被众多人喜爱，除了像川端康成那样赋予它很美的各种人类的情感意象，它选择在早春开花，也是个重要原因。春寒料峭的野外，是这些微不足道的紫色小花，宣告春天的来临，最先点缀了田野、地头、路边。也是它们，在明媚的三月，用紫色细小的花骨朵俘虏了每一位仰慕者的芳心；那样小小的一簇，不起眼，却散发出蓬勃的绿意，给湘潭人民带来一抹温暖，也给乍暖还寒的大地铺上一抹亮丽。

油菜花开满春天时

◎宾丝丝

自然界中永远不缺乏美丽的存在，也从来不藐视平凡。

阳春三月，柳丝如烟，莺飞草长，花事一场接着一场，菜花正当时。每年的这个季节，一定是要追着去看一次菜花。"篱落疏疏一径深，树头花落未成阴。儿童急走追黄蝶，飞入菜花无处寻。"这首南宋著名诗人杨万里写的诗，就是赞美南方油菜花开时的胜景。

每一场花事都有独特的魅力，而没有哪一场花事能像油菜花一样，来得那么热烈奔放，来得那么盛大浩荡、沸沸扬扬。那是来自远古的追溯，那是对阳光，对春天，对生命最痛快淋漓的追逐和歌唱。

油菜花，别名芸薹，属于十字花科。油菜花，平凡、不起眼，然而却因为集体的力量被人们记住，甚至爱上。一枝油菜花远远比不上牡丹、玫瑰，但是一片油菜花就不一定了。它们紧紧地团结在一起，像一支仪态矫健的仪仗队，在田野里排练春天的舞蹈。

油菜花开，那一片灿烂夺目的金黄。空旷的田野上，桃红柳绿，百花争艳，绿莹莹的稻田，映衬着一片金黄色的油菜花，放眼望去，阡陌纵横，满世界的流光溢彩。空气中到处是弥漫的花香，暖暖的阳光下，"留连戏蝶时时舞，自在娇莺恰恰啼"，构成了一幅清新典雅的田园风景。最喜欢顾城的那一句：我们站在那里，不说话，就十分美好。站在哪里？站在一片花海里，春风荡漾，闻着醉人的花香，即使默默不语，风送花香，而且有你在身边。在一年中最美的季节，泥土的气息和菜花的香味弥漫于群山沟壑，乡村田园，让人沉醉。

看油菜花，最好是在每年的清明前后。湖南省最佳的地方，还是去湘潭石鼓镇。位于湘潭县西南边陲的石鼓镇，素有"湘潭西藏"之称，这里山清水秀，民风古朴浓郁。2015年开始，石鼓每年都会举办"油菜花节"。"秀水灵山，满目田园皆入画；黄花遍野，一村春景可成诗。"在美丽的铜梁峰下，但见漫山遍野的油菜花铺天卷地，奔来眼底。秀峰、村舍、道路、溪流……世间一切尽数没入花之海洋，黄花绿叶交相辉映，色彩鲜亮明快，更有金梭般的阳光在花海上梳过，泛起黄金的光泽，跳动不已。运气好的话，还能听见风中有噼里啪啦的声响，那是油菜花开的声音，那是热烈在枝头燃烧的声音，像梵高的油画，泼开来。

平凡的油菜花，深谙自然之道。繁华总会过尽，芬芳必然随风而逝。千朵万朵的黄花攒足了劲儿在田野里肆意地开着。那举向天空的黄色拳头，肯定握着一种信念，裹挟着无垠的春色和对美的恒久膜拜。那足金的花瓣是来自地下的一双双深沉眼睛，深情地守望着天空，与大地厮守在一起，风来雨去，书写一种无言的静美；那纤细的花蕊是无邪的胸怀里迸发出的一束束光芒；甚至那翠绿的叶片是种子在风中遥寄给天空、蜂蝶、鸟雀的一方洁净手帕。它们谦卑地面对大地和天空，庄重地盛开，然后凋落。

春光大美，不要荒废了这大好时光，人生没有那么多的路需要去赶，应该给自己一份悠闲，不辜负春天的每一场花开。停下忙碌的脚步，其实不必去远方，待到石鼓油菜花开满垅之时，与心爱的人执手相看，共赴一场美丽的约定吧。

株洲篇

我们知道，每一座城市的市花都体现着这座城市的精神气质。而株洲的气质里夹杂着红花檵木的性情，它们遇到阳光和水就能成长，整座城市随处可见红花檵木，一簇簇开得热烈而绚烂。

从历史中走来的"楮树"

◎宾丝丝

　　株洲，古称建宁，但还有一个名字却并不为人知晓，那就是"楮洲"。据地名命名的规律推测，约在《尔雅》成书之后的东汉永康至建宁年间（公元167年—172年），这里就形成以地形地物命名的村落名——楮洲。

　　三国纷争，群雄并起。孙权与刘备划江而治，吴国将建宁县县治，设在了楮洲。安静怡然的小村落，被推到了历史的前台。自此，这处临江傍水、南北通衢的地方，就成为了兵家的必争之地、商贾云集之地和文人骚客相聚作别之地，也使它有幸被文献和诗词歌赋书写。

　　楮洲真正闻名系因南宋著名理学家朱熹的诗句："泥行复几程，今夕宿楮洲"。南宋孝宗乾道三年（公元1167年），闽学派代表朱熹与湖湘学派代表张栻，在岳麓书院进行著名的"朱张会讲"后，同游南岳，一路以诗酒应和。其间两人还在朱亭歇宿、讲学。两人同登南岳，在南岳盘桓多日才下山。朱熹与张栻游南岳归来，走到楮洲时，天色渐暗，当晚歇在建宁街资福寺。朱熹事后在《南岳游山记略》中有"丙戌至楮洲"的记载，朱熹这一次落笔，使"楮洲"在历史上留下了身影。朱熹之后，还有范成大、项世安、戴复古、文天祥等人，在驻足楮洲或行经此地时，都留下了关于"楮洲"的描述。南宋咸淳九年（公元1273年）文天祥任湖南提刑，居楮洲达半年之久。次年二月，奉旨赴江西抗击元军，其好友徐崏从长沙赴楮洲送行，文天祥作诗《咸淳甲戌第二朔予道楮洲笔畋方谏自长沙来》表达了自己对楮洲的依恋，"君为湘水燕，我作衡阳雁。雁去燕方留，白云迷草岸"。南宋绍熙元年（公元1190年）正式定名株洲，迄今已将近1 000年的历史。株洲因楮木而得名，楮树便成为株洲的象征。

楮树别名苦栗，大叶橡树，有甜楮、苦楮之分，常绿阔叶乔木，木质坚硬且富弹性。《山海经·中山经》《集韵·鱼韵》《本草纲目》等均有"楮木"记载。因此，楮木应为人类最早认识并利用的植物。

人的寿命再长，也就是百余年。可树不同，不少树都可以活个几百年，有的能达到上千年。所以，说楮树是活着的历史一点儿都不夸张。株洲拥有百年以上的楮树超过4 000多株，主要分布在炎陵等地，目前株洲最古老的一株古楮，生长在醴陵市沈潭镇上公坪村，已有1 000岁。树高8米，胸径86厘米；仅次于它的"老二"生长于攸县鸾山镇漕联村白石组，树龄600年，树高15米，胸径95厘米，比"老大"还要高大粗壮。另一棵树龄较长的古楮位于株洲市渌口区王家洲村，400岁，冠型优美，生长旺盛。

一棵楮树，为何弥足珍贵？它是记录古村落活着的历史，更是株洲历史的活化石。几百年过去，任凭岁月如何待它，荣耀加身也好，听任荒废也好，它始终以一种简朴的魅力、冷静的态度默默注视着所有子孙后代或诚恳或荒诞、或欢乐或悲伤的生活。

丝丝缕缕的红花檵木

◎宾丝丝

你有没有见过这样一种花：长线形花瓣丝丝缕缕，像流苏般缤纷，梦幻的花朵如天边霞云，摇曳生姿。花叶同开的它们，只靠不同层次，不同质地的红色单品，就站出了"出世红尘近日边，红霞冉冉行地上"的微醺气场，具有高度的辨识性。它们的身影时常出现在城市街边绿化带、桩景造型、盆景中，可大多数人却叫不出它的名字：红花檵木。

红花檵木，又叫红檵木、红桎木，为金缕梅科。"喜光，耐旱，喜温暖，耐寒冷"，是株洲的市花。这些乔木状的红花檵木生来就格外引人注目。一年四季都叶色鲜艳，尤其在炎热的夏季，能在很短的时间内开出漂亮的红花，煞是招人欢喜。花儿伸展的姿态有如兰花般的洒脱优雅，色泽有如菊花的绚烂热烈，气质聪明勇敢，刚烈果决，和我们湖南人很像。

红花檵木开花的样貌，被老祖宗妙到毫厘地注入到象形造字中。"檵"字，读音jì，为花瓣丝状之意。字架里的丝，上上下下紧密串连在一起。枝干，从中绕过，于繁花处，拨得开，立得定，架得住。这字，不但像极了红花檵木花季的姿态，还自带着一种繁写字体的高雅。此等造字手法，让这字，让这木，也让这花有了风骨。一头是红霞丰韵的花枝，一头是枯黄瘦瘠的土壤，而脚踏红花檵木根基牢固的黄土地，于方寸之间，深呼吸，又易懂得，趣要淡泊，虚浮心要沉下来。

了解红花檵木的人都知道，它还有一种"外柔内刚"的品性。不怕刀砍，不怕锯断，不怕火烧，只要树兜在土里，就能四季发芽。有资料指出：檵木的树皮在腐蚀损伤95％以上的情况下，依然可以再生长。哪怕就是充当了柴火，那股子燃烧的焰火，也是不一般的"红"。身临艰苦境地，却依旧笑颜如花，已属不易，还要外加花期"超长待机"，更是不易中的不易。单色何以成就绚丽？红花檵木以自身的叙事给出了解释：心不为形役，哪怕是立于枯草青苔荒野里，亦宜自重。

我们知道，每一座城市的市花都体现着这座城市的精神气质。而株洲的气质里夹杂着红花檵木的性情，它们遇到阳光和水就能成长，整座城市随处可见红花檵木，一簇簇开得热烈而绚烂。可大多数人可能不知道，红花檵木是湖南的珍贵彩叶观赏植物，由已故著名林学家叶培忠教授于1938年春在湖南长沙天心公园发现并命名。1935年春，天心公园从浏阳大围山移植了一棵野生植株，使红花檵木由此走进人们的视野。浏阳市曾荣获"中国红花檵木之乡"称号。

曾读过一篇与红花檵木相关的文章，文称"花后坐果，果酱色，不具观赏价值。"我很不赞同作者的观点，我觉得红花檵木的果像花苞，圆圆的、鼓鼓的，恰如衣襟上一字扣的扣坨，很有韵味。它能将优雅、热烈、韵味集于一身很不简单，我也想一生都这样活。

近距离观望红花檵木，慢慢的花儿姹紫嫣红，风儿吹来，细碎的花瓣落了一地。反复欣赏了红檵木花朵盛开的美丽风景后，难免不被它那由骨子里透出的热烈、热情、热闹彻底感染。它的花语：相伴一生，热烈如火。恍如梦境中的一片嫣红，在心底静静盛开。青春易老，容颜逝去，总是让人扼腕痛惜，平添伤感。也许我还可以学学红花檵木，无惧时光荏苒，当韶华逝去，风骨不改，仍保持宜人的气质、翩翩的风度。

炎陵黄桃：天上有仙果，人间有仙桃

◎宾丝丝

如果说春天是花的季节，那么夏天就是水果的天下了，许多春天开败的花，都在这个季节结了果。六月的杨梅西瓜，七月的黄桃奈李，多姿多彩，它们都属于夏天的颜色，夏天的味道。

每年的夏天有什么是不能错过的，那炎陵黄桃必须是其中之一！市面上的黄桃千千万，不是所有的黄桃都叫炎陵黄桃。吃过炎陵黄桃的人，才知道什么叫唯炎陵黄桃独钟。因为咬上一口，绵糯的果肉与汁液滑入喉间，沁入心脾，满口甜香，回味悠长，瞬间赶走夏日的炎热。

炎陵黄桃，又称高山黄桃，以靓、香、甜、脆而闻名于世。它产自湖南炎陵县中华民族始祖炎帝神农氏的归根福地；炎陵境内群峰竞秀、山水交融。巍巍炎帝陵背后，是300万亩自然森林，全县森林覆盖面积高达85%，居全国第一；无重工业、零污染，空气负离子全国最高。黄桃生长在海拔400米—1400米的深山中，是纯原生态、无公害的保健水果。高山上的昼夜温差大，有利于黄桃糖分的积累，集"天时地利"于一体，使得炎陵黄桃口感更出色。黄桃的品种很多，只有湖南炎陵的黄桃拿到了国家地理标志证明，炎陵也被称为"中国优质黄桃之乡"。炎陵坊间曾流传着这么一句话："天上有仙果，人间有仙桃"。

黄桃别名黄肉桃，属于桃类的一种，隶属于蔷薇科桃属，因肉为黄色而得名。黄桃在三四千年前，在中国大地上已受到重视并已人工栽培，到秦汉时代，栽种培育出各种品种，用柿子嫁接出的金桃，延续繁衍成今天的黄肉桃

种群。炎陵黄桃品种叫"锦绣黄桃"，在炎陵已有 30 年的栽培历史，是 1987 年从上海市农业科学院引进最新选育的优良黄桃新品种。相对其他地域，炎陵的黄桃在高山上享受整整 230 天的阳光，在纯天然的泉水和雨露的灌溉下收获了爆甜多汁的红心和 15 度甜。黄桃的营养价值十分丰富，含丰富的维生素 C 和大量的人体所需纤维素。常吃可起到通便、降三高、美容养颜、延缓衰老、提高免疫力等作用，也能促进食欲，堪称保健水果、养生之神桃。一般是每年 7 月下旬开始采摘，采收期主要受海拔高度的影响，海拔越高，采收期越迟。

　　如果去炎陵采摘黄桃，一定要去中村瑶族乡，那里有一处"新世外桃源"——罗浮江村。罗浮江因炎陵"五子"之一的罗浮孝子出生于此而闻名，也是炎陵黄桃的重要产出地。罗浮江村子不大，方圆也就几平方公里，四周群山环抱，山上树木婆娑，郁郁苍苍，房屋果树掩映，山下溪水清澈见底。整个村庄山依偎着水，水倒映着山，弥漫着雾，朦胧的轻雾像华丽的幔帐，罩着一片新的绿，是那么的和谐、温宁。碧空如洗，一尘不染，站在万亩桃林中，举桃敬天，这一刻黄桃仿佛有了生命，大自然仿佛赐予了它灵动圣洁的气韵品位。东晋陶渊明曾在《桃花源记》中描述了一个诗情画意般的田园，而罗浮江村就是一个黄桃飘香的当代桃花源。

　　当夏天过去，你依然可以用亲手采摘回的黄桃做几罐黄桃罐头，滤掉夏天的炎热和汗水，只将它的阳光、灿烂、美味封存起来，在秋冬时美妙回忆。

深藏罗霄山脉的南方红豆杉

◎宾丝丝

　　在258万年前的第四纪冰川期，周天寒彻，导致一些动植物种属的灭亡。但是，有一些物种幸运地生存了下来，红豆杉就是其中一种古老树种。它们的先祖们以超常的毅力熬过了漫长的冰川期，在南方相对温暖的罗霄山脉的天然避难所里，与银杏树、水杉等一起开启了新的生命旅程。它们就是被人们称为"植物界大熊猫"的南方红豆杉。

　　湖南境内有一棵有2 416年树龄的古红豆杉，它是湖南迄今被发现的最古老的南方红豆杉，被称为我国"南方红豆杉之王"。该红豆杉生长在株洲攸县柏市镇温水村司空山文家岭的龙王庙旁，树高28米，胸径190厘米，冠型舒展饱满，树荫覆盖面达750平方米，流泉飞瀑滋润其根，古藤青蔓攀附其身，挺拔健朗，气势磅礴，像一顶碧绿油亮的伞盖。

红豆杉，别名"红榧""紫杉"，系红豆杉科属浅根植物，是世界上公认濒临灭绝的天然珍稀植物。唐朝诗人王维的"红豆生南国，春来发几枝，劝君多采撷，此物最相思"流传甚广，但王维诗中的红豆与红豆杉没有什么关系。但因王维诗句赋予红豆象征"相思"的意义，所以红豆杉也被人们称作"相思树"。

千年南方红豆杉是一株风水神树，千百年来在它的周遭演绎出了许多神奇的故事。至今，温水文家岭村民中还在流传着一个"龙王托梦"的传说。相传，明万历年间，有两个云游化缘的和尚落脚司空山，在红豆杉树下饮泉歇凉。忽然，一阵清风拂过，两和尚背靠树身恍恍惚惚睡着了，他们同时做了一个梦：一白眉银须的老人自山顶飘然而下，来到他们身边说："我是白龙洞龙王化身而来，你们背靠的红豆杉是一棵风水神树，须在它旁边建一座庙，让红豆杉接受香火，才会有灵气。"两和尚一梦醒来，互说奇梦，得仙人指点，大彻大悟，决定在此垒石建庙。数百年来，庙因树而灵，树依庙而生，使这棵红豆杉仍然劲健神奇，兴盛不衰。

千年南方红豆杉也是一株革命之树，成为红军战士抛头颅、洒热血的历史见证。据攸县革命史记载，大革命时期有一支与大部队失去联系的红军队伍躲避在红豆杉旁的龙王庙里养伤整休，后被奸细告密，白军追杀至此，双方展开了激战，但终因寡不敌众，红军全部牺牲。至今，这棵红豆杉主干上还有当年留下的斑驳可见的弹孔。弹孔周围长出了凸起的树瘤，每年秋末树瘤里会流出红色的浆液，当地老人们传说这是红豆杉树为牺牲的红军战士而流下的眼泪。

千年南方红豆杉还是一株长寿之树，2 400多年来，它吸天地之灵气，已不是一棵普通的古树了，在村民的心中被尊为"千年寿星"。温水村也因红豆杉的盛名，许多外地人到那里或沾沾"千年寿星"的灵气，或小住几天泡泡温泉，呼吸弥漫在空气中的红豆杉清香，或在农户的餐桌上小酌一盅浸泡了红豆杉汁液和灵韵的柏市醇。这里的人一年四季很少吃药打针，经常用源自红豆杉旁的山泉洗手洗脚，关节都要灵活些。温水村被称作攸县的"巴马村"，村里90岁以上的老人有13人，80岁以上的有21人。

有意思的是，"南方红豆杉王"与另一株距它约1公里的"红豆杉之母"相守相望，在柏市境内繁育它们的子子孙孙，目前已达4 000多棵，形成了一个偌大的红豆杉家族群。它们与柏市的山水及人文和谐相处，生生不息。

枇杷树：初夏的味道甜如初恋

◎宾丝丝

　　五月快走了，枇杷就熟了。从古至今的人们，谁不爱枇杷呢？《长物志》里就如此夸赞枇杷的可爱和美味：枇杷，株叶皆可爱，色如黄金，味绝美。

　　但关于枇杷，最著名的一句话，还是归有光的《项脊轩志》中那一句：庭有枇杷树，吾妻死之年所手植也，今已亭亭如盖矣。

　　只是个平淡无奇的陈述句，却让时间有了度量，让思念变得可数；让人心中响起惊雷，眼泪冲出眼眶。物是人非，温润绵长、平淡真挚的感情却一如昨日。

　　小时候，每到春去夏来的时候，我总是会缠着爸爸，要去奶奶家。嘴里嚷着要去看奶奶，心里却老是想着奶奶家的枇杷树。红砖的楼房，晒台上墨绿的瓷瓶栏杆，半树枇杷花触手可及，这才是我记忆中的南国风光。土生土长的株洲人都是吃着野生枇杷果子长大的。

　　枇杷树呈革质的老叶正面是略显呆板的暗绿色，在我们南方春夏的繁花绿叶中并不出彩，唯有春初枇杷树的新叶还值得一看，银白色的一簇簇，让人联想到嫩白可爱的手指。枇杷花，盛开在寒冬，花期很长，一般从10月到次年的1月。当秋菊开始凋谢、腊梅酝酿花蕾的时候，枇杷的花朵具有"傲雪斗霜节自坚，花开总在百花先"的英姿风骨。

枇杷又称芦橘、金丸、芦枝，因叶子形状似琵琶乐器而名。枇杷浑身是宝，据《本草纲目》记述，其花、叶、果仁均可入药，有"止渴下气"，治疗"肺热咳嗽"的功效。大家咳嗽时会喝的"川贝枇杷膏"，味道甜甜凉凉，其原料之一正是枇杷叶了。经过 2 000 多年的栽培，枇杷树已经成为中国南方的重要果树树种。与其他果树不同，枇杷树秋孕冬花，春实夏熟，故有"果木中独备四时之气者"之称。枇杷果熟时，正逢一年中的水果淡季，因此在南方，它还有"早春第一果"的美誉。

成熟的枇杷金黄圆润，掩映在疏朗的墨绿色叶子之间，煞是可爱。古往今来，入诗亦入画。宋代诗人宋祁写，"有果产西裔，作花凌蚤寒。树繁碧玉叶，柯叠黄金丸"，就非常生动地描写了枇杷白花、碧叶、黄果的形态。枇杷在国画中也极富田园美好寓意，齐白石曾作许多枇杷图；吴昌硕亦有作品《枇杷图》，并题有趣诗一首："五月天热换葛衣，家家庐橘黄且肥，乌疑金弹不敢啄，忍饿空向林间飞。"

枇杷不但形与色美，味亦美，食之甘饴，酸甜可口，果肉细腻，汁水充盈；主要有白色和橙色两种，称"白沙"与"红沙"，白沙甜如初恋，果形较小，红沙较酸较大。汪曾祺就写过白沙枇杷："果贩叶三卖的水果是最好的，每年都花大半年的时间在外找果子。但凡收到好水果，叶三总不忘给画画的季四爷送去。有一回送的就是枇杷：四太爷，枇杷，白沙的！"

"枇杷"与"琵琶"同音，容易混淆。关于枇杷和琵琶有一则趣闻。明朝大画家沈周收到友人送来的一盒礼物，并附有一信，信中说："敬奉琵琶，望祈笑纳。"沈周打开盒子一看，却是新鲜的枇杷果，他回信给友人：承"惠琵琶，开奁骇甚！听之无声，食之有味。乃知古来司马泪于浔阳，明妃怨于塞上，皆为一啖之需耳！今后觅之，当于杨柳晓风、梧桐秋雨之际也。"这将错就错的戏谑，真是刻薄又风雅。

初夏是生命的荷尔蒙分泌最旺盛的季节，所以孕育出了宛如初恋的枇杷。所有的初夏留给我记忆最深的，莫过于枇杷带来的那种酸甜，幸运的是，我还有回忆，能够在记忆中回味原汁原味的季节的味道。而经过时间陈酿的记忆，味道更令人陶醉。

茶陵的千年古茶树群

◎宾丝丝

　　茶陵因茶得名，是中国唯一以"茶"命名的行政县。有关史籍记载："神农尝百草，日遇七十二毒，得茶而解之。"神农氏是人类最早发现和利用茶的人，也被称为茶祖。

　　陆羽在《茶经》写道："茶陵者，所谓陵谷生茶茗焉。"这也证明了茶陵是中华茶文化的发源地之一，也就有了"千年国饮，始于茶陵"的说法。

　　由于炎帝神农氏在茶陵发现了茶，开创了饮茶之先河，所以茶陵种茶、制茶、饮茶的习俗自古沿袭下来，民间至今流传着采茶歌，饮茶也成为茶陵百姓生活中不可缺少的部分。

　　汉朝之后，品茗饮茶开始大范围普及，官方也修建了众多茶马商道，茶市兴旺，云阳云雾茶、六通庵茶、花石潭茶享誉盛名。今天的茶陵，山陵谷涧中仍生长着旺盛的野生茶，每到春天，村民就上山采摘野茶，接受大自然美丽的馈赠。

从《史记》到有关清史记载的史料来看，对于茶陵的"茶山"有泛指也有实指。有时，"茶山"是"茶乡""茶陵"的代名词；有时"茶山"又具体到了一座山，但史料中具体到哪座山时，又有不一致的说法。普遍认为最有可能而又争议最大的是云阳山与景阳山以及青台仙。云阳山与景阳山目前没有发现年代久远的古茶树，近年来，茶陵县湖口镇厂江村青台仙却多次发现千年古茶树，相传炎帝是在茶陵首次发现"茶"这种植物的，青台仙野生古茶树的发现，为之提供了有力的佐证。千年古茶树发现于青台仙海拔 590 米处，两棵古茶树生长在悬崖乱石之中，树高 4.5 米，平均冠幅 2.5 米，胸径 20 厘米。据考证，其中一母茶树生长年龄在 800 到 1 000 年间。在其周围，还生长着约 100 余株大小不一的古茶树，占地 50 亩以上。古老的茶树，树冠稍展，分支比较密集，叶梢向上，叶片呈椭圆形，尖端稍钝向下垂，边缘则往里翻卷。在阳光照射下，簇簇嫩芽闪着嫩绿色的光芒，焕发着勃勃生机。据《茶经》记载，"上品生烂石"，"茶宜高山之阴，而有日阳之旱"。山岩上日照时间短，气温变化不大，空气湿度高，石壁的土壤中含有丰富的矿物质，再加上终年有细小的甘泉由岩缝中滴落滋润，使得这野生古茶树群天赋不凡，所以历千年而不衰，越百世而繁茂。

一直以来，海拔约 1 100 米的青台仙资源环境保存良好，历史人文与自然资源价值不可估量，却一直鲜为人知。千百年来，这里留下炎帝在这里种茶、采药的种种传说。在千年古茶树位置的上端有两处平整宽阔的石坪，当地流传说这是炎帝采药休息的地方；在古茶树不远处有一个像农家做饭用的天然石头柴火灶，据说是炎帝采药、采茶时做饭的地方；在古茶树下方有一处水池，传说是炎帝洗药的地方；旁边有一柱石，称是炎帝系马的地方。在千年古茶树对面，还有一个石蛙群。当地村民流传着一个很有意思的传说：有一次，炎帝在此采药时被毒蛇所伤，情急中，炎帝抓了一种植物在嘴里嚼碎咽了下去，没想到这种植物竟然神奇解毒，这种神奇的植物就是"茶"。后来，山神为了炎帝采药时不被毒蛇咬伤，在茶叶树的对面放置一群青蛙，蛇最喜欢吞食青蛙，当青蛙鸣叫时，蛇群就会奔青蛙而去，因此，保护了炎帝的安全。令人遗憾的是，炎帝最终还是死于尝百草的过程中。据说他尝了一种断肠的毒草，因而命丧九泉。

300 多年前，明代著名旅行家徐霞客慕名拜访过茶陵的云阳山，却错过近在咫尺的青台仙，如果徐霞客得知青台仙的神秘，他或许会因此而后悔不已吧！

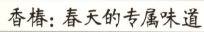

香椿：春天的专属味道

◎宾丝丝

　　如果说春天的野菜也有鲜美榜单，香椿一定能排进前三名，而在三月，能称得上时鲜的也只有香椿，尤其是早春时节的香椿芽，因短暂、稀缺而珍贵。俗话说："雨前椿芽嫩如丝，雨后椿芽如木质。"这是以谷雨节气为线来区分香椿的口感和香味，谷雨后的香椿芽个子蹿得最快，香醇的味道也失却得最快。香椿芽贵在吃早、吃鲜和吃嫩。而如今价格昂贵的头椿芽，才叫吃个稀罕，香上加香，嫩上添嫩，简单又美味。

　　香椿又名香椿芽、大红椿树、山椿、虎目树等，为楝科落叶乔木，有"树上君子菜"之称。咬一口香椿，你便能品味到整个春天的味道。

　　香椿芽，有着春天的气韵，且只属于乡村。农家人为了显得有丰收气象和更加有生活情趣，一般都会在宅院里栽一些香椿树。记忆中，奶奶家小院里种植过一高一矮两棵香椿树，矮的，站在板凳上踮着脚就能摘到；高的，仰着头，拿着带小铁钩的竹竿瞅准了一套，猛地往下一搂就能到手。谷雨前，只要暖风一起，奶奶家就会一起打椿头。每到这时，奶奶家的厨房里总飘着香椿的味儿。香椿炒鸡蛋是我最爱的一道菜，我觉得香喷喷三个字的含义，莫过于此。对于孩子，好像一吃这道菜，春天就已经到了门外。工作后，下过很多馆子，还是会经常想起那难忘的味道。

　　食用香椿在中国至少有 2 000 余年的历史。早在汉代，香椿曾与荔枝一起作为南北两大贡品，深受官内外达官显贵的青睐。苏东坡的《春菜》有写："岂如吾蜀富冬蔬，霜叶露芽寒更茁"，并盛赞"椿木实而叶香可啖"。香椿芽的味道特别，有专家分析，香椿芽同时拥有柑橘、樟脑和丁香的混合香气，外加谷氨酸的鲜味儿，这就形成了那种难以言表的味道。在我看来，那是春天的味道。

可能大多数人只知道"香椿"的叶芽口味独特、营养丰富，而对香椿木的了解并不多。其实香椿木是一种制作高档家具和工艺品的上好木材，而红毛椿素有"中国桃花心木"之称，可与上等红木相媲美。株洲炎陵神农谷国家森林公园就多次发现这一珍稀植物，在黑龙潭、镜花溪、牛石坪河边的山坡上都可见。沿着峡谷边石阶而上，路边有看不完的青藤古树，而绿郁葱葱的红毛椿在山峰间显得十分醒目。

一直以为，香椿树之所以叫椿树一定是和春天有关的，其实并非如此，它另有着千百年绵延而来的寓意。在《庄子·逍遥游》中，椿树被视为父亲树，"上古有大椿者，以八千岁为春，八千岁为秋"。古人认为椿有寿考之称，所以称父亲为"椿庭"，为男性长辈祝寿称"椿寿"。古人形容母亲为"萱草（忘忧草）"，常用"椿萱并茂"代指父亲、母亲健在，寄托对父母的思念。唐代有诗曰："知君此去情偏切，堂上椿萱雪满头。"游子一去千里，家中只留下白发苍苍的老父老母，这样的场景，如何不令人揪心牵挂？

如今奔忙在外的游子们，或许不能常伴父母左右，但在这春暖花开的三月里，咬上一口清新扑鼻的椿煎蛋或椿卷时，可否忆起日渐老去的父母呢？

灵芝：遗落在凡间的神奇仙草

◎宾丝丝

　　在深山老林人迹罕至的地方，一种奇妙生物，在充满着欣喜的等待，等待雨水的滋润，等待它如云朵般的菌盖轻轻吐露、绽放。虽说是菌类，这种能化腐朽为神奇的生灵却拥有木的神韵。在乱草间，朽木上，它们坚硬的躯干或壮硕宽厚，或亭亭玉立，通体呈现出一派傲世的气度，是整个森林画卷中的点睛一笔。它就是遗落在凡间的神奇仙草——灵芝。

　　中国古代对于灵芝的认识大概起源于《山海经》，炎帝幼女"瑶姬"的精魂化为"瑶草"，精魂为草，实曰"灵芝"，这是关于灵芝最早的记载。

　　相传神农冒着生命危险尝百草，教人治病。一天神农尝药中毒，霎时天旋地转，一头栽倒在地，很快就不能说话。倒下前，他指着面前的一棵红亮亮的灵芝草，臣民们急忙把灵芝嚼烂，喂到神农嘴里。神农食了灵芝草，解了毒气，才转危为安。灵芝的神奇功效给神农留下深刻印象，他每到一处采药总要注意寻找当地的灵芝，炎帝神农去衡山寻药经过株洲湘江边，看见山崖上有一棵如黑灵芝的植物。神农用他的鞭子打过去，想采下来看个究竟。正当他扬起鞭子时，不小心踩着一个圆石头，身子一晃，鞭打歪了，只听崩隆一声，半边山崖就塌到湘江里去了，后来人们就把这座山叫"崩隆"山。神农的赭鞭折成九截，于是兵器中有了九截鞭。炎帝神农把那株植物采下来仔细观察，果真是一株千年大灵芝。现在株洲市湘江河畔的神农公园里有一座九重高阁"神农阁"，以及河西新开辟的天台山神农湖都是纪念炎帝神农在株洲采灵芝的故事。株洲炎陵县神农谷森林公园的黑龙潭至今还流传着炎帝神农洗草池的传说。

这种神奇仙草的美名不胫而走，传遍了神州大地，并赋予其神话色彩，传说服之可长生不老或起死回生。当年，秦始皇派徐福率 500 童男童女东渡日本寻找的长生不老药，正是灵芝仙草。

传说中的武夷山彭祖活了 760 岁，貌似童颜，不见衰老，就是常服食灵芝仙草的缘故。

《三国志·魏志·华佗传》也称阿者山中迷路，得仙人指点，服食黄芝之后，得享高龄及精力过人。因为吃了可以"长生不老"，灵芝不仅受到方士的青睐，也成为帝王御用的药物，中国历史上各个朝代都有在民间大规模搜罗灵芝进贡的事例。宋王安石在《芝阁赋》中便记述了朝廷诏令民众寻找灵芝的情景，当时一年进贡的灵芝高达数十万株之多。

当然这都是些神话色彩浓厚的传说，灵芝并没有起死回生的神奇。不过灵芝一直都作为史书古籍中长寿仙草的代表，它的功效毋庸置疑。

灵芝，又称灵芝草、神芝、芝草、仙草、瑞草，是多孔菌科植物赤芝或紫芝的全株，没有根茎叶分化，不开花，是有时一年可以多次形成菇体的菌类。灵芝治疗疾病的文字记载已有 2 000 多年。《神农本草经》里记载 365 种中药，灵芝排列高于人参，为珍贵中草药，视为"益心气""安精魂""好颜色""补肝益气""不老延年"的珍品。

灵芝还同麒麟、凤凰一样，被人们视为"吉祥物"。如被人们津津乐道的北京奥运会火炬的"祥云"图案；北京天安门城楼前华表上的"蟠龙腾驾灵芝祥云"和天坛祈年殿宝顶上的"环绕九龙的灵芝祥云"浮雕；故宫博物院藏的康熙时期的"翡翠灵芝式如意"；孔庙中"进士提名碑"基座上雕刻的灵芝图案……这株所谓"遗落在凡间"的神奇仙草到处都有它的归宿。

迎春花：开在春天的黄精灵

◎宾丝丝

听，是谁在春天里歌唱？看，是谁在春天里舞蹈？

听到了春的呼唤，踏着春天的脚步，沐浴着春天的光彩，迎春花总是在一个不那么显眼的地方，骄傲地、倔强地悄然开放。在晨光下，散发着柔和的光晕，这些小小的黄精灵真是可爱极了！

迎春花别名小黄花、黄素馨、金腰带，是木犀科素馨属落叶灌木，因其在百花之中开花最早而花后即迎来百花齐放的春天而得名，在我国已经有 1 000 余年的栽培历史。其枝条细长下垂，枝稍扭曲，光滑无毛。其小枝呈四棱形，花通常为黄色，显得端庄秀丽，气质不凡。迎春花有不畏寒威、不择风土、适应性强的特点，历来为人们所喜爱，与腊梅、水仙和山茶花统称为"雪中四友"。

迎春花的花语是相爱到永远。相传，大禹治水途中遇见了一个姑娘。该姑娘钦佩大禹"牺牲自己造福于民"的精神，就跟着大禹为治水的人们烧水做饭。久而久之，大禹喜欢上了这位姑娘，就娶其为妻。然而，大禹重任在肩，婚后便告辞新娘继续奔波各地治水。大禹临走的那天，新娘送了一程又一程，不忍离别。大禹就把自己束腰的金色藤条系在新娘的腰上，答应治完水就尽早回来与她团聚。大禹走后，新娘每天站在崖边不管严寒酷暑，不畏狂风暴雨，盼望夫

归，从未离开过。一个个冬去春来，等到大禹治水结束风尘仆仆赶回来与妻子团聚时，新娘已变成一尊石像，手里依然捧着大禹留下的藤条。大禹抱着石像呼喊着妻子的名字，心痛不已，泪如泉涌，一滴滴泪珠洒在藤条上，瞬间，那藤条竟神奇般地开出了一朵朵金黄色的小花。从此，迎春花得了个"金腰带"的雅称。

现实中的迎春花与传说中的那位姑娘一样朴实。它不喜涂脂抹粉，也不喜哗众取宠，不贪图富贵，也不迷恋温室厅堂。它随遇而安，无论在悬崖石缝荒山野岭，还是池畔江边，都会茁壮成长；都会像雄鸡报晓一样，不畏严寒冰雪准时为万物报告春的消息；并用自己彩色的笔，饱蘸着雨雪，舞动着寒风，在大自然萧肃的画卷上勾描出了绿色山岗、美丽百花、欢快的雀鸟。

而春深时，迎春花却以一身绿叶妆点大自然。毛泽东在《卜算子·咏梅》中赞美梅花："俏也不争春，只把春来报，待到山花烂漫时，她在丛中笑。"用其来赞美迎春花也是恰当不过的。刚到春天，天还透着几分凉意，迎春花就绽放了，向人们报告春天的到来，等到百花争艳时，它却悄悄披上了一身绿装，甘当一名"群众演员"。这种该出手时勇出手，该收手时不留恋的精神，岂不是真正的君子精神么？宋代韩琦的《迎春花》也写出了其精神："覆阑纤弱绿条长，带雪冲寒折嫩黄。迎得春来非自足，百花千卉共芬芳。"

着金英翠萼的花朵，嗅着甘甜馥郁的芳香，漫步在幽幽泛绿的株洲湘江风光带，众多"黄精灵"在春风姐姐的伴奏下，在枝头翩翩起舞，形成了春天的一道风景线。

垂丝海棠枝似轻丝袅袅垂

◎宾丝丝

　　四月柳絮纷飞，桃李樱杏也都热闹了几回，当人们热情退却，"花中神仙"便开始登场。

　　如果花也有性别，那海棠花一定属阴，她像一位阴柔娟丽的大家闺秀。虽有"嫣然一笑竹篱间"的娇艳动人，可是没有花香，这种残缺的美丽，成了张爱玲"人生三恨"之一。

　　张爱玲曾在《红楼梦魇》一书中，提到过人生"三大恨事"，"一恨鲥鱼多刺，二恨海棠无香，三恨红楼梦未完"。说起来，海棠真和《红楼梦》有不解之缘。《红楼梦》写花虽多，最重要的首推海棠。因秦可卿房中一幅《海棠春睡图》，宝玉梦入太虚幻境，开启了红楼大梦；后来贾芸送给宝玉两盆白海棠，促成了"海棠诗社"，众人所作《咏白海棠》亦预示着女儿们的性格命运，因此也有了"海棠春睡日，红楼梦醒时"的谶语。

　　海棠种类繁多，树形多样，叶茂花繁，丰盈娇艳。人们习惯上将海棠分为四品，分别是西府海棠、贴梗海棠、垂丝海棠和木瓜海棠。我们时常见到的有"西府""垂丝""贴梗"三品。

海棠花自古以来就是雅俗共赏的名花。它"藏红粉之秾丽，穿轻霭之空灵"，娇媚多姿而又热情奔放，既有大家闺秀的矜持，又有现代女性的洒脱，也就自然被誉为"国艳"，深受人们喜爱。唐代诗人郑谷有《海棠》诗云："春风用意匀颜色，销得携觞与赋诗。秾丽最宜新著雨，娇娆全在欲开时。"的确，海棠花的"妖娆"是从蓓蕾之时就开始了。在绵绵的春雨中，远远望去，海棠的初生嫩叶绿如玉翠，那一树的红蕾，如红云晕颊一般，泅然开去，也是风情万种。近处细看，每个小蓓蕾都十分精致，大红或粉红的花苞、紫红的细梗、褐色的萼托组合在一起，就是一个个小精灵。花开时，似乎只需一夜，那些蓓蕾就似破茧而出的彩蝶，在枝头嫣然起舞了。海棠花这一开就是"烂漫春色日中天"，也只有海棠花开了，人们才真正感觉到春天来了。难怪，唐明皇如此喜爱海棠花，以致把醉颜残妆的太真妃喻为"海棠睡未足耳"，留下"海棠春睡"的佳话。北京中南海西花厅的海棠见证了周总理和夫人真挚的爱情；朱自清于《看花》中成就名句："我爱繁花老干的杏，临风婀娜的小红桃，贴梗累累如珠的紫荆；但最恋恋的是西府海棠。"

在海棠四品中，我最喜爱的还是垂丝海棠。其花多朵簇生，花梗紫色，如丝一样细长而下垂，故名垂丝海棠。如果将海棠比作大家闺秀，那么，垂丝海棠则是大家闺秀中的小家碧玉了。宋代范成大诗《垂丝海棠》云："春工叶叶与丝丝，怕日嫌风不自持。晓镜为谁妆未办，沁痕犹有泪胭脂。"在"春工"的劳作下，垂丝海棠盛开在明媚的春光中，"宛转风前不自持，妖娆微傅淡胭脂。花如剪彩层层见，枝似轻丝袅袅垂。"其花色鲜红，软柔如绢，娇小艳丽，缠绵成片，灿若绮霞，于粉红色中泛出淡白，又于淡白中泅出嫣红，真可谓"沁痕犹有泪胭脂"。如此美轮美奂的垂丝海棠真不愧为海棠中的尤物，怎能让人不喜欢呢？

欣赏垂丝海棠的最佳去处当属株洲黄河北路的海棠道。全长 400 多米的海棠道两旁植有 4 000 余株垂丝海棠，枝丫交叉搭肩在一起，宛若天然的花廊。每年的四月，满树的海棠花儿争相绽放，蜂蝶飞舞，春意盎然，让人如入天宫仙境一般，流连忘返。

衡阳篇

衡阳多山茶花。大街小巷、随处可见绽放在枝头的山茶花，留心观察，发觉红色的花朵偏多，正应和了衡阳人火辣辣的热闹脾性 或许在衡阳人心目中，他们的市花山茶花，就是热烈奔放得不留余地，其他的山茶花也都是极好的，只是不敌这一种罢了

"两朵"山茶花

◎郭探微

　　世间有两朵山茶花,一朵流连于西方,经由嘉柏丽尔·香奈儿女士点化,成了时尚界的标志,点缀在无数女士的墨镜、香包、手表、裙摆上,摇曳生姿,透露出优雅独立的精神气质。另一朵诞生于东方,烂漫开于满山遍野之中,经风吹,迎日晒,只将那鲜艳的颜色尽情挥洒,又被文人们写入了诗篇,留下或热烈或孤傲的不同的文艺形象。

　　很少有花朵像山茶花一样,成为经久不衰的大牌宠儿,也从来没有哪个品牌像香奈儿一样,让人一提起来,就自动联想到某一种花朵。说不清是山茶花成就了香奈儿,还是香奈儿造就了山茶花,回首香奈儿与山茶花的那场命定邂逅,已经过了百余年——

　　1913 年的一天,香奈儿女士正在巴黎文艺复兴剧院欣赏沙拉·贝纳演出的小仲马名剧《茶花女》,那是她第一次为山茶花感动,香奈儿女士想起自己最爱的中国乌木漆面屏风上,也点缀着山茶花的身影。两种意象在她的脑海里重合了,从此,那一朵洁白素雅、弧形圆润的山茶花,就时不时出现在香奈儿的高级订制服装和珠宝中。

　　众人都以为香奈儿爱的是山茶花的优雅,但从她的访谈录中我们可以看到香奈儿对山茶更多个性的发掘:山茶花是一种雌雄同株的植物,《茶花女》中,它是巴黎名妓对富农之子爱慕的正面回应。因此,在香奈儿眼中,山茶花绝不仅仅象征着优雅和纯洁,它还是打破禁忌的勇敢之花。香奈儿用山茶花作为品牌象征,更是跨越了当时的礼法约束,真正鼓励女性解放自身,不受传统拘束。

再说盛开在东方的山茶花。山茶花原产于我国喜马拉雅山一带，自古以来就是极富盛名的花卉，早在唐宋时期，就成为了我国传统十大名花之一。其实山茶花除了白色，还有很多不同的色彩，金庸的《天龙八部》里，出身山茶花盛放之地大理的段誉就给独居姑苏的王夫人上过一堂生动的山茶花科普课，其中提到的山茶花品种繁多。段誉细细给王夫人讲过的，就有"红妆素裹、抓破美人脸、落第秀才、十八学士、十三太保、八仙过海、七仙女、风尘三侠、二乔、八宝妆、满月、眼儿媚和倚栏娇"共十三种。在段誉的描述中，山茶花不仅在一株花上会有不同颜色，连姿态都不同呢！

文人诗词中，吟咏山茶花的更是不胜枚举，宋朝诗人曾季狸流传下来的诗歌极少，但一句"惟有山茶殊奈久，独能探月占春风"却点出了山茶花期之长的妙处。苏轼写过"山茶相对阿谁栽，细雨无人我独来"，细雨中的山茶花，也和诗人一样有了几分洒脱之气。柳宗元笔下的"海石榴"（山茶花别名），多了一丝缥缈意味："弱植不盈尺，远意驻蓬瀛。"温庭筠则写出了山茶花的热情："海榴红似火，先解报春风。"

单从意象而言，东方的山茶花占了丰富的好处。衡阳多山茶花，大街小巷，随处可见绽放在枝头的山茶花，留心观察，发觉红色的花朵偏多，正应和了衡阳人火辣辣的热闹脾性。或许在衡阳人心目中，他们的市花山茶花，就是热烈奔放得不留余地，其他的山茶花也都是极好的，只是不敌这一种罢了。

一草一木存浩气

◎郭探微

清康熙十四年（公元 1675 年）秋季，在这个"无边落木萧萧下"，总让人感到有些悲伤的季节，一个年过半百的老者，经历了半生的颠沛流离后，选择回到自己的家乡衡山石船山麓隐居著述。

这位老人，一生戎马，学识渊博，原本是大明江山能文能武的栋梁之才，但一己之力挡不了历史前进的车轮，当故国依稀残梦里，"修身齐家治国平天下"的君子之志，于他而言可能只剩下"修身"了。

说不清他当时隐居在石船山时是抱着怎样的决心，但从湘西草堂中他亲手题写的一副堂联里，我们可以感受到老人的风骨与傲气："六经责我开生面，七尺从天乞活埋。"

在这座由他亲手搭建的草堂里，他"安之若素，终日孜孜不倦，刻苦自励，潜心著述"，最穷的时候，连纸笔都买不起，依然婉拒了清朝官员的资助。孔子曾用"一箪食一瓢饮，在陋巷，人不堪其忧，回也不改其乐"形容颜回之"贤"，也定下了中国君子风范的主基调：即使在极度贫困中，依然不改初心，依然保持着浩然之气。我想，这位老者是做到了的。

不仅是他自己，连湘西草堂的一草一木也受老人精神的滋养，有着自己的"精气神"。

当地百姓造房时，曾有"前不栽柏，后不栽柳"的习俗，但草堂庭院的正中门前，却一左一右生长着两棵青翠的柏树，这两棵柏树是老人亲手种下，联想到其"乞活埋"的孤绝之语，草堂种柏或许表达了先生当时一种悲愤的心境罢！

做学问，要有愤怒的一时之气，更要有长久的韧性与坚持。湘西草堂庭前小坪的左前方，就有一处罕见的"胸有成竹"景观：在一株树龄 200 年、树高 10 米的女贞树中，12 根竹子从它的不同树洞中钻了出来，无论生长的角度如何"刁钻"，竹依然挺直了腰杆。竹，自古就是君子的象征，从树洞中穿过挺立的翠竹，似乎就是先生无论何时何地都不改其志的精神象征呢！

湘西草堂右后侧 50 米外的一处小山坡旁边，还生长着一株树龄超过 450 年、长约 100 多米、胸围约 1.61 米、高约 15 米的紫藤。紫藤盘根错节，缠绕于几株古树之上，形状酷似一条盘旋在东西方向的巨龙。每年三月底至四月初，翠叶浓密的"藤龙"都会开出绚丽的紫色花朵。串串紫花悬挂于绿叶藤蔓之间，花与叶相映生辉，甚为壮美。潜龙在渊，哪怕是隐居在偏远的简陋草堂之中，但先生的思想光辉依然照亮了大半个中国，正如这株盘旋在古树之上的紫藤，思想之花的光辉永远不会湮灭。

十多年前，湘西草堂左侧 20 米处原本还有一大奇观——"枫马"。"枫马"是一株古枫，树干粗大而弯曲，形若骏马昂首跃前，深受先生喜爱并亲自取名。遗憾的是，"枫马"已被白蚁噬毁，它的风姿，只能存于人们的想象之中了。

这位老人，就是湖湘文化的代表人物、与黑格尔并称东西方哲学双子星座、启蒙主义思想的先导者——王夫之。王夫之认为，"尽天地之间，无不是气，即无不是理也"，所以他的"气"，也影响了草堂之内一众郁郁葱葱的植物们。尽管先生已离去多年，他的思想也如这些植物们一般，将永远青绿下去。

何以忘忧，唯有萱草

◎郭探微

在中国人心目中，萱草是一种特别美好的植物。

它长相就纤美可人：细细一根茎上，顶着一朵橙色或黄色的花骨朵，不是特别精通植物的人，会觉得这花像鸢尾，像兰花，像百合，总之像一切好看又高雅的花朵。

更别提它的别名了，忘忧草。世上有那么多爱恨情仇，忧心之事，若有一朵花，能够让你闻一闻香气，尝一尝味道，就忘记一切烦恼，该有多好！

早在《诗经》中，古人就生发过这样的感慨："焉得谖草，言树之背。"李时珍点评说："萱本作谖。谖，忘也。诗云：焉得谖草？言树之背。谓忧思不能自遣，故欲树此草，玩味以忘忧也。"狂放不羁的嵇康也在《养生论》中说："合欢蠲忿，萱草忘忧，愚智所共知也。"

一直好奇，为什么古人会将萱草看作忘忧草？李九华在《延寿书》中给出了解答："嫩苗为蔬，食之动风，令人昏然如醉，因名忘忧。"

古人对萱草极其偏爱，历朝历代，著名的文人墨客都留下了吟诵萱草的篇章。苏东坡赞其形美："萱草虽微花，孤秀能自拔。"朱熹赞其气质："北堂罕悴物，独尔淡冲襟。"白居易用它比喻和友人的惺惺相惜："杜康能散闷，萱草解忘忧。借问萱逢杜，何如白见刘。"李商隐感怀其品格："应怜萱草淡，却得号忘忧。"……可谓一千个作者的心中就有一千朵萱草，在不同人的笔下，萱草展现出不同的姿态与气度，给后人们留下了无穷的想象。

这样一种高洁孤傲、略带神秘感的花朵，除了"忘忧"之外，另有一个极其接地气的别名，而普通大众正是通过这个别名认识了它：黄花菜。在诗人眼中，它是姿态幽静的"忘忧萱草"，在百姓眼中，它摇身一变，变成了"可做汤来可做菜"的"美味菜肴"。两种身份反差太大，以致于我第一次在饭桌上知道黄花菜就是萱草时，惊得眼珠子都要掉出来了，那双伸向黄花菜肉丝汤的筷子，也变得小心翼翼起来。

衡阳多萱草，有一处古镇，唤作"萱洲古镇"，据说就因早年间长满了萱草而得名。更别提大名鼎鼎的国家地理标志产品"祁东黄花菜"，干菜菜条中间草青色，两头褐绿色，肉质肥厚，气味芬芳，口感甜美，是广受人们欢迎的优质品种。

衡阳种植黄花菜的历史十分悠久，明朝弘治元年（公元1488年），西区怀远堂村民发现野生黄花菜可鲜食后，便移植到园内栽培，并创造了黄花菜蒸制技术。到了清朝，祁东县的官员们就开始将黄花菜作为地方贡品向朝廷进贡。

遥想一下，当一位大诗人行走在田间地头，看着满田萱草离离而诗兴大发之时，成群结队的农人挎着篮子来了，他们麻利地采摘着成熟的黄花菜，回去翻晒、加工，让忘忧之草成为一道可口小菜，不知道诗人在吟诵完萱草后，有没有再尝尝黄花菜的滋味？

此时，高雅的文学意象与接地气的美食形象在这种植物身上保持了微妙的平衡，也算是萱草独特的魅力所在了。

玉兰二三事
◎郭探微

　　说起来，我对白玉兰最初的印象，跟玉兰花完全没有任何关系。小时候过年常吃的一种小点心：白白脆脆的一种膨化食品，一片一片弯起来，放入嘴里会融化一部分，趁着没有完全变软，心急的小孩子们连忙大嚼起来，嘎嘣脆，带着一丝淡淡的甜味。这种吃食叫做"玉兰片"，大约是因为长得像玉兰的花瓣而得名。

　　所以玉兰花最早就在我脑海里种下了洁白甜美的印象。再大一点，我记得玉兰花骨朵半开的时候，很多老婆婆会起个清早去掐花骨朵，放入绿叶铺好的篮子里，把花骨朵用别针穿成一串，走街串巷地叫卖。新鲜的玉兰花带着清晨的露珠，散发出幽幽的香气，喜欢的人买了它，别在衣领或者发间，美好的一天就开始了。都说是"小楼一夜听春雨，深巷明朝卖杏花"，我看来，杏花哪里比得上气味香甜、姿态优美的玉兰花苞？

到了北方后，玉兰是春天最早盛放的花朵之一，什么时候你恍然发觉高大光秃的玉兰树枝上，吐露出一点洁白的芬芳，就知道春天的脚步近了。

老北京有一项出名的工艺品，叫做"毛猴"，一只拇指大小、活灵活现的小猴子，是用四味中药制成：蝉蜕做头和四肢，玉兰花骨朵做身子，白芨做粘合剂，木通做道具。我曾亲眼看过在非遗传承人一双巧手下诞生的"毛猴"：先取玉兰花在秋天里形成的花骨朵，这种花骨朵表面有一层密密的灰褐色绒毛，是保护花过冬的外衣，正适合做小猴儿毛茸茸的身体。再用镊子将蝉蜕上的头和脚摘下，沾上白芨汁儿，粘在毛猴的身体上做四肢和头部，还有一些小毛猴会戴斗笠，这种斗笠用另一味中药材木通制成。在手艺人手中，玉兰花又展现了活泼可爱的一面。

再仔细看一看玉兰，你会觉得，很少有一朵花能如玉兰一般，能够融合硬朗和柔美两种截然不同的气质。

说它硬朗，自然是因为玉兰树生得高大，生命力顽强，无论南北方都能存活下来，兀自长成高高大大的一株，若开了花，非得让每个人都仰望，洁白的花朵衬着蔚蓝的天空，总有一种英气勃勃的感觉。

说它柔弱，那是花期末时。一丝风，一片云，一滴雨，都能将洁白的花朵从高空中打落。玉兰花要凋谢，不像很多花会变色枯萎，而是一片一片花瓣，纷繁而落。若你看过玉兰凋落的过程，多半会有些心痛：小船一样弯弯的花瓣，一片一片，缓缓从高处飘下，仿佛一出芭蕾舞剧到了尾声，一蓬一蓬雪白的芭蕾舞裙谢了幕，从台上隐去，只剩下空荡荡的舞台；又仿佛一只羽翼洁白的鸽子从天空中飞过时，不慎被狂风抖落下一根根柔软轻盈的白羽。

古人曾形容："阆苑移根巧耐寒，此花端合雪中看。"在诗人们的浪漫想象里，庭院里堆满了雪，树枝上的花朵也白，天空中的大雪也白，一时间，怕是很难分清哪片是雪，哪朵是花。

衡阳多玉兰。在主干道蔡伦大道上，沿街种满了紫玉兰、白玉兰。所以玉兰花开的时节，这里变得格外热闹，紫色白色的花朵带来阵阵香风，任谁看了，都会由衷赞上一句："这花儿开得真好！"

衡东如此多"椒"

◎郭探微

衡东土菜能够名扬潇湘大地，离不开一味活色生香的配料：三樟黄贡椒。翻炒的铁锅中，各类新鲜食材与黄贡椒的相遇，变成了一场美妙的邂逅：色泽金黄、辣中带甜的黄贡椒，为各种肉类增添了一丝火辣的鲜味；而有了油脂的浸润，黄贡椒的色彩更为饱满，令人垂涎欲滴。两者仿佛是久别重逢的灵魂伴侣，它们共同在舌尖交融、舞蹈，让每一位食客都一边吸气，一边大呼"过瘾"。

在庞大的辣椒家族中，三樟黄贡椒因其色泽金黄、肉质厚实、口味纯正、辣中有甜等种种特性而占据了一席之地。在我眼中，一方水土养育一方植物，这种小辣椒和孕育它的衡东大地有着高度契合的"精神气质"。

衡东有我国第一家革命银行——柴山洲特别区第一农民银行，还是共和国十大元帅之一罗荣桓的故里，这片土地上盛产血性儿女，他们敢作敢当的性格正如火辣辣的黄贡椒一般。

元代状元何克明喜欢吃家乡油麻田的辣椒，他自己修建的何家箭楼每层都堆放着一坛坛米酒浸泡的辣椒。元朝灭亡后，明太祖朱元璋赏识何克明的才干，希望他去外地当官。何克明不愿意当贰臣，就以自己"嗜辣如命，每餐饭都离不开家乡的辣椒"为名，婉言谢绝了皇帝的邀请。

清代状元彭浚也对家乡的辣椒情有独钟。一天，他捧着一坛家乡送来的剁辣椒要道光皇帝品尝。道光皇帝初尝一口，皱紧了眉头。众臣惊恐，唯有彭浚依然淡定。过了一会儿，道光皇帝才"啧啧"称赞："绝味！"众臣连忙附和，纷纷随之品尝并称赞。彭浚趁机向皇帝请辞，提出要告老还乡种辣椒。道光皇帝

见他去意已决，便嘱咐彭浚每年进贡一百坛剁辣椒。自此，三樟黄贡椒美名便传了下来，彭浚成为家乡辣椒品牌的"代言人"。

到了抗日战争时期，罗荣桓见毛泽东爱吃辣椒，特意送了一坛家乡的三樟黄贡椒给他品尝。毛泽东吃过后，想了想说："我好像从前在哪里吃过这辣椒……"罗荣桓惊讶之余，简单介绍了家乡的这一特产。毛泽东听后说："我记起来了，我的第一个上司就是你家乡人，叫彭友胜，他家离黄贡椒产地不远。"罗荣桓自豪地说："这贡椒呀，还真神奇。战士们吃了它，个个成了血性男儿，英勇无比，很快把来势汹汹的敌人打跑了。"毛泽东哈哈大笑："我说嘛，不吃辣椒不革命！荣桓呀，有了黄贡椒，一定要给我留一份！"

这三个小故事是否真实已不可考，但有人的地方就有传说，有传说才有了一个一个不朽的传奇。这些名人与"黄贡椒"的不解之缘，足以奠定这枚小辣椒传奇的"江湖地位"。

当地人告诉我，三樟黄贡椒产地——油麻田的土壤和其他地方都不同：这片土地由滔滔而下的湘江常年淤积的泥沙堆积而成，松软而又肥沃。当地人种上辣椒树后，惊喜发现这里所产的辣椒炒制时不易出水、祛腥效果比其他辣椒都要强，是做菜的最佳配料。自此，当地人年年在这块土地上种辣椒。

又到了油麻田的万亩黄贡椒成熟时节，金灿灿的黄贡椒映着农民们红彤彤的笑脸，这大概就是一口"鲜辣"生活的美好味道。

二分无赖是古树

◎郭探微

三山五岳之中，南岳衡山秀冠天下。造物主仿佛对这片土地格外偏爱，将最美的山岳之姿、最碧透清澈的水潭、最灵秀的花花草草一股脑儿全部堆到这里，任谁到了南岳，望着绵延不绝的七十二峰，都要由衷赞叹一句："好美！"

人们都说，南岳之美，美在山峦，但在我看来，也美在一株一株藏于深山的传奇古树。唐朝诗人徐凝在盛赞扬州月色时，写下了这样的名句："天下三分明月夜，二分无赖是扬州。"套用一下大诗人的逻辑，我要说："南岳三分奇秀绝，二分无赖是古树。"

南岳精华景区藏经殿前，有一片"无碍林"，林中芳草萋萋，古树丛生，入夏时节若能进入林中，只觉遍体清凉，眼前的苍绿仿佛是一柄拂尘，轻轻拂去的心中"明镜台"上的尘埃。"无碍林"生长了两株传奇古树，只听一听名字，就让人心生好奇："连理枝"与"同根生"。

沿着林荫夹道的石板路蜿蜒前行，曲径通幽，绿荫送爽，清风徐徐，溪流明澈，边行边赏景，一会就看到了"连理枝"。

连理枝学名叫短柄青冈树，它高10余米，树的主干上另长出一根粗壮的树杈，从主干分出弯曲成环后，又与母树紧紧环抱相连，远远望去，仿佛一对拥抱在一起喁喁私语的情侣，后人因之取名为"连理枝"。

唐代诗人白居易在《长恨歌》中写出了他理想中爱情的最高境界："在天愿作比翼鸟，在地愿为连理枝。"自古以来，人们就以"连理枝"作为夫妻恩爱的象征。但人心易变，又有多少人能如眼前这株古木一般，历经沧桑风雨，依然不改初衷，紧紧拥抱在一起？

历史需要记载，爱情也需要图腾。眼前这一株"连理枝"，在我看来和《西厢记》《牡丹亭》等经典爱情小说一样，都像是爱情的"图腾"。大约是印证了我的猜想，我的身后出现了一对年轻的情侣，他们目光喜悦地看着眼前的"爱情图腾"。男孩子轻轻伸手，将女孩拥入怀间："希望连理枝能够见证我们的爱情……"连理枝默默无言，它见证了男孩温柔的低语和女孩酡红的脸颊，也许在这株历经沧桑的古树看来，天长地久并不是爱情的全部，那发自内心的真情一瞬，同样值得被铭记。

顺着石板路继续前行，在连理枝下方20米远处，还有一株叫做"同根生"的奇树：它是由同一树根生长着两种不同科属的古树组成，靠南面的一株是多脉青冈树，属常绿乔木，靠北面的一株是稠李，属落叶乔木。两棵树的树干粗壮，主干紧靠平行，枝叶互映，冠盖如云。由于根同树不同，人们将此树称为"同根生"。

如果说"连理枝"是人们对于坚贞不渝的爱情的美好向往，"同根生"则更多地寄托了人们对于亲情、友情的期许。如同一对父母养育、成长环境相同，小时候一同玩耍的兄弟姐妹，长大后，若今后面临的人生道路不同，做出的人生选择不同，是否还能亲密如初？这样复杂的人生答案，"同根生"是给不出的，它只是默默地静立在土壤中，晴也好，雨也罢，一直郁郁葱葱地生长。

珍稀的绒毛皂荚

◎郭探微

　　小时候学过一篇课文，叫做《高大的皂荚树》，还记得文中写着："皂荚树的叶片是小小的，有点像槐树的叶子。小小的叶子一串串，一层层，长得密密麻麻，结成了一顶巨大的绿色的帐篷……每天，老师用皂荚熬了水，盛在脸盆里。上完课，我们的手上沾了些墨水，用皂荚水一洗，就又白白净净了。劳动过后，我们的手上、胳膊上满是土，满是泥，用皂荚水一洗，就又清清爽爽了。"

　　这是我第一次知道皂荚树，放学的路上，一路留心观察，竟然发现了很多皂荚树的身影，高大的树干和树叶上，挂着很多扁豆一样的果实。据老一辈的人说，那时候没有香皂肥皂，洗衣洗头发全靠"纯天然"的皂荚果。放学的路上，抬头望天，微风一吹，满树上挂的绿色皂荚果仿佛被惊醒了一般，晃晃荡荡地随着风转圈圈，这是我关于童年印象最深的镜头之一。

那么绒毛皂荚呢？它也是皂荚科属的植物，乍一看，它和普通的皂荚树长得差不多，夏初时节，绒毛皂荚会盛开白色的花朵，一朵一朵点缀枝头，如同展翅欲飞的白蝴蝶。到了十月，枝头上又挂满了皂荚果。这种皂荚果，外面长有一层密集的金色绒毛，质地柔软，就像是婴儿脸颊上的小细毛一般，格外可爱。用这种富有皂质荚果熬制的水剂，洗涤丝绸及贵重家具，可增添丝绸、木料本身的光泽度。

谁也不会想到，这种看似普通的绒毛皂荚，是比有"植物大熊猫"之称的银杉更为珍稀的树种。全世界最早的两棵绒毛皂荚于1957年在南岳衡山祝融峰被发现，两株绒毛皂荚隐没在一片原始次生常绿阔叶林中，专家鉴定发现，一株树龄约80年，一株约260年，算是经历过沧桑的老树了。

绒毛皂荚之珍稀，主要是因为它天然的更新能力弱，种源稀少。为了确保这两株全世界仅有的绒毛皂荚树不从地球植物的大家庭中消失，湖南省南岳树木园的科研人员采种育苗，攻破繁殖的技术难关，经过多年精心培育，已成功获得一批新的植株，累计近万株。

继"全世界仅有的两株野生绒毛皂荚树在南岳衡山被发现"写入植物历史后，时隔多年，衡山再度发现两株新的野生绒毛皂荚树。据专家介绍，这两棵新发现的野生绒毛皂荚，树龄约为110年，其中大的树高7米，胸径32厘米，小的树高6米，胸径27厘米。目前，南岳有关部门已指定专人对这两棵濒危野生绒毛皂荚进行保护。

说不清这一珍稀树种为何偏爱在南岳生长，从科学的角度来说，应该是当地气候、水土满足绒毛皂荚的生长需要使然。但在当地人的口口相传中，这几株绒毛皂荚和大禹有关：昔日大禹治水，来到衡山时，曾广植树木，又派了几名将军看守树林，这几名将军一直恪尽职守，久而久之，化成了绒毛皂荚树，永远扎根在了南岳这片钟灵毓秀的土地上。

藏经殿前的"摇钱树"

◎郭探微

　　不到藏经殿，不觉南岳之秀，到了藏经殿，如果不去看一下传说中的"摇钱树"，当属一大憾事。

　　南岳衡山群峰秀美，常年仙雾飘飘，若把衡山比作一位少女，那藏经殿便是少女眉间一点朱砂痣，有了它，少女更添几分美丽。

　　深山藏古寺，在祥光峰碧绿的腰腹之中，隐隐可见一处墙壁朱红、碧色琉璃瓦的单檐歇山顶宫殿式建筑，石墀环绕殿廊，飞檐高耸入云，雕梁画栋，辉煌华美。藏经殿不同于一般佛寺的建筑群，只有一栋单体庙宇，内供奉毗庐遮那佛像。进入大殿，望着眉目慈祥的大佛，只觉得自有一种宁静悠远的气息在内心蔓延开来。

　　藏经殿的古迹传说很多，殿前有灵田，每当秋夜，飞光如烛，可以照见老林古殿的轮廓，疑似"古殿灵光"；仔细看，是萤虫聚舞，闪闪发光所致，人们又称之为"萤火虫朝圣"。灵田前还有一片无碍林，中有一座六角形石砌凉亭，叫"梳妆亭"。亭中有一块汉白玉石屏，屏高二米，中间是一面汉白玉材质、椭圆形镜子，光可鉴人，相传为明桂王的母亲陈太妃梳妆的地方。

　　藏经殿有很多富有"传奇色彩"的古树，王夫之曾留下过一首关于藏经殿前黄杜鹃的诗就曾提到："啼鸟愁如歔，闲情寄浅绯。眉新欲试喜，额晓待添汝。酒色醅莺羽，春情驻柳香。愁心迷望帝，聊学赭袍黄。"这里的"柳香"，应该就是指藏经殿前的一棵"摇钱树"。

　　"摇钱树"学名叫青钱柳，属胡桃科。椭圆的叶片，簇拥着一枚一枚淡黄色的"鳞片"，这些"鳞片"状如铜钱，而待花落之后，青钱柳会结出一串串金黄色的果实，在阳光的照射下，果实金光四射，恰似串串铜钱随风摇曳，所以它又被称为"摇钱树"。

　　当地百姓盛传，这株"摇钱树"的种子是位好心神仙送给一名樵夫的，樵夫辛苦浇灌了七七四十九天，一株小绿芽终于破土而出，小树迎风而长，没几天就长成了参天大树，树上结满了金灿灿的果子，当清晨的第一抹阳光照耀在果子上时，果子变成了真正的铜钱，微风一吹，发出"叮叮咚咚"好听的声音。

　　樵夫将铜钱分给了当地百姓，南岳衡山上出了一棵长满了铜钱的"摇钱树"，这样的消息如插了翅膀一般，传遍了周边，当然，也引来了不怀好意的觊觎者。最终，贪婪的人性让柳树"化金为木"，青钱柳上，金灿灿的铜钱重新变为了普通的果实。当地百姓依然很爱护这株曾给他们带来过富足生活的青钱柳，一代又一代，青钱柳连同传说一起，顽强存活了下来。

　　当年的百姓们可能想不到，随着科技和医疗保健事业的发展，青钱柳的药用功能被开发了出来，用青钱柳芽制成的"青钱柳茶"，因为具有良好的降"三高"保健功效，打开了一片广阔的市场。昔日结着铜钱的青钱柳，再一次变成了"摇钱树"，让人不得不感叹命运的神奇。

南方有"员木"

◎郭探微

　　三岁的小女儿在公园里和小朋友们追逐打闹时，不慎磕破了膝盖。她泪眼汪汪地回家，指着蹭破了皮的膝盖，哭个不停。在家小住的奶奶看了，慌忙放下手中的活计，一路小跑从厨房里舀了一勺清亮金黄的油，一边哄着小孙女，一边把油往伤口上涂。

　　"咦，这不是我们吃的茶油么？"我看了，觉得惊奇。

　　"茶油能够消炎祛痛的，她爸爸小时候摔伤了，我都是拿茶油给他擦伤口。"

奶奶一面擦，一面说起茶油的好，在她的描述中，那一汪色泽清亮的茶油，竟有许多"神奇的功效"。

奶奶的家乡在衡阳耒阳，是我国著名的"油茶之乡"，当地家家户户种油茶，吃茶油。所以奶奶每次来，都会给我们带满满一壶茶油。

一旁哭得眼泪汪汪的女儿听了，忘记了流泪，小声说："奶奶，油茶什么样？""油茶啊，开白色的花，果子是黑色的……"在奶奶的描述中，我曾经见过、又被遗忘在记忆深处的油茶印象渐渐清晰起来：四季常青的小灌木，树皮是黄褐色，树叶椭圆形，九月的时候，一朵一朵温柔的白色花朵会从绿叶中静默探出头来，微风吹过，会带来一股香甜的气息。花落后，一颗一颗黑中带红、泛着光泽的果子也钻了出来，敲开果壳，内含2到4颗黑褐色种子，这种果子就是榨茶油用的"茶籽"了。

对于孩子们来说，油茶身上有"两宝"：春夏之交，油茶树上偶尔能找到覆盖着一层红色或者白色薄膜的茶片和茶泡，剥掉那层"外衣"，露出洁白的肉，塞进嘴里，甜滋滋的滋味一直蹿到心窝里。后来才知道，这种茶片和茶泡对孩子们而言是美食，对油茶树本身来说，却是一种病害，茶农们是不乐意看到这些东西出现在油茶树身上的。

油茶在我国有着悠久历史和独特的地位：茶油是我国特有的传统木本食用植物油之一。秦时称甘醪膏汤，汉末称膏汤枳壳茶，唐代始称油茶，沿用至今。《山海经》曾记载："员木，南方油食也。"这里所说的"员木"就是油茶。

因为色泽清亮，芳香扑鼻，唐代诗人李商隐食后，曾称赞其"芳香滋补味津津，一瓯冲出安昌春"。清代雍正皇帝到河南武陟视察黄河险工时，知县吴世碌以油茶进奉，雍正食之大喜，称赞"怀庆油茶润如酥，山珍海味难媲美"。

至于奶奶给孙女儿擦茶油护肤，也是有道理传承的。相传慈禧太后和珍妃都爱用茶花籽油来护理肌肤；宋美龄每晚临睡前，必叫特护用一种山茶花籽油给她面部和全身按摩一遍，使肌肤自然有光泽。

奶奶的"土法子"果然有用，没过几天，女儿膝盖上的伤口就慢慢平复了。看着她小小的雀跃的身影蹦来蹦去，我的眼前，又浮现出油茶平凡的身影。

去衡东，寻找雪域高原上的花朵

◎郭探微

　　在人们惯有的印象里，"格桑花"是一种只生长在雪域高原上的花朵。在雪域高原上，格桑花是再常见不过的花朵，一片绿草之中，随处可见一朵一朵粉红、白色、橙色的小花，每一朵都仿佛从调色盘上吸足了颜料，从阳光雨露里吸足了养分，在空气稀薄的雪域高原上，拼尽全力地盛开。

　　格桑花，又叫格桑梅朵，它不同于雪莲的高洁出尘，是一种热热闹闹的花朵，任谁看了它，都会被它那饱满的笑靥打动。藏语中，"格桑"是幸福的意思，"梅朵"是花的意思，在藏民眼里，寄托了大家期盼幸福吉祥的美好情感。藏族还流传着一个传说：不管是谁，只要能找到八瓣格桑花，就能找到幸福。

　　因为寓意吉祥，所以格桑花海成了很多新人拍摄婚纱照最青睐的地方之一。一直以为格桑花只属于雪域高原，中秋假期，陪着好朋友回衡阳市衡东县拍婚纱照，居然意外发现了一片格桑花海：坐落在湘江河畔的衡东县新塘镇新堤村中，有衡阳市首个集旅游观光、生态休闲、户外体验和花卉科普为一体的乡村生态旅游综合基地。

　　走进景区，只见处处蜂飞蝶舞，处处花朵盛开，格桑花、百日草、薰衣草、向日葵、万寿菊、孔雀花等数十种花卉次第开放，景区内，百年鸳鸯树、百年枣树枝叶常青，经幡祈福、跑马场、藏式帐篷等人文景观会让人有一瞬间穿越到纯净的雪域高原之上的错觉。

中秋过后，格桑花正是盛花期。一片花海之中，幸福的情侣们深情款款，在花丛中摆着各种姿势，由"长枪短炮"记录下二人甜蜜的瞬间。照片的背景里，除了有热烈开放的格桑花，有湛蓝的天空，还有古色古香的水车，充满乡野之趣的美丽风景，最重要的是，有一对在美景映衬下笑得格外甜蜜的新人。那盛开的格桑花仿佛见证了他们一生中闪耀的时刻，能够在寓意幸福的花海中记录下这一瞬间，他们心中，肯定也充满了满满的幸福感吧！

除了寓意幸福，这种在高原上绽放的花朵还是生命力顽强的代名词。鲁迅文学奖获得者、军旅作家党益民就曾写过一本叫做《一路格桑花》的长篇小说。小说中将一群支持丈夫在雪域高原保家卫国的军嫂比作格桑花，以热情洋溢的笔触描写了长年驻守在川藏公路线上的武警交通部队官兵的战斗生活情景。歌手张华敏在同名歌曲中也唱道："雪域高原上一朵美丽的花，无论风吹雨打灿烂如朝霞，送走冬和秋迎来春和夏，你是我们心中勇敢吉祥的花，一路格桑花，芬芳满天涯……"

阳光下的格桑花田，每朵小花都像燃烧一样绽放着。这种小花，从雪域高原中走来，在潇湘大地上安家，依然活得生机勃勃。

郴州篇

　　郴州人很爱月季，也很爱紫薇，月季被选为市花之后，许多市民要求将遍种郴州的紫薇也选为市花。于是，2014年，郴州市四届人大常委会第十九次会议作出关于增补紫薇为郴州市市花的决定。因此，郴州市便有了两朵市花。

郴州有两朵市花

◎张 坤

一般而言，一个城市只有一种市花，但郴州市却有两种。

郴州市位于湖南省东南部，东界江西赣州，南邻广东韶关，西接湖南永州，北连湖南衡阳、株洲，素称湖南的"南大门"。郴州是国家优秀旅游城市，山地丘陵面积占总面积的75%，别名"福城""林城"。

"林城"自然名花名草名木众多。郴州有国家一级重点保护野生植物银杏、银杉、南方红豆杉、水松、伯乐树等6种，国家二级重点保护野生植物篦子三尖杉、福建柏、柔毛油杉、华南五针松等30种，省地方重点保护野生植物黄枝油杉、江南油杉、铁坚杉、黄山松等80多种。但郴州市的市树是香樟，市花则是月季和紫薇，因为它们在郴州的生长和分布更为普遍，与老百姓的联系更为紧密。

1999年，经市民评选，郴州市一届人大第31次常委会审议决定，樟树为郴州市市树，月季为郴州市市花。

月季花，被称为"花中皇后"，又称"月月红"，是常绿、半常绿低矮灌木，四季开花，一般为红色，或粉色，偶有白色和黄色，可作为观赏植物，也可作为药用植物。现代月季品种繁多，世界上已有近万种，中国也有千种以上。月季的适应性强，耐寒耐热，地栽盆栽均可，适用于美化庭院、装点园林、布置花坛、配植花篱、花架。月季栽培容易，可作切花，用于做花束和各种花篮，红色切花更成为情人间必送的礼物之一，并成为爱情诗歌的主题。月季花容秀美，姿色多样，四时常开，深受人们的喜爱，中国有52个城市将它选为市花，是中

国十大名花之一。

郴州人很爱月季，也很爱紫薇，月季被选为市花之后，许多市民要求将遍种郴州的紫薇也选为市花。于是，2014年，郴州市四届人大常委会第19次会议作出关于增补紫薇为郴州市市花的决定。因此，郴州市便有了两朵市花。

紫薇，别名"痒痒花""痒痒树""紫金花""无皮树"等，属落叶灌木。紫薇树姿优美，树干光滑洁净，花色艳丽；开花时正当夏秋少花季节，花期长，故有"百日红"之称，又有"盛夏绿遮眼，此花红满堂"的赞语，是观花、观干、观根的盆景良材；其根、皮、叶、花皆可入药。

郴州的月季花海，要数南岭植物园最为有名。到南岭植物园看月季，你会惊喜地发现，这里有一种月季花大如牡丹，或昂首怒放，或娇羞欲语，而且一株月季上会开几种颜色的花。这种满树都开大花的月季叫树状月季，与普通月季相比，树状月季株形高大，开花数量多，花色艳丽，且花型更大、花期更长。

郴州的紫薇花海，要算临武的"紫薇天下"公园最具代表性了。"紫茸垂组缕，金缕攒锋颖。露溽暗传香，风轻徐就影。"唐代大诗人刘禹锡曾这样吟咏郴州娇艳玲珑的紫薇花。紫薇花开的时节，"紫薇天下"公园漫山遍野的紫薇花竞相盛放，处处红英灼灼，烂漫如火。每年秋季，郴州还要在这里举办"紫薇花节"，赏紫薇花海、看岭南风情，成了许多游客和市民的美好期待。

郴州市有两朵美丽的市花，郴州人有无数的美好向往。

郴州的森林公园"美得不像话"

◎张　坤

　　"郴"字由"林""邑"二字合成，意谓"林中之城"。既是"林中之城"，自然就有很多林场、很多森林公园。是的，郴州的国有林场就有20个，国家级森林公园就有8个。8个国家森林公园风景秀丽，各具特色，都已成为人们向往的旅游目的地，游客赞叹它们"美得不像话"。

　　莽山国家森林公园位于宜章县最南端，以蟒蛇出没、林海莽莽而得名。它地处湘粤交界的南岭山脉中段，总面积2万公顷，有高等植物2 700余种，脊椎动物300余种，其中国家保护的重点动植物50余种。莽山境内山体垂直高差大，山势险峻雄浑，耸立着海拔1 000米以上的高峰126座，主峰猛坑石有"天南第一峰"之称。

　　天鹅山国家森林公园位于湖南省郴州市资兴市中部偏东，地处罗霄山脉南端。相传，在明朝嘉靖年间，久旱不雨，山岭荒凉。一群白天鹅忽从天上飞来，落于山顶，三天后喜降大雨，山上随之生机勃勃，万木葱茏，天鹅山由此而得其名。公园内植被完好，在海拔800米以上为常绿落叶混交林，在海拔800米以下为亚热带常绿阔叶林和针叶林，既保存了完好的原始次生林，又有大面积的人工栽培林。

九龙江国家森林公园位于汝城县东南部，地处湘鄂赣交界的三角地带，总面积8 436公顷，森林覆盖率达97.4%，保存有完整的原始次生林群落及南岭山脉低海拔沟谷阔叶林，有木本植物80科456种，草本药用植物256种，有古树名木5万株以上，有陆生脊椎野生动物250种以上。公园分为九龙觅仙、九龙戏水、九龙奇岩、九龙飞瀑和热水温泉五大景区，自古就有"四面青山列翠屏，草木花香处处春"的美誉。

西瑶绿谷国家森林公园位于临武县西南部西瑶乡境内。公园总面积12 441公顷，森林覆盖率95%，园内有集中连片保存较完整的天然次生林4 000多公顷。园内有植物1 730种，动物323种，其中国家一级保护植物3种，重点保护动物33种。

安仁县熊峰山国家森林公园，是一座名副其实的天然氧吧。公园葱郁苍翠，四季常青，公园内有树木467种，既有凤岗紫气、熊峡红霞、月潭夜色、溪洞蛟腾等安仁古八景中的四景，又有药王庙、药王腾茶谷、百草汤药膳庄园、仙人居养生度假村等神农文化基地，是休闲、养生、逸情、雅志的理想胜地。

永兴县丹霞国家森林公园，不仅是我国丹霞地貌发育最典型、分布范围广、面积大的一处老年期丹霞地貌，处处可见大自然的神来之笔；而且有维管植物1 309种、陆生脊椎动物196种、水生动物43种，品种多，代表性强。

桂东县齐云峰国家森林公园，生态资源丰富，气候资源独特，园内森林覆盖率高达92.47%，有维束植物1 577种，国家级重点保护野生植物16种，其中包括著名的南方红豆杉、伯乐树、莼菜等。

嘉禾县南岭国家森林公园位于县城城郊，是一处集山、林、水、民俗、宗教、休闲、度假为一体的综合性旅游胜地，是县城名副其实的"绿色之肺"和"城市氧吧"。

郴州的森林公园如此之多如此之美，无怪乎人们对郴州这座"林中之城"那么赞叹，那么向往。

苏仙岭上的"望母松"

◎张 坤

说到郴州，不得不说到苏仙岭；说到苏仙岭，不得不说到"望母松"。

苏仙岭坐落在郴州市东5公里处，自古享有"天下第十八福地""湘南胜地"的美称。苏仙岭相传因汉文帝时苏耽修行于此、得道成仙于此而得名。苏仙岭从山麓到山顶有桃花居、白鹿洞、三绝碑、景星观、八字铭、沉香石、苏仙观等观赏游览处。由白鹿洞至苏仙观，1760级台阶，两侧古松挺秀，枝叶如云。人们称之为"苏岭云松"。苏岭云松有一奇，其枝叶都伸向西南。苏岭云松的枝叶为什么一齐指向西南呢？这就是"望母松"的由来。

相传汉朝时，苏仙岭下有个玉溪山庄。山庄有家苏姓大户，苏庄主乐善好施，经常救济穷人，帮助有难的人家，人们赞颂他是"苏善人"。苏庄主45岁那年，生了个儿子取名苏耽。老来得子，全家欢喜。可惜苏夫人没有奶水，孩子终日啼哭。善有善报，没想到经常出没于玉溪山庄附近的一头母白鹿，后来竟然成了苏耽的"奶娘"，每天按时来代苏母哺育其子。白鹿的栖身处，成了

现在的"白鹿洞"景点。

吃白鹿奶长大的苏耽，自幼特别聪明，七岁就学，日诵千余言，通读百家，尤爱《老子》。苏耽读书过目不忘，功底极深，人称"神童"。苏耽成年后，梦想修道成仙。他闭门不出，努力修行。到了成家立业时，不少人劝他放弃"仙梦"，但他坚信自己一定能修成正果，连母亲也劝不动。母亲见儿子如此顽固不化，很是伤心，终日不乐，不久就去世了。

苏耽看着母亲因为自己这么早就离世了，痛哭不已，悲天跄地。但母亲的去世，并没有动摇苏耽修道成仙的决心。他决定离开山庄，远离凡尘，在苏岭僻静处修筑茅棚，更加发奋图强，潜心研究道行。

一年又一年，苏耽修炼道行，功底日深。渐渐地，他在湖南一带已经很有名气，许多有学问的文人、僧人、道人，经常前来与苏耽一起切磋学问，谈经论道，吟诗作画，成为挚友。

一天，苏耽住处来了一位自称已寿高 96 岁的有道之士，他说在武当山中修行，慕名前来，想与他交朋友。苏耽热情接待，两人相谈甚欢。苏耽问老道："你这么长时间修行，为何还不成仙？"老道哈哈大笑："人随天缘，功到自成呵！"苏耽自觉惭愧，于是诚心诚意想拜老道为师。老道笑而不答，只是连连点头。苏耽正要下跪拜师，却忽然不见了老道。正纳闷间，苏耽忽听空中有人呼道："苏耽，随我去也！"抬头一看，原来刚才的老者竟是太白金星，他是特来点化苏耽的。苏耽毫不犹豫地跳上一块巨石，跨上飞来的仙鹤，随太白金星往东飞去了。留下的这块巨石，就是如今的"升仙台"。

如今，人们站在"升仙台"上极目远眺，那从山麓到山顶的松树大都只有一边枝丫，而且都向西南伸去。原来传说苏仙得道飞升之后，因为思念母亲，经常从仙界降临到苏仙岭的山顶，向西南眺望郴州城里的故居，禁不住泪流满面。群松为苏仙的孝心感动，也纷纷探身西南，于是这苏岭云松就成了"望母松"，形成一大奇观，并被列为"古郴州八景"之首。

只是有些可惜的是，在 2008 年那场百年不遇的冻雨冰雪中，"望母松"被毁伤了不少，至今还未恢复原貌。看到今天的"望母松"景象，人们在思念的同时，又多了些许悲凉。

郴州的五大最佳赏花地

◎张　坤

　　一城山水一城春。春回大地，"粤港澳后花园"的郴州格外艳丽；春暖花开，郴州的五大最佳赏花地，更是吸引着人们的脚步，去感受郴州各地的浪漫春色。

　　安仁稻田公园是全国十大油菜花观赏胜地。"油菜花开满地黄，丛间蝶舞蜜蜂忙；清风吹拂金波涌，飘溢醉人浓郁香。"这是当代诗人余邵的诗，仿佛写的就是稻田公园的油菜花。春天一到，油菜花开，稻田公园 1.4 万亩的油菜花海把大地染成一片金黄，与稻田、瓦房共同组成了一幅湘南秀美的田园风光大画卷，美丽而壮观。漫步其间，蜂蝶翩翩起舞，溪流潺潺作响，花香扑面而来，"人在花中游，情在花中醉，影在花中留"的意境令人心旷神怡。花海丛中栖息着数以万计的小鸟，不时展翅齐飞的场面更是震撼人心。

"万朵樱花正盛放，娇羞红颜盼君来。"樱花是春天浪漫的代表。王仙岭生态公园拥有 4 个品种 3 000 余株樱花，集中分布在从山脚到山顶的 5 个吸氧区。阳春三月，王仙岭生态公园盛开的樱花染红山头，妩媚娇艳的樱花宛如少女，令人心动不已。春风吹拂，满树白色的、粉色的樱花漫天飞舞，人们沉醉在樱花花海中，仿佛空气中都能闻到爱情的味道。伴着潺潺的流水，呼吸着饱含负离子清新的空气，在樱花盛开的诗情画意中流连，让人心醉神迷。

"春满东江湖，浪漫桃花岛！"资兴东江湖有一座"桃花岛"，岛上桃花品种繁多，有株矮俏丽、妖娆可爱的寿星桃类；有枝梢下垂、可以照水的伞状垂枝类；有叶红近紫、花色浓烈的紫叶桃类。春暖花开时节，桃花岛的桃花临水而开，艳红的桃花一片片点缀于绿色山林中，将一座座山头染得姹紫嫣红，在桃花的掩映下，碧波潾潾的东江湖更显秀丽。漫步湖岸，满眼桃花，东江湖云雾蒙蒙，农家炊烟袅袅，一派世外桃源景象。

北方的苹果种到南方，能开花结果吗？答案是肯定的。桂阳县方元镇的马巷村，每到春末夏初，2 000 多亩的苹果花开满整个山头，美不胜收。苹果花的花苞呈淡粉红色，渐次越开越白，最后整个花瓣呈白色，透着似有似无的粉。苹果花开时，走进马巷村苹果花园，仿佛步入了纯净的童话世界。娇羞洁白的花朵镶嵌在绿色的枝头，繁星似的你挤我我挤你，将庞大的树冠变成了巨大的花团。风儿轻轻地吹，小雨轻轻地下，成群的蜜蜂在花间忙碌，蝴蝶翩翩起舞，望着挂满了枝头的花儿，仿佛看到了满树硕果的丰收时节。

"人间四月芳菲尽，莽山杜鹃始盛开。"春天的莽山，是杜鹃花的王国，山上杜鹃花有 43 种，其中湖南杜鹃、涧上杜鹃、湖广杜鹃为莽山特有杜鹃花种。从每年四月开始，由低海拔到高海拔，各种杜鹃花漫山遍野绽放，使莽山变成了杜鹃花的海洋。放眼望去，白的如云，红的如火，粉红的如霞，粉白点缀其间，姹紫嫣红。站在小天台，脚下峰峦叠嶂，云雾缭绕，仿若仙境。洁白的云雾如飘动的轻纱，裹着山峰；山峰如躲藏的仙子，若隐若现；云海波涛汹涌，如骏马奔腾，如飞瀑流泉，令人啧啧称奇，流连忘返。

郴州无愧于"粤港澳后花园"，五大最佳赏花地只是其中的代表。每当花开时节，郴州人会告诉你也会问你：我有五大赏花地，你有多少赏花时？

世界上最大的"水松王"

◎张　坤

很多人没有想到，在全国极小种群野生植物拯救调查中，在郴州的三个地方竟然发现了极其珍稀的野生水松。

水松属杉科、水松属、落叶或半落叶乔木，该属仅此一种，是冰川世纪孑遗植物。孑遗植物是指绝大部分植物物种由于地质地理气候变迁等原因灭绝之后幸存下来的古老植物，又被称作"植物活化石"。水松在白垩纪和新生代广布北半球，经第四纪冰川后，在世界多数地区已经绝灭，仅在我国发现一种，是中国的特有树种，也是国家一级保护植物。截至目前，我国已发现的野生水松总株数在1 000株以内。由此可见，在郴州发现的野生水松，何其珍贵！

调查人员在资兴市州门司镇燕窝村、永兴县大布江乡的三个村和七甲乡西廊村，先后发现了数量不等的野生水松，并逐一为它们建立档案，挂牌保护。

最早在郴州发现野生水松是1979年。在资兴市州门司镇（原资兴市烟坪乡）燕窝村（燕子窝）四连组，有一棵千年古树，当时村民们都不知道这是棵什么树，后来经调查人员确定为水松，人们甚感惊讶。它树龄达800多年，主干围径7.6米，高20多米，高大挺拔，像镇守村子的威武哨兵，看上去颇有"一夫当关万夫莫开"的气势。它是我国到目前为止发现的最大水松，自然也是全世界到目前为止发现的最大水松，有"水松王"之称。

2013年，调查人员在永兴县大布江乡小坑村、江头村和虎踞坑村，同时发现了7棵野生水松。这7棵野生水松，最大的树龄260年，胸径1米，树

高 22 米；最小的树龄 60 年，胸径 0.4 米，树高 16 米；树龄在 100 年以上的有 5 株。

2015 年，调查人员又在永兴县七甲乡西廊村白水垅组，发现两株野生水松，大的树龄 150 年以上，胸径 0.85 米，树高 22 米，树冠 15 米；小的树龄 120 年以上，胸径 0.5 米，树高 18 米，树冠 10 米。

这样看来，目前郴州市至少发现了 10 株野生水松，而且其中那株最大的，还是"水松王"。这是一笔多么宝贵的古植物资源啊！为此，郴州市已对这一极小种群编制了《极小种群野生植物拯救保护工程规划》，完成了野外调查、编号挂牌、与林权所有者签订管护协议等工作，建立了护照档案，并逐株修建了护坡、围栏、隔离带、标牌等保护设施。

根据世界自然保护联盟（IUCN）红色名录报告指出，鉴于目前数量的下跌趋势，在不久的将来水松可能成为野外灭绝物种。人们有理由希望郴州能够让这片土地上的野生水松不要"灭绝"，人们更有理由相信郴州不仅能够保护好这些野生水松，而且还能够为野生水松的保护提供经验和智慧。

一片栓皮栎救了一族人

◎张　坤

　　临武县九泽水村位于湘粤交界处，与广东一山之隔，村前的山上，至今还保留有湘粤古道；村后的山上，则有一大片古树。这一大片古树全是栓皮栎，树龄最老的有 500 年以上，大的两个人都难以合抱，碗口粗的有 300 多株。这片古树，就是一道绿色的风景。

　　人们常说"人怕伤心，树怕剥皮"。许多树木在剥掉树皮以后，由于切断了水分和养料的供应，很快就会枯死。不过，大千林海，万千树木，却也有一种树不怕剥皮，这就是壳斗科（又叫山毛榉科）落叶或常绿乔木栓皮栎。栓皮栎的树皮叫栓皮，国际上通称为软木，质地特别轻软，触摸柔和如棉絮。栓皮栎被剥皮后，为什么依旧能生长？原来，软木只是栓皮栎的软木层。它的树干分三层：里面是木质部，中间是软木再生部，最外边是软木层。栓皮栎的软木

被全部剥去，虽已无法再参加新陈代谢，但它的软木再生部还有再生能力，不致影响树的生长，而且剥去外皮之后，橙黄色的新软木又会重新长出来。栓皮栎大约20年成树，成树后即可采剥"处女皮"，这之后，每隔五到九年可采剥一次。一般而言，栓皮栎可活180年左右，一生可被采剥十几次栓皮。寿命长的，也可活几百年，栓皮可以被采剥的次数更多。因此，人们说栓皮栎是"不怕剥皮的树"。栓皮栎分布广泛，但主产地在地中海沿岸的国家。其中葡萄牙种的最多，全国种有八千多平方千米的栓木栎树，每年生产占世界总产量56%的高质量的软木，是世界上最大的软木生产国。

软木具有弹性，还具有无异味、无毒性、不易着火和经久耐用等特点，同时它还有比重轻、不透水、不透气、耐酸碱和对热、电、声绝缘的性能，因而被人们视为绝热、绝缘、防震、防湿、隔音的理想材料。软木经过加工后，用途非常广泛。人类使用软木已有2 000多年的历史。早在公元前三世纪，埃及人就用它浮起渔网。古地中海沿岸的居民还用它做成鞋底、桶盖、瓶塞等。据说在考古中发现，用软木做瓶塞的酒类，藏在地窖里百年之后仍然香醇不变。软木的功用，并非局限于此，在工农业生产、国防、建筑、医疗卫生和文教体育等方面，更能大显身手，如建筑上多用它作地板、软木块、软木砖等。

九泽水村的村民知道栓皮栎的果实可以食用，也可以酿酒，还可作饲料；果壳入药，煎汤内服可用来治疗咳嗽、腹泻，研末外用可治疗头癣等。栓皮栎雌雄同株，雄花为柔荑花序，雌花单生或数个聚生；坚果近球形或宽卵形，顶端圆，果脐突起。栓皮栎每年三、四月份开花，翌年九、十月份结果。世世代代以来，凡遇到灾荒年份，村后山上的这片栓皮栎，就可帮助他们度过饥荒。三年经济困难时期，全村人就靠这片栓皮栎挺过了难关。从此以后，九泽水村更是把这片栓皮栎看成是他们的"救命树"、"保命树"，更加爱护这片栓皮栎，不管遇到任何困难，都不许任何人乱动这片树，把它们保护得好好的。

九泽水村的一片栓皮栎不仅救了一族人的命，也给九泽水村留下了一种精神传承。

樟树镇的"寿佛樟"

◎张　坤

　　樟树镇位于永兴县东北部，原为樟树乡，2012年撤乡改镇。樟树镇之所以叫樟树镇，就是因为镇政府驻地有几棵古老的大樟树，其中一棵被称为"寿佛樟"的千年古樟，大有来头。这棵千年古樟，是当年的"寿佛"释全真亲手栽种的。

　　寿佛释全真，俗姓周，名宗惠，唐开元十六年（公元728年）出生于湖南资兴周源山。全真排行第三，自幼聪颖，七岁读书，吐语成词，神悟过人。唐天宝二年（公元743年），全真拜别父母，到郴州城西北的开元寺出家受戒，后经行僧指点，到淮南经山（今杭州市北）拜道钦禅师为师。天宝七年（公元748年），全真随道钦禅师进京晋谒了唐玄宗。天宝十四年（公元755年），全真离开经山云游，披经悟法，深谙禅理。唐至德元年（公元756年）四月，全真到达广西湘源县（今全州）开创净土院，开演大乘教义，从者甚众。在他主持净土院78年后，106岁高龄的全真大师为避开一场全国性毁寺灭佛"运动"，独自隐居釜山（今全州县宝鼎岭）长达12年之久。隐居期间，全真创作了大量宣传佛教的诗歌和偈语，著有《牧牛歌》《遗教经》《湘山百问》等，为探索长寿之谜提出了深刻而独到的见解。唐咸通八年（公元867年）农历二月十日，在佛教"松花大会"上，全真端坐圆寂，享年138岁。他是中国历史有记载的最长寿者，得到了五位皇帝敕封。宋徽宗敕封他为"寂照大师"，宋高宗加封他

为"慈佑寂照妙应普惠大师"，宋宁宗、宋理宗又累次加封，清朝敕封他为"保惠无量寿佛"。由于他德懋寿高，世人都尊称他为"无量寿佛""寿佛老爷"。

资兴樟树镇这棵千年古樟，就是全真当年出家到郴州开元寺期间在便江岸上所种。如今，这棵古樟已有 1 200 多年的树龄，被当地百姓称为"镇江之宝"。古樟高 30 米，树冠覆盖面积达 3 亩多地，树胸径 2.6 米，树围 10 米，要八九个人才能环抱。古樟与古藤盘根错节生长在一起，形成"藤缠树、树抱藤"的有趣景观。令人惊奇的是，古樟背面的长藤像一个草书的"寿"字，于是人们又称此树为"长寿树"。古樟在 3 米高处分枝时，一些下层枝条与上层枝条长在了一起结成"连理枝"，故此树又有"连理树"的美誉。古樟树枝丫交错，宛如九条龙盘踞在树冠，又被人称为"九龙古樟"。因为此地有灵气、福气，是一块风水宝地，"无量寿佛"释全真大师的遗骸，在他百年圆寂后也被送回到这里，日夜与古樟为伴，因此，人们更是把这棵古樟称为"寿佛樟"。人们都说，只要你摸一摸"寿佛樟"，你就会健康长寿，幸福永远！

如果你来到樟树镇，不妨也来摸一摸这棵"寿佛樟"，除了可以摸到美好的祝愿，你也许还会摸到历史的脉搏。

郴州的红豆杉

◎张 坤

郴州是"林中之城"，不仅森林覆盖率高、林木品种多，而且还有很多名贵植物，其中珍稀的红豆杉就是其中一种。

红豆杉，是红豆杉属的植物的通称，又名紫杉、赤柏松，是第四纪冰川纪遗留下来的古老孑遗植物，在地球上已有250万年的历史，与银杏、水杉、珙桐、香果树等珍稀植物一起，被称为植物王国里的"活化石"；红豆杉分布于北半球，全球有11种，中国有4种和1个变种。因其资源稀少，故被列为世界珍稀树种加以保护，在我国为珍稀濒危物种。

如此珍稀的红豆杉，在郴州却有较大范围的分布，实在难得。

在资兴市波水乡七宝村，有一棵红豆杉，树龄大约在1 600年至2 000年之间，它是目前湖南发现的树龄最高、胸径最长的红豆杉。这棵红豆杉高约

20 米，胸径约 3 米，胸围约 10 米，树干需 6 个成年人才能合抱。有趣的是，这棵红豆杉仿佛是棵"母树"，它的周围还分布着十几棵"红豆杉崽崽"，其树龄也都有了数百年。

如果你看到资兴的红豆杉觉得有趣的话，那么当你看到宜章的红豆杉时，你就会感到惊叹。在宜章县瑶岗仙羊坦村、新坪村、下坪村等地，竟然都有野生红豆杉群！羊坦村三组村民刘常运家的前坪，有一棵红豆杉，枝蔓缠绕，发着新叶，还在不断向外向上生长，茂盛的树叶把枝条压得很低很低。整棵红豆杉就像一把巨型的遮阳伞，树高 15 米以上，冠幅 20 米以上，树干需 4 人才能合抱。树下的土坪，是村民们休闲、聊天的绝佳所在，也是小孩们游玩的好地方，特别是在夏秋。刘常运说："这块地是我祖上传下来的，我不知道这棵红豆杉有多老了。"据专家考察，这棵红豆杉已经有 1 300 的历史。令人惊叹的是，除了这棵"红豆杉王"，村里还保留着 20 棵红豆杉，其中千年以上的竟有 8 棵！在羊坦村四组的一处田埂上，那 8 棵千年红豆杉成一条直线排列，其中有两棵树干已分成两半，还在不断地分叉，生机勃勃地生长着，只有那斑驳脱落的树皮在诉说着千年的沧桑故事。

资兴的红豆杉有趣，宜章的红豆杉称奇，而临武的红豆杉则让人感动。在临武大冲乡上塘村佳宅岭自然村后山上，还保存着 5 棵红豆杉，其中树龄 500 年以上的有 4 棵，另一棵树龄也在 300 年以上。这些宝贝像一群无语的老人，虽然历经岁月的洗礼，除了一株染病外，其余 4 株依然苍翠挺拔，生机勃勃。为了保护这些古树，佳宅岭人做出了巨大的牺牲。在上世纪"大炼钢铁"的时候，这群古树差点就成了木炭。是当时的大队秘书郭周贵挺身而出，以"辞职留树"的言行，才让这些红豆杉幸免于难。

红豆杉生长缓慢，很少有病虫害，寿命长，材质坚硬，刀斧难入，因此珍贵，素有"千枞万杉，当不得红榧一枝桠"之说。由于其材质坚硬，纹理致密，形象美观，不翘不裂，耐腐性强，是难得的制造高档家具和室内装修的珍贵木材。

红豆杉的果实非常漂亮，但"漂亮有毒"，不能吃，一旦误食就有可能使心脏和呼吸系统受损害，严重者会致命。不过，有道是"以毒攻毒"，经科学研究和现代医药证明，红豆杉的果实，还是治疗肿瘤等疾病的有效药物。人们不仅期待红豆杉能够得到更好保护，更期待红豆杉能够更好地造福人类。

名副其实的"山牡荆王"

◎张 坤

在郴州，在湖南，谁是"山牡荆王"？这个问题一直没有人敢于肯定地回答，直到2016年嘉禾的300年山牡荆古树被发现，才有了定论。

山牡荆又名山布荆、莺歌、乌甜仔，是马鞭草科牡荆属，常绿乔木，分布于中国亚热带地区，主要生长于海拔180米—1 200米的山坡林中。山牡荆木材坚重，耐朽力高，为建筑和桥梁之用材；也可入药，具有止咳定喘、镇静退热等功效。

20世纪90年代初，有人在桂阳县洋市镇坪塘村牌楼组发现一棵"奇树"。一开始，有人说它是大黄荆树，因为它的叶子长得跟黄荆树差不多。后来，有点植物知识的人说，黄荆树是一种小灌木，又称黄荆条，是天生矮小的灌木树种，人们笑话它"千年锯不得板，万年架不得桥"，是一种"永远不可能长大"的树，而这棵树，却比黄荆树高大许多，树高约16米，直径有0.3米，黄荆树怎么会长成这样呢！但有人又说，任何事物都有"例外"，事实是黄荆树这一"千年矮树"也是可以长成大树的，譬如江西省永丰县石马镇层山村就发现了一株树龄逾千年的巨型黄荆树，树干高约25米，需4个成年人才能合抱，树冠覆盖面积达350平方米，枝叶青翠茂密，远望犹如一把巨伞。再后来，有人找来林业部门的专家前来考证，专家说："这不是黄荆树，而是山牡荆。"由于当时对古树名木的考察还不全面，有关人员对有关资料的掌握也不够。于是，当这棵高大的山牡荆被确认后，人们便想当然地将它誉为"桂阳唯一，湖南最大"，很多媒体也如此予以报道，这棵山牡荆一时成了"明星树"。

时间转眼到了2016年，随着湖南各地对古树名木的全面考察调查，许多原来被冠以"树王"的大树不再是"树王",桂阳的这棵山牡荆也是这样。

2016年9月,林业调查人员在嘉禾县晋屏镇南岭村沙砠自然村,发现了一棵更"大"更"老"的山牡荆。这棵山牡荆,树高18米多,胸径1.3米,经专家测定,树龄300多年。毫无疑问,它自然而然成了郴州成了湖南的"山牡荆王"。

这棵"山牡荆王"生长在一口古井边,一湾井水潺潺从树下流出,井水清澈甘甜,水温冬暖夏凉,且常年不衰,方圆十里的村民都来此挑水喝。古树苍劲挺拔,像一把撑开的巨伞屹立着,遮天盖地,绿荫浓郁,树干被结满花儿的绿藤丝丝缠绕,犹如大海的波浪,一层一层,向树顶推去。村民们说,这棵树从几百年前詹氏族人在此立村的时候就有了,树边之前还立了一块詹氏族人的碑记,只是后来石碑不见了,詹氏族人也陆续搬迁离开了村子。詹氏族人搬走了,但由于这棵树这口井,其他氏族的人却陆陆续续搬了进来,而且越发兴旺。

"山牡荆王"自然是棵"福树",南岭村民更是将它奉为"神树"。每逢干旱季节,就有村民来到树下祭神烧香,祈求苍天赐雨。至于是不是如愿,村民们说,只要心诚就好。

800年古村的护树古训

◎张　坤

　　郴州市北湖区华塘镇三合村是一个有着800多年历史的古村落，历史文化底蕴深厚。村落环境优美，风景秀丽，鸟语花香，西河两岸古木参天，古亭古戏台隐于青山绿水之间，一座木制风雨廊桥飞架南北，把西河两岸连成一体。

　　沿着新修的村道，当你来到西河边的古树林中，但见两岸翠柏参天，乔木成林，生机盎然。假如是炎炎夏日，你置身古树林中，会顿感全身凉爽，听着树上的蝉鸣，你会情不自禁地想起"蝉噪林愈静，鸟鸣山更幽"的意境。

　　800年的古村到处都是古树，仅有关部门挂牌保护的古树名木就有67棵。这些百年树龄以上的古树名木，包括侧柏、银杏、樟树、枫香、紫弹朴、枫杨、女贞等10多个品种，其中树龄最大的有780余年，直径最大的有1.2米。这些古树名木是三合村的"宝贝"，如今因为这些"宝贝"，三合村成了郴州乃至全国各地游客十分向往的旅游目的地。在一片古树林中，屹立着一棵超三抱之围的红枫树，彰显着它"村树"的王者风范，来到这里的游客必要与它合影留念。许多游客说，现在有如此庞大古树群的地方已经不多了，走在这里就感觉回到了大自然，让人轻松、自在、惬意。

"这些古树名木为什么能历经风雨岁月而存活得这么好？"不少人到了三合村，总是不禁这样发问。原来，三合村爱树护树有他们自己的"秘笈"。

村民们说，对于古树林的保护，村里从数百年前就有祖训流传下来。当年先祖来此落户时就认为，村后这片林地就是村庄的福祉，于是就令子孙后代不能砍伐，连落下的树枝都不能捡回。

三合村的村民都记得护树祖训："古树名木乃吾村之福祉，村众当爱之护之。乱砍滥伐古树者，罚；偷盗古树者，罚；砍树烧火者，罚！"一代又一代三合人，从古至今，都遵从祖训，始终爱护着每一棵古树、每一片古树林，始终将保护树木作为头条村规民约加以传承，并随着时代的变迁不断修改完善。如今，游客可以在廊桥旁的石板上，看到2004年祖训第5次修改的告示："毁坏桥两岸三百米内风景林带及在风景林区乱砍滥伐和偷桂花树苗者；在风景林区铲草皮、烧火灰及冬天烧火取暖者，均罚现金300元至3000元；如态度恶劣、手段卑鄙、情节严重者，定押送专政机关法办。"

三合村这个"古树风景村庄"正变得越来越美，200亩爱情主题花海、玫瑰大道、廊桥遗梦等风景区的建成，让这个古树村更加生机勃勃，充满了现代浪漫气息。无怪乎它现在成了"中国美丽乡村百佳范例"，成了"美丽乡村"的一张名片。

常德篇

在春光里，桃花无疑是一抹浓烈得让人错不开眼的色彩．大片大片的桃花挤挤挨挨地开着，承阳光雨露的滋润，笑意盈盈．一直觉得，桃花是热闹的花儿，但走进常德，却让我品出了桃花身上的一抹飘逸"仙气"

桃花深处有"仙气"

◎郭探微

春风一头撞入桃林，于是一缕一缕的风沾染了些许少女脸颊上娇羞的颜色，拨动了无数游人的心弦。

在春光里，桃花无疑是一抹浓烈得让人错不开眼的色彩。大片大片的桃花挤挤挨挨地开着，承阳光雨露的滋润，笑意盈盈。一直觉得，桃花是热闹的花儿，但走进常德，却让我品出了桃花身上的一抹飘逸"仙气"。

这抹"仙气"当然和一千六百多年前陶公的那篇《桃花源记》有关："晋太元中，武陵人捕鱼为业。缘溪行，忘路之远近。忽逢桃花林，夹岸数百步，中无杂树，芳草鲜美，落英缤纷……"陶公用隐逸之笔，赋予这落英缤纷的花朵空灵的气息，仿佛只要顺着花瓣飘落的溪水一直前行，就能寻找到灵魂真正的家园。那一朵一朵娇嫩的桃花上，折射出一道光，光的一端，是现实世界，而另一端，则连着人们对理想世界的向往。

大约是因为陶公笔下的这个世界太令人魂牵梦绕，历史上关于"世外桃源"在何处的争论一直不曾停歇。到了现代，光是自称"桃花源"原型地的景区，就有30多处。常德桃花源是有历史考证的：根据历史的记载，此地早在汉代就以自然风景区著称，晋朝以后又建立了桃川宫等人文景观。大约在北周，人们发现这里与陶渊明笔下的桃花源十分相似，将此处改名为"桃花源"。到了唐朝，从县城到水心岸的长达四十多公里的桃花源区域已经成为人气颇旺的"游览区"。到了宋朝，从沅江畔到桃花山，形成巨大的建筑群，可惜在元末时被火灾毁坏。清朝光绪年间，桃源县的县令余良栋重新修建了陶渊明的祠堂，沿

山配置了亭台楼阁，问津亭、延至馆、穷林桥、水源亭、豁然轩、高举阁、寻契亭、既出亭、问路桥等，都是按照《桃花源记》中提到的地方来命名的。它的面貌一直保存到今日。

　　普通游人大约对"真假桃花源"之争并不感兴趣，他们来常德，访桃源，更多的是为了在喧嚣的尘世里，寻找一片净土。在常德桃花源，他们无疑找到了——

　　入秦谷，赫然可见"阡陌交通，鸡犬相闻"的"秦人"世界，年轻的男子在稻田中辛勤耕作，年老的阿妈笑得满脸褶子，热情邀请你去家里坐一坐，品尝火炉架起的钵钵菜，冒着热气的大碗擂茶。你的舌尖上除了尝到食物天然的美味，更尝到了一丝温暖的，逐渐远去的人情味。

　　登桃源山，这一道教圣地终年云雾缭绕，爬至山顶，俯身可见山谷中满是深深浅浅的红色，瞧，你又和桃花偶遇了。桃源山中还有潇湘一阁水府阁、江南一宫"桃川宫"、华夏一院"天宁碑院"三大建筑群落，古刹名阁，为桃源增添了一分庄严之气。

　　夜晚泛舟秦溪，看河流剧场的演出，晚风吹过，深蓝色的夜空下，那一树一树的桃花雪一般飞舞，灯光闪耀，每一片桃花瓣仿佛会发光。它们在半空中划出绚烂的弧线，旋转，跳跃，宛若自然的精灵，伸出一双双手，抓着你的心，乘风飞扬。"云无心以出岫，鸟倦飞而知还。""归去来兮，田园将芜，胡不归？"世间桃花千万朵，唯桃花源的那一朵，契合了千百年来人们心中的向往。

"此物独妩媚"的紫云英

◎郭探微

　　这是一种在乡野里极常见的植物。每年暮春时节，和小伙伴们在田野里疯跑打闹，总能看到一片一片的紫色小花在碧绿的田野中摇曳生姿。不知道为什么，第一次看到它时，我竟然觉得它和莲花有些像。

　　纤细修长的根茎上顶着一朵紫色的多瓣小花，暮春时节，青草的香味在阳光中发酵，整个空气里弥漫着一股热烈的气息，间或还夹杂着一丝丝这种小花的甜香。一只蜜蜂落在了花朵上，翅膀嗡嗡扇动，金黄色的花粉被它吸入腹中。

　　这种小花叫做紫云英，在日本也被称为莲华草，瞧，我觉得它像莲花，似乎找到了一点点佐证。不过这种花的生命力可比莲花更为"泼辣"，用途也比莲花更加广泛。它能生长在任何一片乡野之中，只要一点阳光雨露，就能如野草一般疯长。在农药、化肥不曾普及的时候，农人们会在空闲的田地里撒上紫云英的种子，它能把空气中的氮气转化为养料，还能当猪饲料。而紫云英花蜜，也是我国主要的蜂蜜种类。

乡野之人懂得它的实用，而文人们更懂得它的独特的美。在《尔雅》中，紫云英被称为"摇车"，并解释说，因为此草开花时翘起摇动，故而得名。李时珍也称，这种植物"茎叶柔婉，有翘然飘摇之状"。在蜀地，紫云英也被叫做"巢菜"，是民间常吃的食物。陆游就曾写过写一首名叫《巢菜》的诗："冷落无人佐客庖，庾郎三九困饥嘲。此行忽似蟆津路，自候风炉煮小巢。"著名文学家兼"吃货"的苏东坡，则兼顾了紫云英的实用性与观赏性，得出"此物独妩媚"的结论，还特意指点，以豆豉、姜葱调和，食之可忘鸡肉、猪肉之味。

到了当代，将紫云英的性格写得最丰富的，应该是作家格非。在长篇小说《山河入梦》的终章，他直接用了《阳光下的紫云英》这样的标题。文中写道："它还在那儿。一动不动。而在别的地方，村庄、小河、山坡上，到处都沐浴着灿烂的阳光。苦楝树下那片可怜的小小的紫色花朵，仿佛就是我，永远都在阴影中，永远。它在微风中不安地翕动，若有所思，似火欲燃……"格非结合主人公的命运沉浮，赋予生命力顽强而随处可见的紫云英更多诗意。紫云英既不安又蓬勃，既柔弱又顽强，既在阴影中又沐浴着阳光，它的命运既可怜又对依然未来抱有希望。作者借主人公之口，说出了对未来社会的期望："没有死刑，没有监狱，没有恐惧，没有贪污腐败，遍地都是紫云英的花朵，它们永不凋谢……"

远离故乡后，我已多年没有见过茂盛的紫云英花田，今年仲春，却有了意外的惊喜：应好友之约去常德赏桃花，车行途中，无意中发现了一片紫云英花海。在三面被沅水环抱的丹州乡，连绵的紫云英盛开着，阳光下，蜂飞蝶舞，牛羊成群，这样活泼的热烈的紫色，在我心中远胜于浪漫的薰衣草花田。看罢紫云英，觉得我和今年春天的最后一个约会也完成了，待迎风招展的紫色小花凋谢后，夏天也该到来了。

乡野土趣八月楂

◎郭探微

"三月樱桃四月枇杷，五月的李子六月瓜，七月的毛桃八月楂，九月的板栗笑哈哈，十月的柚子满树丫……"孩子的爷爷来了，在钢筋水泥织就的城市里，教孩子背家乡的童谣。

孩子今年三岁，刚刚把话说利索，稚嫩的童音跟爷爷的乡音相应和，撞开了夏末沉闷的午后，仿佛让人轻嗅到瓜果甜蜜的清香气。

歌谣唱了两遍，孩子停下来，问爷爷："八月楂是什么？可以吃吗？"爷爷的目光顺着落地窗往外飘："那是一种很好吃的果子，我们小时候叫它野香蕉……"爷爷的故乡在常德，那里好山好水，自然也产好果子。他口中的那种"八月楂"，我也是不知道的，于是跟着一起好奇起来。

先生从卧室出来，大手一挥："这周末回老家，上山找八月楂去。"孩子欢呼一声，清脆的歌谣里，多了一丝对乡野的期待和向往。

八月楂，学名预知子，因为果实成熟后，果壳会自然开裂，所以在乡下，它更多被叫做"八月炸"。《本草图经》曾记载："预知子作蔓生，依大木上，叶绿，有三角，面深背浅，七、八月有实作房，初生青，至熟深红色，每房有子五、七枚，如皂荚子，斑褐色，光润，如飞蛾。蜀人极贵重，云亦难得，采无时。"

这种果实，在常德的山里随处可见，不过要想真正吃到，也不容易，因为鸟儿们也很偏爱这种野果，它们比人类可灵巧敏锐得多，经常能第一时间发现成熟的八月楂，捷足先登。

攀爬在爷爷小时候生活的野山上，树木蓊郁，毒辣的太阳光被层层绿叶过滤后，照射在皮肤上，只剩下美丽的光斑。一路听着爷爷和先生教孩子认识各

种乡野植物，我的心情也和光斑一般跳跃。

"爷爷快看！那是八月楂吗？"孩子圆乎乎的小手指着不远处山沟洼地里攀援在其他树木上的一株藤蔓植物上，眼睛瞪得大大的。

爷爷看了一眼被藤蔓缠绕的灌木丛，杂草茂盛，光线昏暗，真不知道孩子是怎么发现的。爷爷点点头，却示意大家不要靠近，然后熟练在地上抓起一把砂石，冲灌木丛中一洒："八月楂生长在草木旺盛的地方，经常会有野蜂窝或者毒蛇出没，洒砂石，可以把它们先惊扰出来。"

高高的枝头上，挂着沉甸甸的果实，果壳微微裂开一条小缝，像是咧着嘴笑的顽童，露出雪白的"牙齿"。时隔多年后，先生小时候练就的爬树本领终于再次有了用武之地，他满头大汗地捧着三个成熟的八月楂下树，笑起来也像个孩子。

孩子看到了真正的八月楂，欢呼雀跃，黑乎乎的小手都来不及擦，直接伸向了雪白的果肉。三个八月楂，有一个被小鸟啄食了一半，剩下两个，大家一起分着吃。洁白绵软的果肉入口有着沙沙的甜味，孩子不留神咬破了果肉中的黑籽，苦涩的口感让甜蜜的小脸秒皱成一团儿，大家看了，忍不住笑起来。

书中曾记载，八月楂不好采摘，不好储存，所以吃这种果子，也是缘分。好在常德已经开始进行集中成片的驯化种植，相信不久后，会有更多人品尝到香甜可口的八月楂。

古枫香的遐想

◎郭探微

　　在湘鄂边界的常德市澧县复兴镇，生长着一株千年古枫香树，这株古枫香树距今已有一千多年的历史，被林业部门认定为湖南省最古老的枫香树。2017年10月，在湖南省绿化委员会、省林业厅发起的寻找"湖南树王"活动中，这株古枫香树获评"湖南枫香树王"称号。

　　古树有灵，千年的古树，在我眼中，更应该是成了精。伫立千年不倒，它该经历过怎样的岁月！王朝更替，世事变幻，是否在它眼中，也只是一句"悲欢离合总无情"？风吹雨打，繁华褪尽，围着它的人群熙熙攘攘而来，又纷纷扰扰而去。有人将它看成"神树"，从它身上求一块树皮、一片叶子带回家去开运；有人将它看作"摇钱树"，千年的古树，若是贩到城中哪个高档庭院里，不比默默无闻长在乡野之中更好么？

　　世人如何看它待它，它浑不在意，依然在严寒中站得笔直，任苍劲的树枝划破苍凉的天空；依然在酷暑中努力伸展枝叶，为村民们留下一块清凉的绿荫。

　　在我国，枫香是十分古老的树种。它的树脂芳香而有药效，在中医里被称为"白胶香"。晋代嵇含的《南方草木状》中有记载："枫香，树似白杨，叶圆而歧分；有脂而香，其大如鸭卵；二月花发，乃连著实，八、九月熟，曝干可烧。"《唐本草》也提到："枫香，所在大山皆有。树高大，叶三角。五月斫树为坎，十一月采脂。"

　　又因为枫香成熟的果子上有很多小孔，所以也被称为"路路通"。枫香树的用途极为广泛，它不仅可栽培为庭园树或行道树，还是建筑、造船等方面的上佳材料。江南百姓架屋常以枫香为屋梁，还有一句民谚叫做："水中千年松，空中千年枫。"

常德的这株古枫香，30多米高，5个人合抱才能围住，古树旁边还有一片小小的堰塘。1925年4月，贺龙将军在澧州当镇守使，春夏之交，当地遭遇了大旱灾，贺龙一边忙于军务，一边赈灾济民，他曾来到这株枫香树下，开仓发粮给饥民，并号召乡民开展生产自救。

除了这个典故，此株枫香树王还有一处令人遐想的地方，它粗壮的树干曾有过一个"树洞"。这株古树底部树兜已空，里面可放一张方桌和4条大木板凳，是夏夜避暑的好去处。

这个大大的树洞，会不会和爱丽丝梦游仙境中的树洞一样，跌进去，就能进入一个全新的世界？或许，它和电影《花样年华》中周慕云远赴暹罗去寻找的那个神奇"树洞"一样，多少人对着它倾吐自己的秘密，话说完之后，再在秘密上盖一捧浮土。又或许，它和小说《杀死一只知更鸟》中的树洞扮演过同样的角色，怪人德拉利将小礼物藏入其中，等待着过往的孩子们将礼物取走？

如今，那些曾对着树洞散发过幻想、取走过礼物、倾吐过秘密的人，再也看不到这个树洞了。1985年冬，为防止这株枫香树王因树兜空虚不稳倒塌，当地政府组织劳力，在树兜周围圈地约0.4亩，培土3米高，将树洞填埋，加以保护。

望着被土填满的树洞，我有那么一丝怅然，但看着愈发枝繁叶茂的古树，又觉得释然。

禅意深深古树群

◎郭探微

唐咸通十一年（公元870年），高僧善会受船子德诚的衣钵，来到常德市石门县的夹山，创立夹山灵泉禅院。善会在夹山寺中参禅打坐，每日只见灵猴自在穿梭于山林之间，飞鸟衔着落花在泉水旁梳理羽毛，耳听山风穿林而过，眼见大雨打湿屋檐，日复一日，一呼一吸之间，逐渐领悟了禅的真谛。他留下了这样一副对联："猿抱子归青嶂岭，鸟衔花落碧岩泉。"夹山因此成为唐、五代禅宗最具代表性的"禅宗境界"，历代禅林称夹山为"碧岩"。

到了宋代，圆悟克勤禅师在夹山寺任住持的二十多年间，每日看着和善会当年一样的风景，或许还念着一样的佛经，他在此潜心研习茶与禅的关系，悟出了"茶禅一味"四个字。这四个字和他后来写的《碧岩录》一道，传入日本，开启了日本"茶道"的先河。

明朝末年，素来是世外清修之地的夹山寺终于被卷入了历史的洪流。史学界有一种考证，李自成兵败后逃到石门夹山寺禅隐，法名奉天玉大和尚，卒于1674年，终年约七十岁。

因为这三位著名的历史人物，夹山寺如今有多处人文景点与之相关，但此刻我想写的，不是建制工整的灵泉禅院、历史悠久的禅茶祖庭、气势恢弘的闯王陵，而是散落在夹山寺周边的一株一株古树。

光阴浓稠的山间岁月，让夹山寺周边的树木得到滋养。在夹山寺，单是列入重点保护古树名录的树木就有八株，多为香樟、枫香、柏树、枫杨树等树种。古树森森，为夹山古寺增添了一份空灵的余韵。

在我印象中，寺庙似乎总和古树有着天然的联系。比如潭柘寺的白玉兰、

广济寺的古银杏、鸡鸣寺的樱花等，每逢玉兰朵朵、银杏金黄、樱花飘零时，寺庙除了香客，更有不少游人的足迹。有古树"加持"的寺庙，仿佛自带雍容气场，哪怕是后来重修的，在古树的掩映下，寺庙的一砖一瓦也有一种岁月流淌而过的悠长感。当然，寺庙袅袅的烟火气息也滋润着古树，寺庙周边的树木似乎总比别处更繁茂，更有灵性一些。

走进夹山寺，站在一株一株上了年纪的古树旁，闭眼，听风动树叶的声响，感觉像是听到了梵音天籁。穿过大悲殿，绕着灵泉舍利塔走几圈，再往上，就到了寺庙的最高处。夹山寺有喝茶的传统，一口古井旁，一株古樟树的树荫里，总能见到面目平和、专注品茶的僧侣和香客。

在寺内古樟树旁，还有一株奇特的"藤缠树"，粗壮的藤蔓攀附在树干上，藤蔓和古树都郁郁葱葱地生长着。见我凝望树藤，品茶的师傅主动开口道："这树藤有些年头了，前两年，有商人想高价买走，我们没有卖。"

再绕着清幽古寺，一路走一路寻，古枫香树影婆娑，古柏树枝繁叶茂，古杨树苍劲有力……每株古树有自己独特的美，也成为夹山寺最不动声色的一道风景。这样的禅意古树，让人想到先人留下的诗句："两山夹峙乱去堆，重锁禅林合复开。矗矗岩石从地起，翩翩鸾凤自天来。气薰芬馥花径眼，影射扶疏竹映怀。此地清幽宜养静，何须入海问蓬莱。"

藕也洁白，臂也洁白

◎郭探微

世人爱莲，爱其出淤泥而不染的高洁姿态，而我却爱埋藏在淤泥里的莲藕。大约是实用主义者，觉得莲花再美也只能观赏，藕却不同了，出生于湖广鱼米之乡，我从小到大不知吃过多少和藕相关的佳肴。

我的印象里，藕分"脆藕""粉藕"两种，前者色白如玉，切片凉拌或者清炒，吃的是一股子来自湖泽的清香。后者色微红，口感绵软，最适合冬季的时候和筒子骨一起放入砂锅，熬一锅酽酽的藕汤，吃的是一种和家、爱相连的温暖。

因为爱吃藕，所以湖南常德的"汉寿玉臂藕"我早就知道。和大部分朴实

无华、长相普通的莲藕相比，玉臂藕真有其先天的优势。

它的形态净美。一节一节长长的莲藕从淤泥中被挖出，清水冲洗一下，就露出洁白匀净的形体，水珠在藕节上滚动，折射着太阳的光，显得分外迷人。

它的名字优美。民间传闻，明朝万历皇帝朱翊钧在品食龙阳（现汉寿）县贡奉来的西湖藕后，见其白如玉、状如臂，外形酷似年轻宫女们白嫩圆润的玉臂，加上食之脆嫩清甜，喜爱之极，便赐名"玉臂藕"。人们常常会把小孩子肉嘟嘟的胳膊比喻成"藕节"，那样浑圆的藕，更多是白白胖胖的可爱，但玉臂藕因为体态修长，更像是褪去了"婴儿肥"的少女，有一种美好的风姿。

它的味道鲜美。汉寿县境南部、西部为丘陵山区，森林郁郁葱葱，东部、北部是西洞庭湖自然湿地保护区，充足的雨水和丰沛的光照，增强了水面莲叶的光合作用，促进了玉臂藕可溶性糖和水分的积累，使藕质脆嫩、口感香甜、无丝少渣。当地厨师以玉臂藕为原料，开发了一系列好吃又好听的菜肴，比如"金蜂归巢""孔雀开屏""玉琢银塔"等，吃起来芳透齿颊，满口生津。

大作家郁达夫也和玉臂藕有着不解的缘分。1938年7月，郁达夫为避战祸，从汉口辗转来到湖南常德的汉寿县城。月底的一天，他应汉寿籍文化名人易君左之邀同游县城西郊的花姑堤。正在欣赏自然美景的郁达夫，突然被不远处数十亩的水面吸引了。那里是出产玉臂藕的西湖洼，几个藕农赤膊在水中挖藕，还有两个少女在一旁收拢刚出泥的藕节，在旁边的水塘中清洗。

少女将藕放入一池清波中洗刷，碧波荡漾之下，藕也洁白，臂也洁白，分不清哪是藕，哪是臂。易君左见状，忙介绍道："那就是我们汉寿特产的'玉臂藕'，过去是给朝廷的贡品！"郁达夫用浙江方言夸赞："啊啊，这真正不错的！"

几天后，郁达夫和易君左再次游览花姑堤，见到堤内藕田遍布，荷香四溢，堤外三两渔舟逐波，白鹭临水翻飞。自然之美让身处动乱之中的郁达夫暂时忘记了现世的苦闷，他与易君左即兴联句唱和——

郁达夫："西竺山前白鹭飞，花姑堤下藕田肥。"

易君左："柳荫闲系瓜皮艇，茅舍新开杉木扉。"

因为这两句唱和，玉臂藕的声名更旺了。

水稻的"花样年华"

◎郭探微

6 500 年前，今日的常德澧县城头山。夕阳的最后一抹余晖落在碧绿的田野上，一株一株结穗的植物迎风舒展，被染成沉甸甸的金黄色。我们的祖先望着田野里结穗的植物，露出了憧憬的笑容。

他们在耐心等待这种植物的成熟，有了这种植物，他们不再需要风雨无阻地出去狩猎，不再因为担心没有打到合适的猎物而饿着家里的女人和孩子，等到这种植物丰收，他们能端上餐桌的食物种类，将变得更为丰富。

这种植物，叫做水稻。20 世纪末以前，学界普遍认为，中国的水稻是从印度传过来的，直到 1996 年，在中国最早的城市——常德澧县城头山遗址，考古专家们发现了距今约 6 500 年的世界上最早的古稻田。美国哈佛大学人类学系终身教授奥佛等国际权威考古专家认为，以澧阳平原为代表的长江中游地区，是世界水稻的起源与传播中心之一。

当城头山遗址拂去了历史的尘埃，以完整的姿态出现在世人眼前时，人们才发觉，早在至少 6 500 年前，中华民族的祖先们就开始了卓有成效的水稻种植探索。

水稻种植技术的成熟，使先祖们的生产生活方式从游猎变为农耕定居，并且由此推动了城市的诞生与发展。毫不夸张地说，正因为有了成熟的水稻种植技术，城头山上，才有了中国最早的城市之一，迄今去那里参观，我们还可以看到城垣、城门设施、环城壕、护城河、房址、陶窑、祭坛、道路、墓葬以及

城垣底层的水稻田等遗址。

大约从城头山遗址时期起，潇湘大地就结下了与水稻的"不解之缘"。古代，中国就有"湖广熟，天下足"的说法，松软喷香的湘米，顺着湖南发达的水系流向祖国的大江南北，成为家家户户餐桌上最可心的主食。当代，"杂交水稻之父"袁隆平深耕湖南，在潇湘大地上不断书写着新的"水稻传奇"。

而在稻田起源地常德城头山，也有了解锁"水稻文化"的新姿势。常德与台湾稻田彩绘农业专家们合作，以大地为纸，以水稻为墨，在天地之间绘就了巨大的图画。"稻田彩绘师们"先在农田里用传统画线器画出九宫格，依图样定出坐标，再牵线描出图样和字体轮廓，最后种上紫色的秧苗。随着水稻生长，就会呈现出预先规划的图形和文字。于是一片一片碧绿的稻田上，出现了"萌萌哒"南瓜图案，"中华城池之母、世界稻作之源"等气势磅礴的大字。这样的稻田盛景，每年都吸引了大量游客前来观光。

古老的水稻在常德人的手中，绽放出新的生机。正如著名作家韩少功在《城头山赋》中所写："沉寂澧阳地，城头忽醒时。西枕武陵巍峨，东怀洞庭浩瀚。陶杯泻百代幽情，纺轮吐千秋胜景……望斗转星移，走山河大地。乾旋坤定而先人远，披肝沥胆而故园兴……嗟呼，继往须知民贵，顺民心、解民困、惠民生薪火待续；开来莫忘天公，明天职、行天道、济天下再向前程。古城同日月，一梦集悲欣。"

酸甜可口的"石门名片"

◎郭探微

　　常德石门的橘子红了。碧绿的枝头间，挂着点点金黄浑圆的果子，让人远远一见，顿觉口齿生津。

　　石门县自古产橘。唐朝弘文馆校书郎、湖南澧县诗人李群玉在《石门韦明府为致东阳潭石鲫鲊》诗作中，形容石门柑橘"隽味品流知第一，更劳霜橘助茅鲜"。明朝正德年间，石门县人在县城朝真观掘得《三爱铭》石碑，碑上刻有"橙为土所宜，秋杀乘气候。累累弄圆实……牙咀蜜饴溜。论香友兰菊，定品奴橘柚"等句。其所谓"三爱"，即"于木爱松，于果爱橙，于花爱梅"。后据考证，《三爱铭》为汉魏之际作品。到了明朝洪武年间，石门就成了江南著名的朱橘产区，其西北山区"植橘风盛"。

从汉魏时期的"三爱"到盛唐的"隽味第一"，再到明朝的"植橘风盛"，石门的柑橘从诗人的笔墨中走入乡土，大面积种植和生产让石门柑橘成为当地的一张酸甜可口的"名片"。

世人皆爱橘的味道，唯一人，爱的是橘树高洁的气质。楚国诗人屈原曾为橘写下著名的《橘颂》："后皇嘉树，橘徕服兮。受命不迁，生南国兮。深固难徙，更壹志兮。绿叶素荣，纷其可喜兮。曾枝剡棘，圆果抟兮。青黄杂糅，文章烂兮。精色内白，类任道兮……年岁虽少，可师长兮。行比伯夷，置以为像兮。"

在屈原的眼里，橘树不仅挺拔美丽，而且"精色内白"，有着可贵的内涵。屈原爱它，更因为它"受命不迁"，有着一心一意的坚贞和忠诚。屈原愿以橘树为师，与之生死相交。这位忧国忧民的浪漫主义诗人，最终用纵身一跃完成了自己的理想，如今漫步汨罗江边，遥想当年屈原茕茕孑立徘徊在江边的身影，我眼前浮现的，居然是一株橘树的样子。屈原写过那么多香草美人，但在我看来，只有绿叶素荣、独立不迁的橘树才更贴近他的精神化身。

橘又是倔强的，"橘生淮南则为橘，生于淮北则为枳，叶徒相似，其实味不同"。换了生长环境，哪怕依然叶绿、开花、结果，但果子的味道竟然完全不同。橘似乎以这样一种方式，表达着自己的坚守。

石门的橘子好吃，多半是因为这里极佳的自然环境。石门县域北部横亘着海拔超过两千米的壶瓶山，东南则是低海拔的洞庭湖平原，受地形影响，北方冷气流难进易出，冬天严寒；南方暖气流易进难出，致雨量丰沛。加上丘岗山地昼夜温差大，光照充足，这种地理气候环境下生产的果品"果形端庄整齐，色泽靓丽，果皮细薄光洁，肉质红嫩化渣，汁多，酸甜可口，风味浓郁，品质极优"。

橘更为石门当地人带来了幸福。金秋十月，几十万亩橘园中硕果累累，橘农们就生活在"吃柑橘饭，住柑橘楼，读柑橘书，娶柑橘媳，享柑橘福"的醉人橘林中。湘籍著名作家谭谈走访石门时，有感于柑橘带给山乡人民的美乐生活，写下了一篇《甜味的石门》："石门于是给人的印象是一个很有甜味的地方，让人一想到那里，就觉得那里的空气中有着甜丝丝的柑橘味道。"

一湖清香，一湖浪漫

◎郭探微

　　湖湘多水，水赋予一个地方灵动的色彩，也带来了丰厚的自然馈赠。鲜鱼活虾，白藕红莲，刚从水中打捞起来的丰富水产带着一身湖湘清气，被端上餐桌，辗转于每个食客的口齿之间，或脆生生，或鲜嫩嫩，让人食之仿佛置身于烟波浩渺的大江大湖之上，轻舟逐浪，悠然自在。

　　众多水产之中，有一味不得不提的"鲜货"——菱角。菱角是南方特产，有湖泊的地方，就有菱角的身影。

　　菱角天生是浪漫而轻盈的。一只只菱角像小船一般，两角尖尖上翘，如同少女带笑的眉眼。到了秋季，湖泊上，成熟的菱角随茎叶在水面荡漾，随聚随散，带着偶然，正如人世间无数次偶然的相遇或者重逢。很多人不知道，"邂逅"一词，就脱胎于菱角。邂逅，本作"薢茩"，而薢茩就是指菱角。

　　虽然南方多地都产菱角，但湖南常德的白马湖菱角尤为出名。南朝古志《武陵记》中就曾记载："其湖产菱，壳薄肉厚，味特甘香，楚平王尝采之，有采菱亭。"唐代大诗人刘禹锡曾被贬为朗州（今常德）司马，在常德谪居近十年间，刘禹锡创作了240多篇诗文作品，约占他一生创作的四分之一。其中，就有他专门为白马湖菱角写就的《采菱行》："白马湖平秋日光，紫菱如锦彩鸳翔。荡舟游女满中央，采菱不顾马上郎……屈平祠下沉江水，月照寒波白烟起。一曲南音此地闻，长安北望三千里。"

　　诗中展现了初秋时节，白马湖上采菱的场景。紫红色的菱角遍布湖面，远

远望去就像是绫罗锦缎，姑娘们争相荡舟采菱，都顾不上心上人了。她们坐在椭圆形木盆一样的小船上，兰桨划过，木盆在水面上分开一道一道波浪，姑娘们挽起袖口，边伸出纤纤素手采摘菱角，边哼着时兴小调。

她们唱着什么歌儿呢？古代的歌曲我们无从得知，但现代，却有一首好听的《采红菱》："我们俩划着船儿，采红菱呀，采红菱。得呀得，郎有情，得呀得，妹有心，就好像两角菱，也是同日生呀，我俩一条心。"两头尖尖的菱角，随着少女们的歌声晃晃悠悠，告别水面，跌入竹篮中，去"邂逅"另一只菱角。

田汉也曾写过："姐在塘中采红菱，菱角尖尖刺痛手，赤日炎炎晒煞人。没有见黄梅时节不下雨，没有见十八姑娘不嫁人，菱花镜里想青春。"采菱的姑娘们擦了擦头上的汗，望着浮萍一下聚散不定的菱角叶，心底突然冒出一张朝气蓬勃的带笑的面庞，姑娘们连忙摇头，船桨一动，打碎了多少清波……

采菱这样的劳动场景，在诗与歌中总是美的，带有一丝浪漫的色彩。湖上的人采菱忙，湖畔的"馋虫们"也等得心焦。待新鲜水灵的红菱一上岸，便有心急的人从篮中捞出一只，用牙一咬，微甜的清香在口中绽开，吃菱的人满意地笑眯了眼。放眼望去，碧绿的菱角叶片随波摇曳，满湖清香。

很多年前，前锋镇白马湖村渔民的父辈们驾着渔船从远方沿水而来，在白马湖边落地生根。这群"水上吉卜赛人"靠着白马湖过上了更好的日子，他们的子孙后代也愈发兴旺发达，在白马湖边经营着自己的幸福生活。

九溪红棉"点点红"

◎郭探微

　　一滴雨珠滚落在豆芽一样的小苗上。小苗有细长嫩绿的根茎，三角形柔嫩的尖尖的叶子。叶子顶端，还有一抹娇羞的粉红色。在雨水的滋润中，小苗慢慢长高，伸展出碧绿的叶片，绽放出或红或白的花朵。花朵凋落，一个一个褐色的果壳里，绽放出如雪的洁白。这才是它被人熟知的面貌。

　　常德是产棉大市，每到秋天，金色的阳光下，吸饱了自然雨露与光照的棉桃炸裂开来，一抹纯净的白色若隐若现，整片土地，仿佛一下子升到了半空，漫步其中，有了在云端一样的梦幻感。处处棉花如雪，只有源九溪乡孙家河坪一块八亩五分地的棉花不同：每一株炸裂开的棉花上，都有一些小红点，仿佛覆盖着冰雪的红梅，又如点点离人泪。看到这样的棉花，总会让人产生无尽的好奇和遐想：为什么这一块土地出产的棉花如此与众不同呢？

　　有棉农曾将这块土地里的棉苗移植到别处，或者把其他地方的棉苗移植过来，结果移植到其他地方的棉花上没有了红点儿，反而是移植到这片土地上的其他棉苗，也羞答答带上了点点红。人们将这片特殊的土地上出产的棉花称为"九溪红棉"。

　　九溪红棉以色白和纤维长而著称，又因为每一朵棉花上都有小红点而辨识度极高。关于九溪红棉，还有一个动人的传说：

相传在唐代，九溪孙家河有一个被称为"管罗汉"的大户，管罗汉掌管着周围数百亩土地和山林，生活在附近的大部分农民都是他的佃农。管罗汉家有个叫娥儿的童养媳，生得乖巧而美丽，但管罗汉夫妇对她十分苛刻。

管罗汉家屋后的八斗五升棉花地，每年出棉时，所有的棉花都是娥儿一个人捡。管罗汉还定下了规定：一不许棉花沾露水，二不许捡芝麻棉（指棉花上沾有碎叶杂草），三不许棉花被雨淋湿，四不许棉花被鸟儿衔走。

在这样的要求下，娥儿每天等露水一干就下地，捡到快上露水时才回家，一天天下来，被累出了一场大病。一天，重病的娥儿在棉花地里晕了过去，不知过了多久，她挣扎着起来，只觉得眼前的棉花仿佛变成了无尽的苦海，要将自己吞没。刚烈的少女选择以死抗争，但想着，不能白白死了，要让大家都知道自己是被管罗汉这个恶人折磨死的。于是，娥儿咬破了自己的手指，让鲜红的血珠一滴一滴染红了身后洁白的棉花。

沾了娥儿鲜血的棉花显得格外凄美，百姓们得知了娥儿的死讯，愤怒地围在管罗汉家门口指责他，管罗汉没办法，只得一把火烧掉了地里没有摘完的棉花。第二年春天，地里的老棉兜上又长出了新芽，秋后棉花炸开，每朵絮棉上多了一些红色的斑点。年年如此，九溪红棉也就出了名。

益阳篇

一个地方有一个地方的气质。水乡的气息是温柔甜润的，这气息的底蕴，是水。鱼米之乡的气息是质朴富足的，这气息的底蕴，是稻。

茶马古道上的千年茶香

◎黄 菲

茶与茶，是不一样的。

绿茶是曼妙的女郎，清冽而又妩媚，轻饮一口，入喉的是一缕迷人的清气；红茶是有故事的妇人，温存，宽柔，在不动声色中予人和暖的抚慰；岩茶是成熟稳健有所成的男子，底蕴醇厚，气度不凡……

而黑茶，是粗豪的汉子，无数风雨沧桑成就了他的豪气和底气。如果用金庸小说的男主角来比拟的话，黑茶是当之无愧的乔峰——粗犷，但是粗中有细；豪放，但也不乏柔情。

提到黑茶，无法绕过安化。安化的黑茶产量居全国第一。走进安化，到处可见一坡坡苍翠欲滴的茶园。安化地处湘中偏北，雪峰山脉北麓，资水中游，群山连片，溪谷发达，处于亚热带季风气候区，四季分明，雨量充沛，严寒期短，茶树的生长期长达七个多月。宋代时，安化茶树已"山崖水畔，不种自生"。安化县冰碛岩层厚度、规模和岩石质量均称"世界之最"，在这样的土地上种茶，茶叶平均含硒量为全国茶叶含硒平均值的两倍，是世界茶叶含硒平均值的7倍。冰碛岩是安化茶叶品质优良不可复制的地理条件。

安化产茶最早的历史记载是在唐朝。唐代杨晔《膳夫经手录》曾记载"渠江薄片茶"，这是最早记录安化茶叶的历史古籍。明朝采办的贡茶中，安化年贡"芽茶"22斤。史料记载："商茶低伪，悉征黑茶……"这是"黑茶"一词首次见诸文字，是"安化黑茶"之名的由来。

在安化的崇山峻岭和山涧溪流之间，绵延着一条神秘的茶马古道。这是一条连接内地产茶区和西北、西南边疆少数民族地区的交通要道。一代又一代的马帮在这条道路上奔走，嗒嗒的马蹄声，清亮的马铃声，马帮汉子们粗豪的吆喝和谈笑声，回荡在山谷、急流和村寨上空。一千多年过去了，茶马古道上马蹄印仍依稀可见，跨越溪流的廊桥仍屹立不倒。

茶马古道和安化，因黑茶而结缘。

安化黑茶滋味醇厚，带有独特的松烟香，深受西北少数民族的欢迎。明朝前期，安化黑茶开始踏上茶马古道的征程。黑茶汉子们夜以继日奔波于崇山峻岭、沙漠草地，不畏严寒酷暑，不惧路途凶险，开拓出一条安化连接域外的经贸之路。他们带着安化黑茶从湖南入四川，走过高山森林，蹚过大河小溪，把安化黑茶带到天山南北、宁青蒙藏，进而销至尼泊尔、印度和中亚，甚至欧洲。这条马帮汉子们用勇敢、刚强、坚毅和智慧开拓的路，令安化县呈现出"茶市斯为最，人烟两岸稠"的繁华景象，造就了黑茶的流通和辉煌。西北地区的"边茶"十之八九皆由安化黑茶供应。

在安化黑茶中，最有特色的是千两茶。千两茶的前身是百两茶。清道光年间，茶商为了使茶叶运输更加方便，便以上等黑茶为原料，踩捆成包，重约10斤，称百两茶。清同治年间，一位刘姓技工在百两茶的基础上踩制成了净重1000两的"千两茶"。新制千两茶茶味浓烈霸道，涩后回甘。陈年千两茶陈香醇和绵厚，汤色透亮如琥珀，滋味圆润柔和令人回味，同一壶茶泡上数十道汤色无改。西北民风淳朴剽悍，饮食口味很重，所以当地人对黑茶十分青睐。

茶马古道已经消失在岁月变迁中，但是安化黑茶茶香依旧。直至今日，当我泡一杯安化黑茶，从这醇厚的茶香里，我仿佛闻到了远去的茶马古道的气息。

此花无日不春风

◎黄 菲

在中国，被称为"花中皇后"的，不是雍容的牡丹，不是娇艳的芍药，不是富丽的菊花，不是高洁的梅花，不是典雅的兰花……而是，你可能想不到的月季花。

人人可植处处可见的月季花，却是"花中皇后"，不知百花对这位来自平民的"皇后"可服气，我是服气的。

月季花有极强大的生命力。月季花喜欢阳光和温暖，也耐得住寒冷，零下15摄氏度，连野草都冻死了，它还能扛得住。从南国到北国，从园林到山林，从花盆到路野，它都那么兴兴头头地开着花。相传神农时代就有人将野月季挖回家栽植，小小的不起眼的野月季，却稳稳地历经了两千多年的风雨沧桑，繁衍成一个花的王国，不但遍布中国，还漂洋过海到了欧美，在异国他乡发展成一万多个品种。月季的花期在百花中也是最长的。昙花只有一夜的芳华，桃花只有一季的绚烂，木槿花朝生暮死，牵牛花被称作夕颜，唯有月季，"花亘四时，月一披秀，寒暑不改，似固常守"。苏东坡说它"一年常占四时春"，杨万里说它"此花无日不春风"。它就像运动场上最令对手胆寒的选手，体能好，耐力足，从容稳健，源源不断地持续发力——它不称王，谁称王？

论颜值，月季花也十分出众。因为它太大众化了，以至于我们粗疏的眼睛常常低估了它的美丽。月季花艳丽，奔放，香气浓郁，颜色丰富，每一个颜色就是一个美丽的分支，每一个分支中都有许多美丽的品种，仅仅听这些名字都觉得很美——比如红色分支中的绯扇、明星、梅郎口红、香云；黄色分支中的金凤凰、莱茵黄金、坎特公主；白色分支中的肯尼迪、婚礼白、第一白、白缎；蓝色分支中的蓝月、蓝和平、蓝花楹、蓝香水、天堂等；粉色分支中的粉扇、粉和平、日粉；绿色分支中的绿星、绿萼；黑红分支中有黑旋风、黑珍珠、朱墨双辉……月季花枝条萌发迅速，长势强壮，全身开花，花头众多，可形成花球、花柱、花墙、花海、花瀑布、拱门形、走廊形等景观。这样强势而盛大的美丽，确实有王者之风。

皇冠都是需要"传奇"加持的。月季花也有它的传奇。1789年，中国的朱红、中国粉、香水月季、黄色月季四个品种传入欧洲。正在交战的英法两国为保证中国月季安全地从英国送到法国，竟达成暂时停战协定，由英国海军护送到拿破仑妻子约瑟芬手中。园艺家将这批中国月季和欧洲蔷薇杂交，产生了月季新体系。100多年后，法国园艺家弗兰西斯经过杂交试验，培育出了新品种"黄金国家"。当时正值二战，弗兰西斯将这批月季新秀寄到美国，美国园艺家据此培育出了千姿百态的珍品。1945年4月29日，为庆祝德国法西斯被消灭，这批月季中的一个品种被命名为"和平"。1973年，美国友人欣斯德尔夫人和女儿手捧"和平"，送给毛泽东和周恩来，当年远涉重洋的月季，200年后回到了它的故乡——中国。

月季花是百姓最熟悉最喜欢的花。中国有52个城市将月季花作为市花，其中就有湖南益阳市。仅从这样惊人的"群众基础"来看，"花中皇后"的桂冠也是非它莫属啦。

关于芦苇的三个意象

◎黄　菲

　　一直觉得，芦苇，是一种意象美胜于肉身美的植物。

　　和芦苇有关的第一个意象，是爱情。

　　蒹葭苍苍，白露为霜。所谓伊人，在水一方。溯洄从之，道阻且长。溯游从之，宛在水中央。

　　蒹葭凄凄，白露未晞。所谓伊人，在水之湄。溯洄从之，道阻且跻。溯游从之，宛在水中坻。

　　蒹葭采采，白露未已。所谓伊人，在水之涘。溯洄从之，道阻且右。溯游从之，宛在水中沚。

　　《本草纲目》里，初生芦苇称为"蒹"，开花前为"芦"，花后结实为"苇"。芦苇是被中国人写进第一首情诗的植物。两千年前，我们的先民，在一片水域前，写下这首浪漫的诗。即使是成就再大的诗人，在这首诗面前，都会谦卑地垂下头来。伊人摇曳在水中央，道阻且长，只能隔着芦苇苍苍白雾茫茫遥遥相望。即使隔着千年的光阴，我们仍然从这首直白的诗中，感受到那份可望不可及的殷殷恋慕，那份溯游从之的热切心意。虽然是爱而不得，但诗中只有恋慕，毫无怨气，甚至连忧伤都没有，似乎为所爱之人唱上这样一首情诗，爱情就已经完成了——古典的中国爱情，就是这样温柔敦厚，清纯洁白，无怨无尤。

和芦苇有关的第二个意象，是思想。

帕斯卡尔说："人是一棵会思想的芦苇。"这真是诗一般的语言，我第一眼见到，就觉得惊艳。以芦苇喻人，喻示的是人的生命的脆弱和渺小。然而，人和芦苇一样，虽然脆弱，但坚忍，虽然渺小，但有一股倔强之气。芦苇这种多年生的高大禾本科植物，生长在沼泽、水边、河滩，粗壮根茎在污泥中匍匐着四处延伸，长出两三米高的挺拔茎秆，生出在风中摇曳的绿叶，开出云团般的芦花。它们面对荒滩，面对流水，面对南来北往的候鸟，面对季节的更替，流年的轮换，这样沉默而坦然。谁又能说，这是一种没有思想的植物呢？

和芦苇有关的第三个意象，是乡愁。

所有的植物，都是大地的乡愁。而芦苇，是其中最触动人心的。每次坐在火车上，从窗口看到江畔的芦苇，青青的苇叶随江风轻轻飘拂，虽然只是一晃而过，虽然明明是异乡的景象，心里却总会浮起一种"暖暖远人村，依依墟里烟"的家园的感觉。一年秋天，随益阳的友人去他的家乡，他带我去漉湖芦苇场。正是芦苇开花的季节，只见大片大片的芦苇，开出皎洁如雪的芦花，远远望去，像起伏的浪涛，又像漂浮的云朵，美得让人忧愁。我的故乡并没有芦苇，然而看到这云海般的芦花在风里飘飘摇摇，我心里涌上千丝万缕的乡愁，只觉得此情此景，似乎在梦里见过，或是在前世见过，在熟悉和亲切中掺杂着恋恋不舍的酸楚。准备离开时，同行的益阳友人带着一个神秘的笑容说，再等一下，到傍晚再走。我很快明白了他的用意。傍晚时分，晚霞满天，洁白的芦花被染成了绚烂的金红色，仿佛随风蔓延的火苗，在辽阔的河滩上，高旷的天空下，熊熊燃烧。我和友人在久久的沉默中，眼眶竟然蓄满了泪。

益阳的芦苇非常多，我对友人说，你们益阳人民真浪漫，种这么多芦苇。友人笑着告诉我，芦苇在益阳是一种产业，它可以入药，可以制作席子、扫帚、人造纤维，还是纸和人造丝的上好原料，嫩芦苇是牛羊喜爱的饲料，芦苇所在地可以作为早春放牧地。我一面为自己的书呆子气羞赧，一面，由衷地为芦苇竟然是这么有用的植物而高兴。

花海 涂鸦 村庄

◎黄 菲

　　这是一个普通的村庄，和中国所有的传统农业村庄一样，世代种植棉花、油菜和水稻。这又是一个神奇的村庄，不仅有万亩盛开的鲜花连绵成海，还有布满奇妙涂鸦的美丽民居。

　　在建设美丽中国美丽乡村的新时代，村庄里有花海已经不是特别稀罕了，而这个村庄，别出心裁地在民居上涂鸦，让图画和花海相互映衬，让艺术和自然相互成全，将自己打造成一个花海中的村庄——湖南首个"涂鸦村庄"，一个粉丝无数的"网红"村庄。

　　这就是益阳市南县的罗文村。2014年开始，罗文村开始打造"涂鸦＋花海"

景观。从这一年开始，每一个春天，都是这个村庄的盛大节日。

春天的罗文村令人流连忘返。一进村，满眼都是金灿灿的油菜花，在春风的吹拂下恍如金黄色的花朵的海洋，错落有致地分布在村庄里的民居，墙体上彩绘了各种各样的图画。一幅幅色彩艳丽、富于变化的涂鸦作品散布在烂漫的花海里，与花海融为一体；一阵阵沁人心脾的花香随风飘来，让人心旷神怡。

穿行在花海中，一边赏花，一边赏画，是特别惬意的事情。进村的第一栋房子，墙体上画的是一位老太太，笑容灿烂得像一朵盛放的菊花。当地人说，他们的民居彩绘墙上，既有卓别林、蒙娜丽莎这样的世界级"村民"，也有他们当地村民自己的形象。"我们就是要将自己的笑脸画在墙上，通过网络传出去，让大家都看看。"这位老太太叫杨云珍，村头这第一栋房子就是她家的。老太太84岁了，身体硬朗，行动矫健，耳聪目明。她很喜欢墙上这幅画，总是笑眯眯地说："画得好啊。"村里5岁多的小姑娘杨紫衿也"上墙了"。在她家后墙上，画面上的她笑吟吟的，露出几颗小牙，十分活泼可爱。她爸爸逢人就高兴地说，"我女儿出名了，像一个小明星。"灿烂的花海辉映着墙上灿烂的笑脸，让人觉得这个村庄是如此的欣欣向荣，充满希望。

罗文村的380栋农房中，有200栋都已画上各种涂鸦作品，有嘻哈风，有田园风，有抽象画，也有农耕图。涂鸦这样的艺术元素和花海中的村庄融合得这样巧妙，游客们无不啧啧称奇。花海是涂鸦的背景，令这些涂鸦作品有了盎然的生趣；涂鸦也是花海的背景，令花海多了文艺的味道。一幅名为《永不消逝的童年》的图画上，一名孩童神情专注，眼神清澈，说不出的天真可爱；一栋靠近花海的民居，墙体上彩绘了一幅蝴蝶画，栩栩如生，鲜艳夺目，与周边开得正热闹的油菜花相映成趣；一户人家的烟囱被画成一个男人叼的一支烟，然后依照房屋的结构在上面就势画一个小男孩撒尿，浇熄了这支烟……那些造型各异、充满创意的涂鸦作品，和花海相互映衬，让古老的村子散发出文艺的味道。

罗文村的涂鸦花海以其独特的风情进入了阿里巴巴集团拍摄的杭州G20峰会宣传片，一夜之间成为"网红"，名气越来越大了。当地的朋友说，除了油菜花，他们还引入了荷花、芦苇花，让大家春天看油菜花，夏天看荷花，冬天看芦苇花……

我叫"喜树"，欢喜的"喜"

◎黄 菲

　　桃江有一种珍贵的树，叫做喜树。在植物的世界里，喜树一定是个讨人喜欢的家伙。想想吧，它的自我介绍，就很讨喜："你好，我叫喜树，欢喜的喜。"

　　为何叫做喜树呢？查遍线上线下资料，均没有明确解释。最早记录喜树的文献，是清人吴其浚 1848 年刻印的《植物名实考》，书中叫做"旱莲"，取其果实似莲蓬之意，插图很清晰，看果、叶即知，古之旱莲为今之喜树。1873年，法国植物学家约瑟夫·德塞恩在庐山发现喜树，并为其定名，虽无处核查他何以如此命名，但名字吉祥喜庆之寓意是可以肯定的。喜树这个寓意美好的名字让它成为备受喜爱的树，种在院内，是"开门见喜"，种在路边，是"抬头见喜"，在大门边种植两棵，是"双喜临门"，如果与合欢树种在一起，那就是"欢欢喜喜""欢天喜地"。过去我国南方民间办喜事，会用喜树的叶子作为食品的垫片，象征喜气、吉祥、吉庆。

喜树长得也很可喜。树干高大通直，树冠宽广，枝叶浓密，颜值很高。喜树的花也很讨人喜欢，一个个白色的小绒球，挂满在碧绿宽大的叶片之间，显得特别洁净素雅。喜树的花序比较独特，是近球型的头状花序，一朵朵小花呈放射状聚集在一个球面之上。如此花序，是植物的一个"生存策略"——如果花太小，却又想吸引传粉的蜜蜂和蝴蝶，怎么办呢？要么像琼花一样，边上弄出八朵大大的不孕花来招蜂引蝶；要么像向日葵一样，中间形成一个大花盘，让小花变成"大花"；要么像桂花一样，释放出强烈浓郁的芳香。然而喜树花既没有大大的不孕花，也没有馥郁的芳香，它的策略就是"小花成球"，以大小适中的小绒球来吸引传粉者。多么聪明！喜树的果子也很惹人喜欢，绿绿的，像一个个圆乎乎的刺猬球，球上一根根攒聚在一起的小翅果，就像一根根袖珍的小香蕉，各种萌萌哒。可惜这"香蕉"不能吃，不然孩子们就更喜欢啦。

喜树是中国特有之一宝。它和享誉世界的活化石"鸽子树"珙桐是亲戚，都属于蓝果树科植物。蓝果树科这个大家族下面一共就 3 个属，也就是说，只有 3 个小"家族"，只包含十几种植物，相对于植物界其他科而言，"家族成员"十分稀少。但是这个"家族"下面的十几种植物包括喜树，大多是珍稀濒危植物，是特别珍贵的植物资源。而且喜树是"喜树属"这个小"家族"里唯一的一种，也就是一根"独苗"，显然十分珍贵。我国 1999 年就已经将喜树列为第一批国家重点保护野生植物，限制出口。野生喜树在长江流域及南方各省均有分布，但现在已十分稀见，踪迹难寻。非常幸运，植物资源丰富的桃江就有这种稀罕的树。

喜树之宝贵，还体现在其药效上。科学研究表明，喜树全株包括种子、叶、花、枝条、树皮、根均含有一种重要的抗癌成分——喜树碱，这种物质抗癌能力特别强，而且是广谱性的抗癌物质。喜树碱及其系列生物类抗癌药在医学上应用十分广泛，对胃癌、结肠癌、直肠癌、膀胱癌、慢性粒细胞性白血病和急性淋巴细胞性白血病的治疗均有效果。这么卓越的药用价值使得喜树更加珍贵，也更加讨人喜欢了。

一株千年古桂花树的前世今生

◎黄 菲

在湖南安化县龙塘乡夏植村仁家桥土地庙，生长着一株树龄1000年的古树。

这株古树，因其叶脉形如"圭"字而被称为桂，其木纹理如犀，因此得名"木樨"。在漫长的历史中，它还有许多别名：授木、岩桂、七里香、圭木、广寒仙、岩犀、树杞、紫阳花、无瑕玉花、仙友、仙客、金雪、古香、珠英、洗枝、幽隐树……

桂花树是一种极其长寿的植物。这株1000岁的桂花树并不是最古老的桂花树。中国的桂花树种植历史极为悠久。早在2500年前，春秋战国时期的典籍，就有桂花树的记载。《山海经·南山经》中有"招摇之山多桂"，《山海经·西山经》中有"皋涂之山多桂木"。屈原在《九歌》中有"援北斗兮酌桂浆，辛夷车兮结桂旗"。如果早生1500年，它的花朵会被屈原用来酿酒。

如果早生1200年，它可能会被种植在皇家的上林苑。《西京杂记》中记载，汉武帝初修上林苑，群臣献名果异树奇花两千余种，其中有桂10株。公元前111年，武帝破南越，接着在上林苑中兴建扶荔宫，广植奇花异木，其中有桂100株。当时栽种的其他植物如甘蕉、龙眼、荔枝、橄榄、柑橘等大多枯死，而桂花树活了下来。

如果早生 600 年，它可能得以生长在绝代佳人张丽华的"桂宫"中。南朝齐武帝时，湖南湘州送桂树植芳林苑中。《南部烟花记》记载，陈后主为爱妃张丽华造"桂宫"于庭院中，植桂一株，树下置药杵臼，并使张妃驯养一白兔，时独步于中，谓之月宫。

如果早生 400 年，它就是一株有神话色彩的桂花树了。吴刚伐桂的故事是从唐朝开始传出的。《酉阳杂俎》云："旧言月中有桂……姓吴名刚，学仙有过，谪令伐树。"至此，咏桂诗词总是和月、嫦娥、仙人相联，桂子落人间的民间传说更是为诗人们所津津乐道。如李峤的"未殖蟾宫里，宁移玉殿幽。枝生无限月，花满自然秋。侠客条为马，仙人叶作舟……"

1 000 年前，在桂花文化最鼎盛的宋朝，这株桂花树被种植在安化那个小小的村庄里。这是中国历史上最优美最诗意的朝代，涌现出众多脍炙人口的咏桂佳作，如梅尧臣的"山楹无恶木，但有绿桂丛。幽芳尚未歇，飞鸟衔残红。不见离骚人，憔悴吟秋风"；如李清照的"暗淡轻黄体性柔，情疏迹远只香留。何须浅碧轻红色，自是花中第一流"；如杨万里的 "梦骑白凤上青空，径度银河入月宫。身在广寒香世界，觉来帘外木犀风"……诗人们赞颂桂花的芳香和气节，以桂花来寄托自己的志向和情感。

从宋朝到今天，中国的大地上出现过多少次的战乱和灾难！这株小村庄里的桂花树，见证着朝代的更替变化，百姓的悲欢离合，世事的沧桑无常，一年一年地从容生长，一季一季地绽放花朵，吐露芬芳，将自己长成了珍贵的"活文物"。它胸径达 1.11 米，主干离地约 1 米处，向上分生 7 个主枝，并蒂竞生，被称为"七仙聚首"。它饱经风霜，苍劲古拙，而又生机勃勃，风姿绰约。每逢农历八月，"天将秋气蒸寒馥，月借金波滴小黄"，这株古桂花树仿佛忘记了自己年龄，欢欢喜喜地，烂烂漫漫地开起花来，金黄色的桂花绽满枝头，香气馥馥郁郁，沁人肺腑，令整个村庄都沐浴在这酝酿了千年的香气里。

据说被光绪亲封"字圣"的清末大书法家、实业家黄自元，出生在安化县龙塘乡，幼年时就常在这株桂花树下临帖，读书。我想，黄自元离开家乡后，也会在那些桂子飘香的秋夜，想起儿时伴读的这棵桂花树，或许会吟咏起倪瓒的诗句吧："桂花留晚色，帘影淡秋光。靡靡风还落，菲菲夜未央。玉绳低缺月，金鸭罢焚香。忽起故园想，泠然归梦长。"

赤山岛上多奇树

◎黄　菲

　　赤山岛位于沅江市西北，地处西洞庭与南洞庭交界处，面积约 120 平方公里，是中国第一大内陆湖岛。赤山岛四面环水，山峦起伏，植被繁茂，保存有洞庭湖区最为完好的自然生态系统和最具特点的湖区历史人文风物。

　　赤山岛的风物可以用一个"奇"字来概括。此岛有神奇的传说。相传当年秦始皇修长城，用神鞭"赶南山塞北海"，赤山岛就是在赶山过程中遗落在洞庭湖的。另一个传说，春秋时期，越国灭吴之后，范蠡携西施归隐于此，故赤山岛又被称为蠡山。此岛还有奇人，世界上最高的女性曾金莲，身高 2.42 米。此岛更有"奇景"，赤山岛岛中有湖，湖中有岛，山水奇丽，魅力无穷。清嘉庆年间即有明月澄湾、骏马临江等赤山八景，历代文人骚客多有吟诵。

　　然而赤山岛最引人入胜的，还是"奇树"。

　　"奇树"中最奇的，是生长在岛上一个山坳里的一棵古樟树，树龄 2100 多年，胸径 2.33 米，需 6 人方可合围，树高 14.3 米，冠幅 21 米，宛如孔武有力的伟岸男子。约 400 多年前，离基部约 3 米的树洞里长出一棵腊树，小鸟依人般依偎在樟树厚实的胸脯上。两树枝繁叶茂，团团簇簇，从远处看是一棵树，走近才知是古樟与腊树紧紧拥抱，故人们称之为"樟抱腊"。

　　"樟抱腊"的叫法或许更直观明了，可赤山人也有不叫它"樟抱腊"，而称它"蠡抱施"的。蠡即范蠡,施即西施,"蠡抱施"是纪念范蠡和西施的爱情。据传,功成身退的范蠡和西施隐居在烟波浩渺的赤山岛上,两人沉醉在良辰美景之中,每日泛舟湖上,琴瑟和谐,其情融融,其乐陶陶。当生命大限来临时,这对有情人选择一个山坡的开阔处,紧紧依偎,站立升化。在他们升化的地方生长出一棵樟树。后来,樟树分枝处长出一棵腊树,两树相拥相生,繁衍不息,成为天长地久的爱情的象征。因此,来到赤山岛的恋人们,都会在"蠡抱施"上系上红绸带,祈愿两情长久,朝朝暮暮。

"樟抱腊"是一个奇迹,但并不是爱情的奇迹,而是自然的奇迹。腊树之所以长在樟树上,据科学分析,是小鸟啄食腊树籽,遗落在有腐质层的树丫窝里,后来种子发芽生根,日久天长,腊树根穿过腐蚀的树洞,扎入地下吸取营养,年复一年,小腊树便在樟树怀中成了大树。

赤山岛上多奇树。除了"樟抱腊",为众人所知的还有"七星伴月"和九臂樟。明崇祯时兵部尚书兼东阁大学士杨嗣昌葬在龙阳县月形山,墓周环7棵古樟,树龄均达300年之久,大可4人合围,被赞为"七星伴月"。可惜"文革"中树被砍伐,唯余云山苍苍,江水泱泱。九臂樟生长在沅江市新湾镇,有千余年历史。九臂樟一本九枝,争奇竞秀。树高15米,干围6人合抱,树冠约240平方米,春则云笼雾绕,夏则浓荫匝地,秋则金筛月影,冬则雪裹琼枝。风起则虎啸龙吟,雨至则金声玉振。

登赤山岛,赏岛上奇树,真让人不得不感慨天地之大美,生命之雄奇。

有园多种橘

◎黄　菲

南国多橘，湖湘更可以称为橘的故乡。

橘树的习性也奇，只有生长于南土，才能结出甘美的果实，倘要将它迁徙北地，就只能得到又苦又涩的"枳实"了。"橘生淮南则为橘，生于淮北则为枳"。史上第一首咏物言志诗，便是关于橘的《橘颂》，作者是流放到湖湘的楚国三闾大夫屈原。在屈原的笔下，一树坚挺的绿橘，屹立在天地之间，扎根于"南国"之土。诗人赞美橘充满生机的青翠绿叶，蓬勃开放的雪白花朵，光彩照人的甘美果实，更赞美它"受命不迁，生南国兮"的坚贞品格，"愿岁并谢，与长友兮"，"行比伯夷，置以为像兮"，愿以橘为师友，凛然不屈，独立不迁。

屈原将自己比做一棵"受命不迁"的橘树，另一位咏橘的诗人张九龄，则与屈原正好相反，他想做的是一棵能"迁"的橘。"江南有丹橘，经冬犹绿林。岂伊地气暖，自有岁寒心。可以荐佳客，奈何阻重深。运命唯所遇，循环不可寻。徒言树桃李，此木岂无阴。"张九龄是唐朝有名的贤相，一位有胆识有远见的政治家，其时他受到排挤，谪居江陵，江陵是橘乡，他借彼丹橘，喻己情操，言己心志——橘之经冬不凋四季常青，是因其具有松柏节操，并非地利之故，桃李有花，橘树有阴，如此嘉树佳果，应荐之嘉宾。

仁人志士爱橘，爱的是橘的精神和节操，爱的是审美意义上的橘。而在江南民间，橘是家常的、亲近的。湖湘人对橘，有一种天然的亲切喜爱之情。湖南乡下的农家小院内，几乎家家都种着几棵橘树。物质匮乏的时代，橘子还青涩着呢，就被嘴馋的孩子们摘下吃了。后来，经济条件好了，吃的东西多了，橘子终于得以在枝头成熟了，一个个圆乎乎红彤彤的，像挂在树上的小灯笼，透着一股喜气洋洋的劲头。

城市的小区中也多种橘树。每到春来，橘树便开花了，小小的白色花朵掩映在绿叶中，带着一点点少女般的羞涩，欲藏还露。橘花开得低调，但香气十分特别，有一股绵绵的甜意，又似乎有一股淡淡的苦意，十分清冽。橘树的叶子也有这种清冽的香气，橘树四季常青，常年散发沁人心脾的香气，令空气都清新洁净了许多。因此居民区种橘并不是为了吃橘子，更多的是为了美化环境。

有园多种橘，无水不生莲。洞庭湖畔有许多橘园，有一个乡甚至以橘闻名，被称为南橘之乡，那便是沅江团山乡。团山乡面积一万四千多亩，橘园面积就在万亩以上。住在橘园中的团山农民，房前屋后都是橘树。可以想象，春天时千万朵白色橘花同时盛放，香气沁人，蜂蝶成群，生活在此间真是要多惬意有多惬意。

不过团山人种橘不是为了花，而是为了果。团山种橘历史悠久，橘种独具一格，是灯笼型的南橘，表皮光滑，色泽红艳，甜度高，味道好，深受喜爱。尤其是经霜的南橘，带着植物特有的原始的香气，剥开后，香气愈发浓烈，含一瓣在嘴里，口腔立刻被一股清凉酸甜的味道征服了。近些年来，聪明的橘乡人将科技引进橘园，引进蜜橘以改造南橘，降低了南橘的酸度，改善了橘园的品种结构。改良后的南橘，越发清甜可口了。若是三闾大夫魂游此地，尝到此间橘子，也许会另写一篇《橘颂》呢。

桃花江竹海：此间可忘尘

◎黄　菲

　　如果故乡可以选择，我想我愿意选择桃江。因为，那里是竹的海洋，有无数亭亭翠竹。

　　如果植物也有性别，我觉得竹，是男性的，那种满足我审美想象的男性——颀长挺秀，清逸俊雅，有风骨，有风度，亦有风情。古人赞美男子时爱用"玉树兰芝"，我总想象那是一位竹一般挺拔的男子，不浑浊，不庸俗，即使老了，也很有样子。

　　竹最大的特点，我以为是"清"。所以，夏天最宜读写"竹"的诗句。"荷风送香气，竹露滴清响"——何等清雅！"绿竹入幽径，青萝拂行衣"——何等清幽！"独坐幽篁里，弹琴复长啸"——何等清净！"竹色溪下绿，荷花镜里香"——何等清新！"竹深树密虫鸣处，时有微凉不是风"——何等清凉！读着读着，只觉得唇齿清芬，胸腔中有一股清逸之气幽幽流转。

　　竹与"士"有缘。中国士人家中大多植有竹。"瞻彼淇奥，绿竹猗猗。有匪君子，如切如磋，如琢如磨。"竹是"君子"，君子的清刚之气是士人最看重的。王徽之说："何可一日无此君。"苏东坡说："宁可食无肉，不可居无竹。无肉令人瘦，无竹令人俗。人瘦尚可肥，士俗无可医。"竹与画有缘。画家们对竹甚是钟情。苏轼和其子苏过都是画竹名家，"扬州八怪"留下了许多绝妙的翠竹图。尤其是郑板桥，一生只画兰、竹、石，自称"四时不谢之兰，百节长青之竹，万古不败之石，千秋不变之人"。竹与音乐亦有极深缘分，故有"丝竹之声""丝不如竹"之说。中国传统乐器如笛、箫、笙、筝等皆离不开竹。竹与书的渊源更深。竹简是我国历史上使用时间最长的书籍形式，是造纸术发明之前主要的书写工具，它使文字得以从社会最上层的小圈子走向民众，使文化得以传播和绵延。

竹的美妙之处在于，一片竹林乃至一片竹海中的每一株竹，都有它自己的气质，即使在群体中，每一株竹都是独立的，都保持着卓尔不群、清雅高洁的气度。一群竹在一起，如一群温润如玉的君子在一起，和而不同，群而不党，诗书唱和，弦歌互答，合成一个清逸出尘的气场。

桃花江竹海就是这样一个由无数翠竹合成的令人忘尘的气场。桃江县是著名的竹子之乡，有竹林 50 多万亩。桃花江竹海是这翠竹世界中最值得流连的一处，面积达 5 万多亩。成千上万竿亭亭的翠竹汇聚成竹的海洋，漫山遍野，延绵无边，绿色的竹涛从一个山坡奔涌向另一个山坡，此等情景除非亲见，不然难以想象其优美和壮阔。

进入竹海，恍如进入了一个与现实平行的世界。这个世界是如此的清凉、清新、清朗、清净，令人心旷神怡，说不出的惬意和舒爽。在这个天然大氧吧里，凉风如自由活泼的精灵，在林间欢快飞行，竹叶婆娑起舞，竹香沁人心脾，耳畔是久违的虫鸣鸟语。《卧虎藏龙》《十面埋伏》等经典武侠电影中，都有竹林追逐和打斗的戏份，影视界甚至有"没有竹林戏的武侠片不是经典武侠片"之说，大概因为竹的气质和竹林深幽、神秘、优美的意象，符合中国人的审美趣味。

漫步在竹的海洋里，听竹涛，沐竹风，与竹相伴，只觉得胸腔中的浊气被涤荡而空，灵魂上落的微尘被一一拂去，整个人都得到了净化。难怪陶铸在游览竹海后，号召大家不但要学习松树的风格，更要学习竹子的精神。张震上将欣赏了竹海美景后，情不自禁地改写了东坡的咏竹诗："宁可食无肉，不可居无竹，桃江两者有，世人皆满足。"

醉于稻香

◎黄 菲

一个地方有一个地方的气质。水乡的气息是温柔甜润的，这气息的底蕴，是水。鱼米之乡的气息是质朴富足的，这气息的底蕴，是稻。

洞庭湖是鱼米之乡。行走在湖区的乡间，常常闻到的，就是稻的气息。

初夏，在益阳乡下，我们踏着晨露穿越稻田与稻田之间的阡陌。一缕又一缕甜甜的清香在微风的吹送下，悠悠地掠过鼻翼。我们不由自主地停下脚步，用力地吸上几口，再将其缓缓地沉入丹田。生长在鱼米之乡的我，即使不事稼穑，也本能地知道，这是稻花的香气。因为此时正是水稻抽穗扬花的时节，底肥充裕，禾苗葱茏，稻穗仿佛听到了节气的号令，一夜之间齐刷刷地抽了出来。那清俊的绿上，缀着小小的白花，茸茸的、嫩嫩的、水灵灵的，略带奶色的白，细细端详，会感动于这初出天地的天真无邪和生机勃勃。稻花的香气里，有着田野的清气、庄稼的朝气，真好闻啊！

"纷纷儿女花，为人作颜色。……此花不入谱，岂是凡花匹。太阳丽天中，正气从午得。开此丰穰瑞，脱彼风雨厄。始华郁而甘，未粲光已白。我行田野间，舒啸意自适。田者告我言，乐岁兹或必。" "稻花花中王，桑花花中后。……稻花吹早香。风露千万亩……予谓二花者，斯民之父母。" 对经历漫长农耕社会的中国人来说，稻是生存的希望、情感的寄托、心血的结晶，而稻花也是纯朴、香甜、独一无二的"花"。鱼米之乡的人，对稻更是有一种与生俱来的亲近和深情。不管什么时候听郭兰英那婉转明亮的"一条大河波浪宽，风吹稻花香两岸"，心里都会觉得亲切和感动，即使在都市，也似乎感觉到夏日的阳光和风远远地送来了稻花香。读辛弃疾的"稻花香里说丰年，听取蛙声一片"，心里

会觉得满足和安定，似乎丰裕富足的生活正在缓缓铺开。

　　稻花的美，不止是植物本身的美，更是酝酿之美、劳作之美、收获之美。因为稻花花期之后，水稻也就很快要丰收了。盛夏和秋天的田野是最有诗意的，这诗意，不是风花雪月的诗意，而是牢牢扎根在大地上劳作的诗意、耕种的诗意。稻花开的时候有香气，稻谷成熟的时候也有香气。这令人热泪盈眶的香气，在中国丰饶的大地上已经绵延千年。这香气里，有辛勤的劳作——"八月剥枣，十月获稻，为此春酒，以介眉寿。"八月打红枣，十月收稻谷，做冬酿春熟的酒，来祝贺长寿。这香气里，有丰收的满足——"黍稷稻粱，农夫之庆。"五谷丰登，农人们都为此庆贺。这香气里，还有家国天下的豪情——"有稷有黍，有稻有秬。奄有下土，缵禹之绪。"有小米也有黄米，有水稻也有黑谷，拥有天下的土地，继承夏禹的业绩。在这样的香气里，田野沉醉了，大地沉醉了，农人也沉醉了。

　　太阳最烈的时候，洞庭湖畔的鱼米之乡里，千亩万亩的稻子熟了。金黄色的田野，史诗一般的辽阔、深邃和壮美。阳光蒸腾出浩大的稻香，风将这醉人的香气紧握在手里，一路奔跑着，送至村庄、小镇、城市、餐桌，送至无数人的心田和肺腑。闻到这亲切的、甜润的、富足的、质朴的、让人安心的香气，就是闻到鱼米之乡的气息了。

娄底篇

"慈姑有另外一个名字：茨菰，但是她更喜欢慈姑，因为，慈姑里的那个'慈'，能抚慰人间冷暖的、一定是带着一颗慈悲之心的慈姑。"

所有的乡村女子都叫"慈姑"

◎宾丝丝

很喜欢许冬林的《旧时菖蒲》，书中没有道貌岸然的说教，没有矫情的描写，有的只是在识草闻花观物之间，让你重新审视自己、寻找自己，那个前世的自己。其中的《前世慈姑花》是我最喜欢的一篇文章。文中写道："慈姑有另外一个名字：茨菰，但是她更喜欢慈姑，因为，慈姑里的那个'慈'，能抚慰人间冷暖的，一定是带着一颗慈悲之心的慈姑。"

李时珍在《本草纲目》里这样记载："慈姑，一根岁生十二子，如慈姑之乳诸子，故以名之。"如此温情的多年生喜水植物，它仁慈的故事大多发生在乡村，水边的乡村。传说，古代有一个叫四姑的女子，她的母爱就像大地一样宽阔。烧茨菰汤喂她的幼子，以珍稀的母乳乳邻家的遗孤，她推倒狭隘利己的围墙，让博爱的阳光无遮无碍。感化如流水，爱抚着每一棵水草的茎叶，人们尊四姑为"慈姑"，水草茨菰易名"慈姑"。后来，所有的乡村女子都叫慈姑。慈姑在田地里锄草，慈姑在土灶边煮饭，慈姑在河边洗衣……

除了"慈姑"，她还有燕尾草、剪刀草、茨菰、藕姑、茨菇等缤纷陆离的名字，属宿根性水生草本植物。在中国种植已有三百多年的历史。记忆中，那年暑假去娄底乡下的舅奶奶家住过一段时间，乡野的水田里和河塘边总是这儿一群那儿一伙地冒出墨绿色的慈姑来，泼皮、茁壮，又绿得滋润。她遍身碧绿的样子，带着湿漉漉的水气，有着出水芙蓉的清爽与灵气，而焕发出的生命感，在碧水的润泽下，似乎漫过整个池塘，甚至有些绿液沿着草色一路爬上岸，绿得恣意、奔放。四瓣小白花，深黄的蕊，如杏或栗的球茎，还有夺人心魂的燕尾般的叶子，字形尖头，一面是澄澈的水面，一面是无垠的苍穹，是终日仰望还是整日颔首？一切都在时间的静默之中。

慈姑的世界，已经不再是风情于水面的舞者或守望者了。周身碧绿的生长力量，带着水的温情，在水面之上的天空与水底之下的游鱼间，修炼成时间深处那潜滋暗长的思想者。能够与慈姑相遇，似乎有着天生的重逢，无言的质朴与肆意的生长，给人一种热流涌动的澎湃，却又恪守着天地有大美而不言的无穷尽。

要是走近慈姑，端详着茎上不染纤尘的花瓣，温润晶莹的黄蕊，从静谧里传递过来的柔软、内敛和恬静，如蹁跹的彩蝶停栖在绿茎上，风过处，婉约着你内心柔弱无力的疼。一瞬间，你也就跌落于水中慈姑的身旁了。物欲的膨胀与人性的贪婪，使得从自然中走出来的我们，还可以回到何处？我曾见到过有茨菰纹饰的青花瓷，将荷叶、莲花、莲蓬、茨菰叶系在一起的图案，称为"一把莲"，是一种吉祥纹饰，寓意着多子、慈孝等意思。还有的在民间风俗画中，把茨菰和柑橘画在一起，意寓瓜瓞绵绵。

人们对慈姑的食用由来已久。过去民间多把慈姑看作是荒年充饥的食物，它平时少有人食之，也无人种植，多是野生者。在冬天，把球茎从土中挖出食用，甚似出水的鲜鱼虾，爆炒慈姑、慈姑烧肉、米粉焖慈姑、炸慈姑片、慈姑炒咸菜等令人垂涎欲滴。南宋诗人陆游嗜吃慈姑，"掘得慈姑炊正熟，一杯苦劝护寒归"。作家沈从文、汪曾祺、陆文夫、车前子也吃过、写过，更有旅居海外的华人，在念叨故乡时，总要做上一道慈姑菜，以慰藉乡愁。

每年冬至，我都期待舅奶奶能来我家小住一段时间，不仅因为有茨菰吃，还因为我想知道舅奶奶的身体是否依旧硬朗。真正等到时，我都会想起汪曾祺那篇题为《故乡的食物之咸菜茨菰汤》的散文，想起文中写到的沈从文先生吃茨菰时的那句话："这个好！格比土豆高。"

紫鹊界梯田稻谷飘香

◎宾丝丝

　　紫鹊界是一个诗意浪漫的名字，总让人联想起鹊桥相会、牛郎织女的爱情故事。事实上，"紫鹊界"这个名字与牛郎织女无关，这里更像陶渊明笔下的世外桃源：云雾缭绕的山谷中，隐藏着大片大片的梯田，每逢日出雾散，阳光照在层层叠叠的梯田上，时有农人驱牛耕作，一派安宁祥和的景象……

　　紫鹊界梯田起源于秦汉，盛于宋明两代，已有二千余年的历史。苗、瑶两族是这个人间奇迹的始创者，它也是多民族数十代先民共同创造的南方稻作文化遗存。宋人章惇在《开梅山》一诗中就写道："人家迤逦见板屋，火耕硗确多畲田。"

梯田一块块小如碟、大如盆、长如带、弯如月的梯田层层垒起，仿佛一道天梯从山脚通往天际，宛如人间仙境。神奇的是，这里的梯田从未干涸过，即使山下大旱，这里也依然水声潺潺。被誉为"中国最美山岭雕刻"的云南哀牢山哈尼梯田和广西龙胜的龙脊梯田，早已是闻名全国的梯田风景。相比之下，湖南省娄底市新化县的紫鹊界梯田则犹如养在深闺的少女，少有人一睹其芳容。

水稻是紫鹊界梯田的灵魂。走近紫鹊界，仿佛走进了人类稻作文明的时空历史隧道：当紫鹊界第一位遥远得看不清面影的先民，试探地从始祖母手中接过第一粒粳稻播种下时，他也许没有意识到，他已引领人类跨入了农耕文明的门槛，迎来了梅山文化的第一缕曙光。那时，在我们这颗星球上，锄声还很脆弱，还很寥落，更多的是山风凄厉，林涛阵阵，虎啸狮吼，间或和着人类与猛兽的生死搏斗之音。只有在湖南澧县的城头山、道县玉蟾岩和黔阳县高庙的先民们，或前或后地遥相呼应，让锄声悠扬地响彻着远古的上空。

紫鹊界梯田是世界上唯一一个以纯岩隙水自流灌溉的梯田，加之植被、土、水、阳光的最佳组合，于是养育成最好的产物"黑香米"，亦称黑贡米，是由黑稻加工而成的黑糙米，有"药米""长寿米""黑珍珠"之美誉。作为稻作文化的一朵奇葩，紫鹊界贡米跨越古今隧道，见证千年文化，留下许多传奇故事。相传秦始皇统一全国后，为了寻找长生不老药，派人遍访灵丹圣草。臣子们来到地处湘西地区的紫鹊界奉家山，采集到一种"神药"，秦始皇吃后觉得筋骨舒展、浑身是劲、不知饥饿，定能延年益寿，称之为"长寿米"。后来乾隆皇帝下江南，吃了此米后则令新化县衙每年将此米进贡百担作为皇宫口粮，称为"贡米"。因为昔日产量极少，只能供皇家享用，叫做"帝王专用，天下无双"。如今黑香米已经进入平常百姓的餐桌。

金秋的紫鹊界正是最美的季节，温暖地照在层层叠叠的稻田上。沉沉的稻子正在泛黄，蜿蜒的田埂如同潮水澎湃，十分壮美。漫步紫鹊界，踩着历史的琴弦，深吸一口稻香，感受这份安静的田园风光：金色稻田、潺潺溪流、嗡嗡水车、袅袅炊烟……置身紫鹊界，你会觉得，哪怕是做一蔸稻禾也是幸福的！

大熊山上数不清的花草树木

◎宾丝丝

　　大熊山在湖南娄底市新化县北部，距县城60公里，有"帝王圣山、生态名山、宗教神山"的美誉。这是一方钟灵毓秀的人文圣山，相传是中华三大始祖之一的蚩尤的世居地，也是蚩尤文明的发祥地，《史记》还有"黄帝登湘熊"的记载。数千年后，喜爱山水的乾隆觅迹而来，在此留有"十里屏开独标清胜，熊峰鼎峙半吐精华"的墨宝。

　　大熊山国家森林公园，总面积17.69万亩，森林覆盖率达93%，现有植物1859种，其中有国家重点保护野生植物43种。这里古林怪树、奇花异草、珍稀生物遍布，是湘中地区最大的物种基因库。

走进三万余亩的原始次生林，犹如进入了古老的神话世界，满眼是参天古树，看不到天，望不着边，只偶尔从翠绿的树叶间漏进几缕阳光。空气是静止的，时光是透明的，没有喧哗，没有烦乱，只有鸟鸣和远处不时传来的阵阵猛兽的叫声。这里，是人类真正的净土。在北坡原始次生林内，有两处原生南方红豆杉群落。群落位于海拔1 200米—1 400米的地方，面积50亩—80亩，多的一处有二百多株，少的一处也有百多株。树高均在10米—30米，胸径最小的仅0.3米，最大的有1.4米。

令人称奇的是，"湖南百景"之一中华银杏王也在园内，这株树已有一千六百余岁了，主干虽显苍老，但仍枝繁叶茂，秋天果实累累。这棵树的特别之处是，中部枝头的基部，长出许多不定根悬挂其上，犹如一根根"钟乳石"，形状十分优美。这种根十几年才长1厘米，而这棵树上的不定根长的有近1米，堪称一绝。相传蚩尤战败后，其残部回归大熊山以狩猎捕鱼为生，在山上带领九黎族部落普植梅树、杜鹃树、枫树。因此，秋天满目红枫，寄托着远古先人"雪里梅花开，迎来万山红"的憧憬。

巍巍大熊山，还有一眼望不到边的杜鹃花海。从海拔700米左右的山地开始，一直延伸到海拔1 500米左右的地段，上下十余里，纵横近百里，全是成片的野生杜鹃，令人叹为观止。加上海拔700米以下，还有零星分布的红花杜鹃，由于海拔带来的温差，大熊山的杜鹃景观能从4月初一直延续至5月中旬，花期一月有余，足够等来爱花之人。特别是在海拔700米—1 000米分布的浅红色鹿角杜鹃和海拔1 000米—1 500米分布的红花杜鹃，花开的时节，艳美如画。除杜鹃花外，大熊山还有木芙蓉、樱桃花、龙虾花、云锦杜鹃等花卉植物二百多种，一年四季均有山花可赏。木本花卉睁眼可见，草本花卉虽屈居林下，但花开季节，依然香满山野。

季节的转换，不断改变大熊山的容颜，而天气的多变又不时给大熊山套上美丽有致的时装。有时山下阳光璀璨，山上却云遮雾罩，特别是雨过之后，雾气从山涧产生，直冲山顶，汹涌而上，气势逼人。"熊山四季皆美景，唯有腊冬景更佳。"每年11月至次年3月，海拔1 000米以上的山头，由云雾在树枝上凝结而成的雾凇、雨凇轻盈洁白、晶莹剔透，犹如置身天宫的琼楼玉宇，沉醉在大熊山如诗如画的仙境中。

"千年神奇"的古紫薇

◎宾丝丝

在湖南娄底新化县奉家镇古桃花源，有株被当地村民称为"千年神奇"的古紫薇。这株"千年神奇"古紫薇的生长地，位于许家村七组村民奉光华屋对面的奉上公路旁，海拔510米左右，是通往贺龙、任弼时、关向应、王震和萧克等北上长征司令部旧址（今奉家镇上团管区办公楼）和奉家古桃花源必经之地。当地村民奉光华从祖辈起就居住在这株"千年神奇"古紫薇树的对面，据说，这株古紫薇寿龄已有一千二百多年，是"中南五省"最大的紫薇树。

紫薇树的树龄很长，生命力十分顽强，是树木中一种奇特的树种。而这株古紫薇树还另外有"四奇"。第一奇，古树的根系不仅把周围的石头全包裹住，而且露在外面的根系光洁如玉，主根系延伸达五十余米。第二奇，古树根基内隐藏着一个千年土地庙，当地村民每逢过年过节或喜庆之日都要来到树下祭祀祈福求财。第三奇，古树的一支像手臂一样的枝干的树洞中长着一株三十多年的花美果甜的樱桃树，樱桃树每年都开花结果，而在它的主树干离地 1.5 米之处的树洞内又长着一株二十多年枝繁叶茂的"王子"杉树。当地村民形容为"一对王子公主相伴太上老君"。第四奇，古树开花特别，每年开花但不是整树都开，而只是某一部位开，最为神奇的是它开花的部位所指向的地方当年风调雨顺，五谷丰登。正因为它这么"神奇"，每年有上万人来这株"千年神奇"古紫薇树下祈福。

中国栽植紫薇的历史悠久。东晋王嘉《拾遗记》是最早记载紫薇栽植的文献，中国栽植紫薇至少有 1700 年历史，现存古紫薇树多为明代时期所植。有趣的是，紫薇在唐代还是官名。据《新唐书·百官志》载："开元元年，改中书省曰紫薇省，中书令曰紫薇令。"中唐大诗人白居易在《直中书省》诗中自称"紫薇郎"："丝纶阁下文书静，钟鼓楼中刻漏长。独坐黄昏谁是伴？紫薇花对紫薇郎。"白居易将紫薇花拟人化的诗歌，在诗坛引起强烈反响。晚唐诗人杜牧曾官中书舍人，当时有"紫薇舍人杜紫薇"之称。他亦有咏紫薇："晓迎秋露一枝新，不占园中最上春。"用紫薇花喻其清高脱俗。无独有偶，北宋文坛领袖欧阳修："亭亭紫薇花，向我如有意。"形象思维，更进一层。南宋时咏紫薇花诗作不少，杨万里写得最生动："似痴如醉丽还佳，露压风欺分外斜。谁道花红无百日，紫薇长放半年花。"前两句以拟人手法写树姿婆娑，赞其弱中带刚；后两句道出紫薇花颠覆了"花无百日红"的旧观念，极富哲理。明代咏紫薇不乏佳作，薛蕙的《紫薇》诗较为直白写实："紫薇花最久，烂熳十旬期。夏日逾秋序，新花续放枝。"后两句可视为妙句，非执着的观察者不能道。文人雅士注重紫薇所代表的文化品格和人格魅力，寻常百姓却更喜爱紫薇花带来的美好寓意。

紫薇花盛开，宛如紫霞，犹如花海。群绿之中一团团艳丽的紫花，把盛夏的古桃花源点缀得更加绚丽、格外温馨，如果来新化奉家古桃花源，一定别忘了看看这株千年古紫薇树。

榴花开欲燃

◎黄　菲

　　写石榴花的诗句中，我最喜欢"微雨过，小荷翻，榴花开欲燃"。"开欲燃"三个字实在绝妙，想来想去，只有石榴花当得起。红色的花很多，但红得这样热烈明艳，似乎马上就要燃烧起来的，唯有石榴花了。

　　古代女子常将石榴花簪在头发上，杜牧于是写道："一朵佳人玉钗上，只疑烧却翠云鬟。"石榴花明艳似火，花瓣又轻薄如绢，会不会燃烧起来，烧着了佳人的秀发。徐渭甚至担心整条街都会被"开欲燃"的石榴花烧起来："石榴花发街欲焚，蟠枝屈朵皆崩云。千门万户买不尽，剩将女儿染红裙。"榴花的红，是浓度极高的红，自南北朝时起，女子便从石榴花中提取红色染红裙子，故红裙亦被称为"石榴裙"。"拜倒在石榴裙下"的说法便出自于此。

　　石榴原产自西亚，汉代经张骞引入中国，植于长安上林苑，武帝喜爱，后又命人栽植于骊山温泉宫。石榴花是符合中国人喜好的花。传统的中国人向来钟爱红色，很多人都喜欢在庭院里种植石榴，祈愿生活如石榴花般红火。明朝的插花理论中，石榴花总是被列为花主，称为花盟主，栀子、蜀葵、石竹、紫薇等则被称为花客卿或花使令。石榴更是因其"多子（籽）多福"深受喜爱，民间婚嫁，常于新房置放切开果皮、露出浆果的石榴。

"五月榴花照眼明。"农历五月是石榴花开最艳的季节，五月因此又称"榴月"。石榴花极尽娇艳，但其花神却令人大跌眼镜，那就是传说中"捉鬼"的钟馗。民间所绘的钟馗画像，耳边都插着一朵艳红的石榴花。以火样性格的钟馗来做"开欲燃"的石榴花的花神，可见古代民众有着何等诗意的想象。

石榴花谢了几个月后，红彤彤的石榴缀满了枝头。晋代潘岳称石榴为天下奇树九州名果，曾为石榴作赋云："似琉璃之栖邓林，若珊瑚之映绿水。光明磷烂，含丹耀紫。味滋芳神，色丽琼蕊。遥而望之，焕若随珠耀重渊。详而察之，灼若列宿出云间。"打开一个石榴，就像打开一个装满了珠宝的匣子，那满满"一肚子"的石榴籽，明澈如水晶，莹润如珍珠，晶莹剔透，光华流转。

以前总觉得石榴是一种美而不惠的水果。一大把石榴籽放进嘴里，得吐出一大把核，只能得一点儿酸酸甜甜的汁水，图什么呀？也就是吃个情趣吧。直到有一次，一位同事给我吃他从老家带来的石榴，籽粒饱满，口感清甜，果汁丰盈，更奇妙的是，石榴籽是软的，轻轻一嚼，就能吞咽下去。

同事说，这是七星突尼斯软石榴，是他的家乡涟源七星镇种植的。1986年突尼斯和中国建交时，将软籽石榴作为国宝赠送给中国。2009年，他的家乡涟源七星镇引种突尼斯软籽石榴，现在树龄已有9年，种植面积达4 600亩，根深叶茂，生机勃勃，每年硕果累累。七星突尼斯软石榴个大皮薄，色泽艳丽，饱满多汁，清甜可口，每年一上市就备受欢迎。尤其近两年成功尝试"互联网＋石榴"的营销模式后，更是风靡一时。他一脸骄傲的表情说，石榴就是我们的幸福之树、红火之花、吉祥之果，因为石榴，乡亲们脱贫致富了，七星镇也成了特色旅游小镇，今年还举办了第一届涟源七星石榴赏花节。我想象着那4 600亩种满了石榴树的小镇，夏天时开满明艳的花朵，秋天时挂满璀璨的石榴，不禁心驰神往。

"荷树下"的荷树

◎宾丝丝

"小径挑粮岂可忘，五里横排遣槲（荷）树"——这是郭沫若参观黄洋界荷树时吟出的诗句。

诗句中提到的那株荷树位于江西省井冈山黄洋界五里排山巅上，这里曾是当年红军从宁冈挑粮上山的必经之路。1928年冬，毛泽东、朱德在井冈山军民挑粮上山时，常在这棵树下歇脚。一天，毛泽东问战士们，站在荷树下能看多远？战士答："能看到江西和湖南。"毛泽东听后坚毅地说："站在这里不仅能看到江西和湖南，而且还要看到全中国、全世界。"不仅如此，那里还留下了"朱德的扁担"的美谈。耸立在山岗之间的荷树，静静地张开繁茂的枝叶，傲视群林，引人注目。它连着一段光辉的历史，记录着一则则毛泽东、朱德与红军战士们的故事。

无独有偶，在湖南娄底紫鹊界龙普梯田，一个叫"荷树下"自然村的稻田中，也生长着一株荷树，据说，已有几百年的历史。古树郁郁苍苍，虬枝龙盘，巨大的树蔸"坐"在稻田中。该树集灵芝、蛇、鹊于一体，很是奇异。一直以来，这株荷树很受当地人敬重，这里流传着一则荷树见证过贺龙红军队伍的传说：1935 年 12 月中旬，贺龙、任弼时、关向应、王震、肖克率领的红二、六军团长征队伍，从新化县奉家镇上团村出发，翻过紫鹊大山的丫髻寨，再从龙普"荷树下"附近穿过，到达锡溪，当地农会组织积极为部队征粮送衣。红军在得到充分的补给后，消灭了保安团一个营，生俘 100 人，史称"鸭田大捷"。荷树成了贺龙红军队伍长征的见证者之一。"黄洋界荷树"和"紫鹊界荷树"虽生在不同的地方，却各自见证了红军队伍的长征。它苍劲挺拔，远远望去，犹如一位历经沧桑的老人，又像一位凛然不可侵犯的红军战士。

荷树在湖南并不罕见，邵阳、浏阳等地就有大面积种植。许多地方甚至以荷树为地名，如荷树坳、荷树乡、荷树下、荷树湾等，"荷树"也就成了地标性的树。荷树又名荷木，也叫木荷、木艾、柯树，古称木奴。属山茶科常绿乔木。荷树花开在每年的孟春至初夏，花朵由五个花瓣组成，那白色的花瓣，淡黄色的花蕊，素洁如银，形若吊钟，芳香弥漫。尤其是每年的 5 月，高大婆娑的荷树尽是一片白色的花海，让人有那种"闺中女儿惜春暮，忍踏落花来复去"的韵味，再看那一树荷树花"白苞簇簇满天雪，黄蕊丝丝一树芳。风雨吹陨何须怨，踏入泥径犹闻香"。待先花后叶长出嫩绿，色泽殷红的嫩叶片，让人看似平常普通，一朵一朵，一簇一簇，却又不是花朵胜似花朵，点缀着初夏的风景。

初夏的风景不只有荷树，紫鹊界龙普梯田一年四季有 60 日以上可看到雾气或者骤雨后形成的大片云海，其云雾在山黛之间流动，在梯田之中缥缈。当阳光洒满田畴，面与线显得更加突出，点缀于田园阡陌间的座座板屋，炊烟袅袅，融入薄薄轻纱晨雾之中，营造出一种近处清楚，远处朦胧的意境。特别在这里看日出，天边的朝霞与地面的白雾交相辉映，其色彩瞬息万变，幻化无穷，可谓天下奇观。水奉公路在这片梯田中盘旋，似山舞银蛇，更是让夏日的景色美不胜收。

伴随旭日东升，穿过无数弯弯曲曲的紫鹊界龙普梯田，沿着田埂小径朝荷树的方向走去。远远地就能听到荷树叶被风刮起的沙沙声，似乎在告诉我们：它从硝烟中走来，是曾经那段历史无言的见证；它似乎还是一串已组成曲的音符，正为我们弹奏一首已沉淀在我们心底 80 年的荣光进行曲。

只在冬天"醒来"的距瓣尾囊草

◎宾丝丝

　　它们从遥远的泥盆纪一路苦行到如今的悬崖峭壁上；它们的发现纯属偶然，就像牛顿发现地心引力一样。

　　1925年的一天，美籍奥地利植物学家、探险家约瑟夫·洛克来到我国四川江油，在涪江上游首次发现了一种蓝色的，花瓣近似五角星的小花。随即在植物学界引发轰动。因其花瓣上的"长距"而得名"距瓣尾囊草"。然而，这个新物种如璀璨星辰惊现世间，很快如流星划过天际，湮没于荏苒时光中。此后，距瓣尾囊草从世间销声匿迹，再无国内外学者采集到，距瓣尾囊草渐渐变成传奇。

　　但生命有多少无法预料的时刻，我们总是在最深的绝望里，遇见最美丽的惊喜。谁也没有料到，距瓣尾囊草再次被人发现，竟已是80年后。人们犹如拾到被封藏已久的夜明珠，轻轻拭去灰尘后待它熠熠生辉。

2005 年，一位植物工作者在考察过程中，于四川一处水库工地的悬崖边再次发现了距瓣尾囊草的身影，欣喜的是，苛刻的环境并没有让这个珍稀物种消亡。距瓣尾囊草的突然间再次现世，轰动了植物学界。

尾囊草是毛茛科尾囊草属植物，全部自然分布在我国境内，分别是尾囊草和距瓣尾囊草，而距瓣尾囊草十分罕见，是我国种子植物特有属。距瓣尾囊草之所以如此珍贵，是因为它们的数量极少，历史悠久，再加上其生长环境的苛刻极大地限制了距瓣尾囊草的分布范围和种群数量，艰苦的自然条件也让其野外发芽率变得极低，因此更为罕见，全球仅存 2 026 株，被称为"植物界中的大熊猫"。

它们看似一株小草，却对栖息环境要求很高，一般只有在悬崖峭壁，半阴半阳的独特地方才能够见到它们的踪影。它们是典型的依赖石灰岩地质的喜钙物种，喜欢生长在半风化状石灰岩裂缝内的腐殖土层上，而这一石灰岩类型起源于距今 4 亿—3.6 亿年前的泥盆纪。由于有了一个 "避难所"，这种古老的植物才有幸繁衍到今天。在湖南省涟源市湄江镇湄峰湖观音崖山腰上就发现了这一珍稀植物。湄峰湖湿地公园是天然的森林大氧吧，这里卧虎藏龙，距瓣尾囊草就藏匿其中。此前仅在我国四川被发现过。湄江地区被发现时仅有零星几十株，通过有序保护，已发展到近千株。

距瓣尾囊草不仅名字很特别，习性也特别有意思。和大多数的植物夏开花冬枯萎不同，它只在秋冬复苏开花，夏天枯萎，属于少见的"夏枯型"草本植物。神奇的是，它的叶子和花还会随着季节和温度的变化而变化，从浅绿变到深紫蓝、从天蓝色到淡紫色的转变。艳丽的花朵是温带地区不可多得的观赏植物。

距瓣尾囊草开出零零散散的蓝紫色小花，花蕊是嫩黄色。在萧瑟的冬季，会让人眼前一亮。仔细观察，它们一共有五个花瓣，从正面看上去，形状像一个个小五星，又像极某种兰花。其叶子正面是绿色，背面却呈淡紫色，茎和叶片背面长满了细细的短绒毛，每支茎上都长有三片叶子，而每片叶子前端，又像被锯子锯过一样，"裂"开了两条小缝隙。很多人想亲眼一睹这株只在冬天"醒来"的小草，不仅因为它们的稀有，还因为它们是"植物活化石"，能存活至今无疑是幸运的，还有更多植物在时间的消融下，还未被人类发现便已消失。

曾国藩故里的千年连理枝

◎宾丝丝

　　"高嵋山下是侬家，年年岁岁斗物华。老柏有情还忆我，夭桃无语自开花。几回南国思红豆，曾记西风浣碧纱。最是故园难忘处，待莺亭畔路三叉。"这是曾国藩24岁赴京城参加会考时写的一首律诗，除了表达浓浓的思乡之情外，也生动地描绘了娄底双峰荷叶一带迷人的乡村风景。

　　曾国藩故里双峰荷叶不仅文化底蕴深厚，而且有着优美的自然风光，九峰山的神奇、天子坪的神秘、黄巢山的险峻、铜梁山的秀丽、紫云峰的壮美以及白石峰的气势，都能让人们感受到荷叶山水的无穷魅力，同时也能从这些地方寻觅到王船山、邓显鹤、曾国藩、秋瑾、蔡和森、蔡畅等先贤的足迹。

　　从曾国藩第二故居黄金堂向西行几里山路，就到了九峰山森林公园，九峰山一山孤立，山势雄伟，翠拥层峦，为南岳七十二峰之"少祖"，主峰正托峰海拔750米，与南岳祝融峰相对峙。九峰山顶峰四周树林葱茏，花草茂盛，站在山顶，极目四周，绚丽如画的锦绣河山和田园风光尽收眼底。曾氏家族世居九峰山下。幼年曾国藩，和普通农家孩子一样，到九峰山打柴，放牛，进私塾读《三字经》和四书五经。大山的钟灵、小溪的涓秀、历史文化的熏陶以及农耕文化的积淀，让幼小的曾国藩显得特别聪颖、超脱，犹如九峰山上的翠竹，挺拔、俊秀，犹如九峰山上的五棵松，迎风傲立、坚韧顽强。自道光十八年曾国藩中进士后，曾家对九峰山的"灵气"甚为重视。咸丰七年二月，曾国藩从江西军中返湘回荷叶为父亲奔丧。是年秋，与同砚尧阶十五爷同登九峰山，有《丁巳秋日偕曾涤生游九峰山的古路坪庵》七律一首为证。为了制止乱砍滥伐，保护古刹，曾家几代人相继而出，禀告县令，立碑卫护，至今在九峰山中，还完整地保留着曾国藩祖父星冈公、曾国藩四弟澄候公及曾国藩侄子曾纪梁、曾纪渠请湘乡县令颁立的三块碑刻。

定慧庵位于九峰山主峰正托峰，此处可眺望山下的大锣坪。唐大历年间，僧人定静、慧极建庵于此，千年古刹因而得名，为湖南佛教发源地之一。定慧庵前，有始于唐代的三株银杏和一株皂角树，至今枝叶婆娑，青翠欲滴。树高超过九层楼房，胸围需三人合抱，树势雄伟，其叶青翠稠密，叶形似扇，姿态秀丽。最为神奇的是两株雄性银杏树，并排站立近千年，它们受到定慧庵寺院香火的熏陶、佛光的灵照，经春阳酥雨的沐浴、大自然的造化，已成为世上极其罕见的雄性"千年连理枝"。只见在树高五米的地方，由一条脸盆粗、四米长的巨枝把两树连接，活像一双连体的孪生兄弟，又像一对交臂言欢、永不分离的亲友；像父子携手并立，又像挚友拥抱相昵……千百年来，定慧庵前的"千年连理枝"，伴随着历史的滚滚风云，淡然观看时光流逝和风云变迁。从曾国藩的家书及其后代的诗文中可以看出，这里还是曾府（曾国藩）的家教馆。曾国藩既注重督促子女读书，也注意培养子女的节操品行。一百多年来，曾氏门庭名人辈出，多有所成。曾国藩曾留下十六字箴言家风："家俭则兴，人勤则健；能勤能俭，永不贫贱。"这深深地影响了曾氏族人，也对湖湘文化乃至整个近代中国传统文化影响深远。

望着历经沧桑，被无情岁月留下斑斑记忆的"千年连理枝"，仿佛又见少年曾国藩冒着纷纷扬扬的大雪，来到定慧庵读书时求知若渴的执着和诚意……

雪峰山那一口延续千年的茶香
◎宾丝丝

　　梅山，古时雪峰山脉的旧称。位于湖南省中部，地跨新化、安化、冷水江全境。莽莽苍苍，绵延千里。自古以来便由于山高路险、交通闭塞，所以山中所产无多，"惟茶甲于诸州县，山崖水畔，不种自生"。几个世纪以来，当地一直以茶为生。而独特的地理造就的不仅是独特的梅山文化，更造就了中国贡茶历史最悠久的名茶——湘妃茶。

　　"湖南三绝走天下，王烟鬼酒湘妃茶。"三绝之一的湘妃茶，又名蒙洱茶。蒙洱茶产于海拔一千八百多米高的雪峰山脉深山区——湖南省新化县奉家山蒙洱冲。此地因山高谷深，云雾如海，溪多泉清湿度大、岩峭坡陡能蔽日，土层深厚、肥沃，昼夜温差较大，风清气润，无任何污染。在这样独特的自然环境里，茶树终日被高山云雾所笼罩，因而叶肥汁多，经久耐泡。更为奇特的是采茶之时正值此地漫山遍野的兰花盛开的季节，花香的熏染，使蒙洱茶格外清香，风味更加独特。采茶的最佳时间为清明节前后 7 到 10 天内，雨天、风霜天以及有虫伤、细瘦、弯曲、空心、茶芽开口、茶芽发紫、不合尺寸等缺陷的都不适合采摘。蒙洱茶根据制作方法不同，分有蒙洱月芽、蒙洱太空茶、蒙洱银针，渠江薄片等。其中鏊字岩茶，以出产贡茶闻名于世，至今已享誉千年。

　　蒙洱茶历史悠久，唐代已经生产，且名声大噪。唐朝贞观年间，文成公主嫁给西藏松赞干布为妻，曾带蒙洱茶为嫁妆。后梁时，列为宫廷贡茶，历代相袭。唐末五代毛文锡《茶谱》载："潭、邵之间有渠江，中有茶，而多毒蛇猛兽。乡人每年采撷不过十六七斤。其色如铁，而芳香异常，烹之无滓也。"又载："蒙洱茶，不过百余株也。"蒙洱茶秉承古老的制法，外形细紧勾曲，汤色清澈橙黄，香气高爽持久，滋味甘醇鲜爽，叶底幼嫩明洁，久置不变其味。冲泡时嫩芽在杯中浮上沉下，几番起伏，终集聚一团，沉于杯底，犹如少女起舞。心平气和品味，别具一番风味。1957年蒙洱茶被评为中国十大历史文化名茶。

蒙洱茶的最初产地，是奉家山的蒙洱冲。在奉家山蒙洱冲下一公里处，有个村庄叫鋈字岩村。这里谷深林茂，层峦叠嶂，树木密布，河流纵横。常年云雾迷漫，土壤肥沃，雨量充沛。野生茶树极多，生长茂盛，茶芽极嫩，有"山崖水畔，不种自生"的赞颂。

当地有一个古老神奇的传说：在唐代时期，八仙之一的张果老骑着毛驴经过奉家山，口渴进农家讨茶喝，当时天寒地冻，热忱的农民怕张果老喝不得凉茶，特意为他烧制一壶野生浓茶，浓郁的热茶温暖了张果老的身子。张果老感佩茶农的古道热肠，在奉家山渠江边的巨石上挥笔写下一个"茶"字，又点化周边的野生茶树百来蔸为一片茶园。第二年春天，茶园的茶叶生长格外茂盛，茶叶香气弥漫，味道浓厚鲜甜，清香可口，饮者回味无穷。当地农民把这座鋈字岩茶园视为仙茶，并把写有"茶"字的巨石称之为鋈字岩。据《新化县志》记载，这里的山民直到宋代才向朝廷纳税，但也仅仅以贡茶代税，贡茶极少，"年产贡茶十六七斤"。宋代吴淑的《茶赋》所述："夫其涤烦疗渴，换骨轻身，茶荈之利，其功若神，则古币贡茶也，西山白露，云垂绿脚，香浮碧乳。"鋈字岩茶列为宋代茶苑中的名品。明末哲学家方以智所著《通雅》中有载："鋈字岩茶……此唐宋时产茶地及名也。"可见，唐、宋、明乃至清朝时期，鋈字岩茶一直是公认的茶之名品。1368年，明太祖朱元璋登基成帝，将鋈字岩茶列为皇宫贡茶，自明朝洪武年间到清代道光年间，鋈字岩茶贡茶历史长达五百年之久，成为当世现存的贡茶历史最悠久的茗品，堪称湖南贡茶极品。

中华民族的色彩里，翠绿的一部分，便是被这一种植物——茶的一片片叶子数千年之间酿造的、浸泡的。当你再次品味蒙洱茶时，是否已经感受到浓浓的历史味和茶水中泛起的文化波澜呢？

杨梅红了，杨梅醉了

◎宾丝丝

"遥望故乡，六月的天空，相思又伴着杨梅生。想你的红颜，想你的晶莹，人生的旅途有了丝丝的温馨。杨梅红了，杨梅醉了，一杯梅酒把长长的乡愁抚平。杨梅红了，杨梅醉了，天涯浪迹杨梅是那采不尽的乡情……"曼妙的歌声响起，让炎炎的夏日多了一种清新的感觉，凉凉地直钻入人心里去。对于中国人而言，乡愁常常由一些意象带起。诸如故乡在很多人的印象中，离不开家门前的鱼塘、青石板路、翘角飞檐的老宅以及小山村里的袅袅炊烟。其实，乡愁不仅可想、可感、可思、可忆，还可品。品是味蕾上裙袂翩翩的乡愁。

在我的故乡湖南娄底，有一种花开含笑的声音，有一种如美人容颜的果子，它于三四月间悄然开绽，绽出一片生命的玫瑰红；又于五六月间俏笑枝头，闪红烁紫、凝翠流碧间，这种神奇的果子便是杨梅。它的味道甘之如饴，却不是一甜到底。这种味道透过味蕾传达给我们的神经，激活了大脑里那种几乎可以被称作遗传记忆的东西，然后一种撩人心魄的滋味就如同历史画卷一样在我的想象中展开。

众所周知，中国文人对于饮食都很讲究，甚至苛刻。孔子说过："失饪不食，不时不食。割不正，不食。"但"宁可食无肉，不可居无竹"的苏大胡子有一度不谈竹子，跟人说："闽广荔枝，西凉葡萄，未若吴越杨梅。"可见杨梅的味道是多么诱人了！杨梅因为文人的轻轻一笔，被附着上一层文化的色彩。明朝南京礼部尚书孙升因为吃不上故乡的杨梅，大发感慨："自从名系金龟籍，每岁尝时不在家。"一时间，乡愁所至，便诗情汹涌。其实，闲时折一

片杨梅叶子更可吹响故乡的绿意，杨柳依依，随风飘拂。

故乡六月天，相思伴杨梅。娄底冷水江市铁山素有"杨梅之乡"的美称，这里的杨梅有近六百年的历史，以甜中带酸的独特风味闻名遐迩，正如南宋诗人方岳所赞："众口但遍甜似蜜，宁知奇处是微酸。"走进铁山村，不论山上山下、屋前屋后，村民都栽满了杨梅树，这些杨梅树有着六百年的树龄。每年端午节前后，铁山的杨梅就成熟了，空气中迷漫着杨梅的气味，那酸酸甜甜的气息飘荡而来，让人不得不多吸几口酸甜的空气，顿时口中生津，精神陡振。

大俗大雅是杨梅的风格。文人墨客也好，贩夫走卒也罢，遇着杨梅，就像遇着一盘绝世的珍馐，舍不得走了。或是果腹，或是品尝，杨梅都经得起推敲。村里的人们勤劳而能干，登山爬树，气不喘面不红，摘起杨梅来，双手翻飞，像是装了灵巧的机簧。摘了杨梅装在筐里，盖上狼棘草，便像是待嫁的小姑娘。每有客到，村民们必先让他们尝一个饱，吃完再让他们用井水畅快地洗一个脸，就此结下一段新的友谊。当此情形，正应了孔老夫子的一句话："有朋自远方来，不亦乐乎！"客人每每都是乘兴而来，兴尽而返，从未有带着失望走的。

有人说，味蕾的形状有点像杨梅，是因为它承载了杨梅的乡愁，这抹乡愁抹不去，辗转反侧的时候烙下了印记。或许是吧。记忆中的那些口感，因岁月老去而历久弥新，于只身远游的路上，时时诱发你"不如归去"的念头。昨夜梦中，看见故乡的炊烟袅袅，听见了杨梅红时的那一坡笑声……

邵阳篇

相传古时有一苍龙携八小龙自境内九龙山麓启程，往东海腾飞，中途回望，昔日盘地，云蒸霞蔚，金银花艳，顿生恋故之情，于是折首回归，安营九龙。从此，润物造化，衍育众生，民族交融。正可谓：九龙回头云霞散，金银花开别离难。

一杯敬云山，一杯敬过往

◎易　欢

人们以茶会友，谈古论今。不管是西湖龙井、太湖碧螺春、黄山毛峰，还是信阳毛尖、安徽祁红，在我心里永远是云山芽茶最好喝。

云山位于武冈县城南 7.5 公里。自山麓至山顶，盘蹬而上 5 公里，峰峦簇峙，云雾缭绕。据清光绪《武冈州志》记载，云山为七十三峰，一峰飞去靖州城外，遂成胜景，余峰名多失考，唯紫霄、日华、月华、芙蓉、香炉著称，称道家六十九福地。云山风景秀丽，素为旅游胜地，古今名人题咏甚多；宋高宗赵构感叹曰："云山七十一峰，烟云变幻。"明代礼部主事潘应星曾题"仙桥横汉""崖前帘水"等十景。原国家领导人华国锋亦题为"楚南胜境"。

如今越来越多的人知道这里有秀丽的风景，但大家还不知道在翠绿的大云山间有一片很大的茶林，每年春天都会长出嫩嫩的新芽，吸引着慕名而来的游客采摘。

武冈云山芽茶早在康熙二年（公元 1663 年）被定为贡茶，此茶兼有多种药用功效，光绪三十四年，武冈共输出茶叶 19.65 吨。抗日战争时期，武冈县城一度成为内外物资转运枢纽之一，茶叶也由此地集散。如今，当地的人们都有采茶、制茶、品茶的习惯，云山芽茶是大自然馈赠给人们最好的礼物。

清明时节，无论是白发苍苍的老者还是帅气美丽的少男少女，大家都会相约一起采摘新茶。在雾气升腾间，隐隐约约，你的一袭白衣，在遥远的山涧山花烂漫中无比妩媚。柳叶为你画眉，溪水清澄你的双眸，花香缭绕你坚挺的鼻翼，山茶花绽放你朱唇微启。笑语盈盈，满山回荡，茶园的嫩芽，在你的指尖折弯了腰，纷纷欢快地跳入你背后的竹篓。

采摘回来后，通过揉捻、发酵、干燥等原生态制作法加工，一股清香就会扑鼻而来。捧杯沏茶，开水向杯里一倒，马上看到一团白雾腾空而起，就像一位翩翩起舞的仙女，过了一会，又慢慢下沉，就像是雪花坠落一般，惟妙惟肖。茶香在闭目中诞生，也在闭目中消失。

浊一壶老酒、泡一杯清茶，立身于山林之间，期待与你有一场美丽的邂逅！

一杯敬云山，一杯敬过往！

城步虫茶俏天下

◎易 欢

　　是吗？虫也可以做茶？邵阳城步长安营就有一种誉满国内外的名产——虫茶。

　　暮春时节，茶农采摘茶枝鲜叶，用箩筐、木桶贮存起来，几个月之后，茶叶均被虫子吃光，所剩的是渣滓和虫屎。虫屎呈黑褐色，好似油菜子。人们饮用它，能止渴充饥，清心提神，还能降血压、顺气、解毒、消肿。清朝雍正年间，虫茶就被列为贡品。现在，虫茶备受海内外茶客的青睐。

　　据说，城步当地居民饮食虫茶的习俗从明代开始就流传于长安营乡民间，距今已有一千多年的历史，明代李时珍的《本草纲目》和清光绪的《城步县乡土志》

中均有城步虫茶的记载。据清代光绪年间修的《城步乡土志·卷五》记载："茶有八峒茶……亦有茶虽粗恶，置之旧笼一二年或数年，茶悉化为虫，故名之虫茶，茶收贮经久，大能消痰顺气。"相传在清朝雍正年间（公元1723－1735年），皇帝对少数民族聚居地区实行改土归流，引起少数民族人民的不满。清乾隆三年（公元1738年），横岭洞一带爆发了由粟贤宇、杨清保领导的苗民起义。清廷为之震惊，于乾隆五年（公元1740年）下令湘桂黔三省总督出兵进行血腥镇压。随后，便在横岭洞设置湖南长安营总府和理瑶同知署，残酷压迫和剥削苗、瑶等族人民。

长年被赶进深山岩洞的老百姓，把山果野菜吃完了，只好采食满身荆棘的灌木苦茶（今叫三叶海棠）枝鲜叶。这种叶子放在口里咀嚼，开始感到又涩又苦，过一会儿便觉得又凉又甜，若再喝点冷水咽下，又感甘美神爽。

从此，当地老百姓每年暮春时节，便大量采摘苦茶枝鲜叶，用箩筐、木桶储存起来。过了几个月，叶子都被一种小虫子吃光了，所剩的只是一些渣滓和虫粪。人们在惋惜之余，试探性地将残渣、虫粪放进沸水里。顷刻间，发现渣滓颗粒的四周泡浸出一丝丝黄红色的茶汁，香气扑鼻。有人试着一喝，分外舒适可口，于是，消息迅速传开，当地老百姓便有意制作虫茶了。后来长安营总府的官员们知道了，为了向皇上献媚取宠，便下令当地百姓大制虫茶，用树皮做成精致漂亮的包装盒，外裱红纸，半斤一盒，作为珍品每年向朝廷进贡，所以虫茶又称为"贡茶"。

虫茶的主要品种有三叶虫茶、白茶虫茶和化香虫茶。三叶虫茶仅为湖南城步县所产，产量最为稀少，价格每斤动辄万元以上，市场少见。从2009年，中央电视台《走进科学》节目专题报道城步虫茶后，城步虫茶名气更是大增。三叶虫茶的口感似普洱，汤色清亮，与高档红酒相同。

目前，外销虫茶已经成为长安营村当地村民的一个重要收入来源。县委、县政府近年来积极出台相关优惠政策，推动虫茶的产业化发展。2010年，在县政府的支持下，虫茶传承人罗瑞牵头成立了长安营虫茶专业合作社，并采用仿野生环境下培植三叶海棠，经过几年的生长期，三叶海棠于2013年终于开摘。2014年，长安营虫茶专业合作社产虫茶6 000多斤，实现产值160万元。

崀山上的奇花异草

◎易　欢

　　在交通不便的古代，大山大水往往是一道天然屏障，山南与山北景观气候各不相同，河东与河西风俗各异。中国的省级行政区域边界的划分大多以不规则的山川地形为重要的分界线，而这些分界线所处的位置，自然景观往往如同仙境，动植物种类繁多，为远离城市的生态的孤岛。

　　位于湘西南新宁县境内的崀山就是一座名副其实的生态孤岛。久居大城市，偶尔来大自然环境里放松身心是最惬意的事情。初去崀山游玩时，原本以为自己只会是观光一次的过客，没想到来过一次后，这里竟成为日后多次来放松心情的地方。也许是被奇特自然的景观震撼，也许是被这里原生态田园生活所感染，也许是被艾青"为什么我的眼里常含泪水？因为我对这片土地爱得深沉"的诗句所感动。

　　崀山地处湘桂边境，越城岭北麓。总面积约 100 平方公里。属砂岩丹霞地貌，自然风景精灵奇秀，群山叠翠，怪石林立，峡谷纵横，流水清澈。经千百万年的自然演变，孕育出许许多多奇花异草，把山山水水打扮得五彩缤纷，馨香四溢，四季如春。这片土地由于地形、地貌多变，在同一座石山上同时存在着耐旱、耐阴、耐湿等各种植物，它们各施绝技，占据着自己生存的位置，"扮演"着不同的角色。当我每次踏上这片土地，都忍不住尽情享受着这里的一石一清静，一草一天堂，一花一世界。

　　这里有秋冬长叶，春季开花结果，夏季休眠的新宁毛茛、紫背天葵。每当十月秋雨后，新宁毛茛便从苔藓丛中或石缝中长出圆圆的绿油油的嫩叶，吸吮着雨露阳光，迅速成长。次年三月便抽出花葶，开出金灿灿的黄色小花。由于成片生长，千万朵小花，把石山给染黄了，像镀了金一样。然而到了四月下旬，气温升高，花谢果熟，它们便悄悄躲藏起来，进入夏眠。当你扒开苔藓细心寻找，便可以发现他们黄豆般大小的椭圆形肉质根，像极了酣然入睡的小宝宝。

　　这里还有一年四季常绿、春秋两季开花，有着顽强的毅力生长在石山上的多花兰。它生长于悬崖绝壁的石缝或石窝中，成丛生长，五月开出红褐色的花，每个花序有小花十余朵，加上绿油油的长条叶片，显得清秀高雅，优美动人。

　　然而，大千植物界，有的花常开，可供长期欣赏；而有的相貌平平，但待到花开时，却又是"一鸣惊人"，比如崀山上的金丝桃就是如此。

　　金丝桃科的半常绿小灌木，喜生于石山的缝隙中，由于处境恶劣，生活艰难，枝叶并不繁茂，有点"灰不溜秋"。可是，它会利用春天雨水多，温度适宜的大好时光，发枝长叶，开出朵朵金灿灿的花。它的花别具一格：色彩金黄，像纯金制作，光彩夺目；花丝很长，而且也是黄的，故名金丝桃；花量多，一树百花，铺天盖地，有时把石山全盖住了，变成了"金山"，真是奇妙无比。

　　在崀山，你会经常听见当地人把"桂林山水甲天下，崀山山水赛桂林"这句话挂在嘴边。这句话是现代著名诗人艾青说的。艾青恐怕没有想到，自己随口说的一句话竟然会在半个多世纪后，成了当地人口口相传的民谣。漫步崀山，时而看见蜜蜂穿梭于花丛中，岁月一片静好。

清如玉，润如竹

◎易　欢

　　关于玉竹有这样一个传说，当时汉代人的审美标准都是以赵飞燕的瘦为美，体态轻盈，身轻如燕的身姿最为美。有一次皇上去微服私访，在一个山村里，皇上发现这里每个女人都很苗条、美丽。之后皇上带几名女子进宫封为婕妤，十多年过去，后宫的女人渐渐衰老，只有这几名女子不老，还是当年皇上发现她们时的模样，于是更加宠爱她们。后来才知道，她们的家乡种植玉竹，从小家乡人吃玉竹，所以她们个个都很瘦，都很美。

　　据邵东县志记载，清乾隆年间，流泽镇种植玉竹名动一方。2006 年，农业部经过严格审查认定，流泽镇种植玉竹具有最早文字记载，且当时已有规模，便把"玉竹原产地"颁发给流泽镇。从此，有百工之乡、商贸之城、金针之乡的邵东又添"玉竹之乡"的新美名。

　　我的家乡就是这个"玉竹之乡"——流泽，从我有记忆开始，就跟玉竹结下不解之缘。玉竹，俗名叫尾参，原产地为流泽乾坤头，据说我们的老祖宗都是种这个的。玉竹还有一个略难懂的别名：葳蕤。唐朝宰相诗人张九龄的《感遇》十二首中就有"兰叶春葳蕤，桂华秋皎洁"的名句。

20 世纪 80 年代末 90 年代初的时候，有钱一点的人家就会收购其他农家种植的玉竹，再雇短工来帮忙加工再出口卖出去。那时候大一点的作坊工人也是很多的，因为工序多，而且基本每道工序都是纯人工，不像现在很多程序都机械化了。玉竹的加工要晒干去须，还要有专人来刨片，再摆片去皮晒干。小时候的我也因此挣了不少零花钱，经常跟着奶奶去帮人家做短工（摆片）。

每年春夏季节，我们就开始挖尾参了，刚好是暑假的时候，所以大人小孩都在玉竹地里忙碌着，大人负责挖，娃娃们负责把沾上的泥土去掉，调皮的小孩还会拿着翠绿的玉竹叶子在玉竹地里追跑。傍晚时分，大人们挑着新出土的玉竹满载而归，一片欣欣向荣的景象。

听老人们说，民国时期，广东商人来这里收购玉竹，转运广州出口港澳、东南亚、日、美、韩、加等地区和国家，此时邵东县尾参被外贸出口商称为"湘玉竹"。如今，随着家乡玉竹产业的崛起，流泽镇许多外嫁女子举家迁回娘家，从事玉竹种植、加工、销售，留下了流泽女子"嫁不出"的美谈。邵东流泽全镇的玉竹种植地二千多亩，玉竹加工户二千六百多户，年加工玉竹六万多吨，产品销往全国各地，出口日本、韩国和东南亚等十多个国家和地区。

清如玉，润如竹，中国玉竹之乡欢迎您来。

享誉海内外的"龙牙百合"

◎易　欢

　　百合花的花语是伟大的爱，和许多果实在土中的植物一样，百合成熟的时候，绚丽的百合花已经凋谢，在一片荒芜中，静静地等待埋在土地中的果肉鳞茎被人捧在手心。

　　　　异旅长辞百合花，孤帆长渡别天涯。

　　　　七载烟雨还休罢，一朝晨兴锄农家。

　　湖南隆回县，百合在这里被薪火相传了下来，"中国龙牙百合之乡"是村里人自豪的称谓。隆回龙牙百合是百合中的精品，其片呈微波状，略向内弯曲，侧看似弯月，正看似龙牙，故称"龙牙百合"，其寓意吉祥，备受消费者青睐。百合花每年都会在漫山遍野中绽放，清风徐来，幽谷弥香。

　　龙牙百合在隆回有着悠久的历史，早在公元前3世纪就有栽培的记载。及至南北朝时期，梁宣帝发现百合花，曾云："接叶多重，花无异色，含露低垂，从风偃柳。"赞美它具有超凡脱俗，矜持含蓄的气质。

　　宋代大诗人陆游也在窗前种上百合。咏曰："芳兰移取遍中林，余地何妨种玉簪，更乞两丛香百合，老翁七十尚童心。"上千年来，隆回世代百合药农持续总结种植、加工技术，龙牙百合产品质量不断提高。

据清朝《宝庆府志》载："百合，邵阳出者特大而肥美（隆回古属邵阳西区）。"《邵阳商业志》载："邵阳百合主产今隆回县，清末民初已大量种植"，"（产品）经长沙、汉口、广州，远销国外南洋等地，很受外商欢迎。"

1913年，隆回桃花坪就有购销宝庆龙牙百合十多万公斤的经销业务，1926年，隆回宝庆龙牙百合产量达到15万公斤，远销东南亚各国。

1949年后《湖南百合专辑》载："邵阳地区为湖南百合的著名产地，产区分布各县，又以隆回产量为最多，品质好，富有代表性，市场所称'龙牙百合'，大部分产于隆回，历年均有向西方国家输出。因此，在国际市场上享有盛名。"

20世纪50年代，周恩来总理就把隆回县命名为"中国龙牙百合之乡"。自2010年，隆回县被中国品牌管理协会认定为"中国龙牙百合特色产业之都"以来，故乡的百合花都会在漫山遍野中绽放得格外清香，清风徐来，幽谷弥香，所幸今年百合花开的时候，我已然回到了家乡。

崀山上的"长生不老草"

◎易 欢

　　明朝初年，朱元璋相继平定四川、云南等地，又八次派兵深入漠北，大破北元，至此天下初定。但是民不聊生的情况却依然存在，百姓流离失所，良田漠漠却无人耕种，到处都有人饿死。没有粮食可以吃，野草和树根成为许多饥民活下去的希望，却也有无数人因食用有毒的野草、树根而失去生命。朱棣是朱元璋的第五子，自幼好学且志向远大；为纾解民生，朱棣考查了可救饥馑的414种野生植物，汇编成《救荒本草》，第一次将绞股蓝记录在册，全草可食用。

　　绞股蓝喜欢湿阴温和的气候，因此也有了"北有长白参，南有绞股蓝"这样的俚语，另外绞股蓝也被称为神仙草、福音草。相传当年秦始皇派人寻长生不老药，有个名叫卢生的燕国方士奉命寻找仙草，多时未果，卢生本以为自己必死无疑，却无意中路过一个叫"崀山"的地方，找到了一种被老百姓称为"长生不老草"的植物，就是今天的绞股蓝。后来徐福也想要长生不老药，便带着绞股蓝的种子到了日本，绞股蓝在当时被称为福音草，现在日本称之为甘蔓茶。

而崀山是舜皇帝南巡路过的一个非常美的地方，在秦朝时属长沙郡所管辖，也就是现在的新宁崀山。随着朝代的更替，岁月的洗礼，"长生不老草——绞股蓝"的传说并没有被世人遗忘。20世纪80年代，日本生物学会会长、德岛文理大不说部部长竹本常松教授在研究、筛选防治癌症的特效药时，发现一种叫甘蔓茶的植物，正是中国药典书中记载的胶股蓝，日本发现了绞股蓝有巨大的作用后，根据徐福为秦始皇找长生不老仙丹日本的文字史料记载，于2007年3月，派了5个专家组专门来到新宁崀山进行考察研究，专门研究这种绞股蓝植物，然而经过一系列的研发和培植之后，种出来的绞股蓝远远达不到新宁崀山生长出来的效果，而且所含氨基酸和人参皂甙量较低，效果很不理想。

崀山上的绞股蓝，采用紫云山原始森林保护区，舜皇山国家森林公园，崀山国家风景名胜区云雾之中的茶叶为原料，用传统工艺和科学技术相结合精制而成，高山温差大，日照短，湿度大，无工业农业污染，因而茶叶外形美、香气扑鼻、茶味浓。诗人艾青也吃过，1987年4月，新宁县人民政府协作办主任唐定贵去北京探望艾青时，发现他患有肺气肿病。返乡后立即寄了本地产绞股蓝茶叶，艾青喝了后，来信说："好多了！"1988年，当唐定贵再次踏进艾青家门时，艾青高兴地说："老唐来了，救命恩人来了！"执意挽留客人在家吃饭。

如今在崀山的深山老林中，还生长着大量的绞股蓝。1986年，国家科委在"星火计划"中，把绞股蓝列为待开发的"名贵中药材"之首。2002年3月5日，国家卫生部将其列入保健品名单。随着如今的时代变更曾经的"旧时王谢堂前燕"绞股蓝如今也是"飞入寻常百姓家"了！"神奇的长生不老药草"不再是养在深闺人未识了，很多人把绞股蓝茶叶当做平常的保健饮品，"野百合"也迎来了春天！

铁皮石斛：鲜为人知的"药界大熊猫"

◎易　欢

　　说起铁皮石斛，可能并不是所有人都了解。但是在草药圈，它绝对享有响当当的名号。中华自古以来有九大仙草，传说都具有"起死回生之功效"，而铁皮石斛在众多名家的评论中稳居头把交椅，可见其有超凡的能力。铁皮石斛是一种珍贵濒危药材，因其治疗养生效果确切，《神农本草经》《本草纲目》均将其列为上品，唐代《道藏》将之尊为"中华九大仙草"之首，其他八种依次为天山雪莲、三两重人参、百二十年首乌、花甲之茯苓、苁蓉、深山灵芝、海底珍珠、冬虫夏草。

　　然而，中国石斛界自古以来就有"南崀北霍"（"崀"指"崀山"，"霍"指"霍山"）之美誉。湖南是铁皮石斛的原产地，而崀山是现今存有野生铁皮石斛的地方之一。崀山是世界自然遗产、国家地质公园、国家5A级风景名胜区。山水地貌得天独厚，风光旖旎。相传当年舜帝南巡路过新宁，见这方山水美丽，便脱口而出："山之良者，崀山，崀山！"

　　相传，武则天享年81岁，长寿且美丽。在她花甲之年，头发依然黑亮润滑，富于光泽；皮肤白皙红润，富有弹性。武则天的养颜秘方重在滋阴。该方由唐代著名养生大师叶法善献给，该方配伍有铁皮石斛、桑葚子、深山灵芝、肉苁蓉

等，具有养血滋阴、平衡阴阳、气血舒畅等作用，故专家称铁皮石斛为古代养颜第一方。

在近代，梅兰芳先生原本就有一副好嗓子，即使是在年老后，嗓音仍然是甜润动人。原来，梅先生护嗓的秘诀是常年用石斛煎水，代茶饮用。大家所熟悉的马连良、谭富英、宋世雄等名家也经常喝石斛水，用来清咽护嗓。1970 年，周恩来总理送给当时正在患病的越南共产党总书记胡志明的珍贵礼物就是铁皮石斛。

铁皮石斛为兰科多年生附生草本植物，生长于悬崖峭壁背阴处的石壁间和深山古树上，因其表皮为铁绿色而得名。新宁铁皮石斛自古闻名，自清代开始，江浙的药商都要到这里来采购。由于市场需求量大，导致过度采摘，崀山野生铁皮石斛存量稀少，弥足珍贵。

2014 年，"银杉之父"罗仲春经过深入研究，攻克了崀山铁皮石斛在石头上进行人工栽培的难关，为当地百姓找到了一条致富路。2015 年初，罗仲春再度主持科研攻关，尝试在树干上栽种铁皮石斛。当年，罗仲春带领科研人员在黄龙镇茶亭村水源山选择了 43 棵阔叶树，移栽了 2 年生石床铁皮石斛驯化苗种 3 445 株，成活率达 100%。随后又在该地建成了面积 100 亩的"湖南省老科协崀山铁皮石斛实验基地"。

是的，鲜为人知的"药界大熊猫"正在被世人所熟识。

这里的葡萄熟了，等你来"撩"

◎易 欢

"满筐圆实骊珠滑，入口甘香冰玉寒。"盛夏期间，要想尝尝清爽可口的水果，葡萄再好不过。这个夏天，错过了樱桃、枇杷、蓝莓……你还要错过葡萄么？在邵阳城步县，一串串紫红色的葡萄挂满枝头，在绿叶的衬托下格外诱人。

我国人民食用葡萄的历史很久，早在两三千年前的《诗经·七月》中有："六月食郁及薁，七月亨葵及菽。"这里的薁指蘡薁，就是一种野葡萄。在我国古代，除了"蒲陶"，葡萄的别称还有："蒲萄"——宋代苏轼写的《满江红·寄鄂州朱使君寿昌》中有："江汉西来，高楼下、蒲萄深碧。"还有"蒲桃"——唐代李颀写的《古从军行》中有："年年战骨埋荒外，空见蒲桃入汉家。"

葡萄受到了人们的喜爱，许多文人都留下了咏葡萄的诗词，如唐代唐彦谦写的《葡萄》，其诗为"金谷风露凉，绿珠醉初醒。珠帐夜不收，月明堕清影。"甚至葡萄干都有古人以此为题来吟颂，如宋代杨万里写的《蒲桃乾》，其诗为："凉州博酒不胜痴。银汉乘槎领得归。玉骨瘦来无一把，向来马乳太轻肥。"魏文帝曹丕是喜爱葡萄的帝王之一，他曾诏告群臣，说其他水果都比不上葡萄："中国珍果甚多，且复为说蒲萄。当其朱夏涉秋，尚有余暑，醉酒宿醒，掩露而食。甘而不饴，脆而不疏，冷而不寒。味长汁多，除烦解渴。"

今人不是皇帝，也可以品尝到甜腻的葡萄。一个个葡萄大棚连绵起伏，一排排葡萄架上青翠欲滴，一串串漂亮葡萄缀满枝头……邵阳城步县的边溪生态

葡萄园占地面积 40 亩，培育的葡萄有夏黑、醉金香、比昂扣等 6 个品种，每亩产量 1500 公斤左右，这些品种每公斤售价为 30 元，除去成本，每亩纯收入 3 万余元。在种植方面，园方利用当地得天独厚的自然条件，全部施的是有机肥，且不打农药，灌溉用水来自山上的泉水，并采取套袋无公害种植，因此葡萄成熟后颗粒饱满、皮薄多汁、甜度足、口感好，深受游客好评。

游客采摘时，将葡萄从葡萄架上摘下来就可以放心吃了。在这里，更是有着人性化的"醉客"方式：免费提供漂亮的苗族服装，好让游客在生态葡萄园留下美丽的倩影；游客可进入葡萄园亲自采摘葡萄，体验劳动的乐趣；游客可免费品尝葡萄，在不浪费破坏的前提下，"好吃你就多吃点"；持有葡萄园名片的游客，购买葡萄时价格优惠。

这里，十多年前曾是一片荒岭和旱土，如今却成了现代生态农庄。清澈见底的河流环绕农庄，让人凉爽一夏，几个品种的葡萄陆续上市，更让人甜蜜一夏。今年夏天，来到邵阳城步，就来摘葡萄吧！这里的葡萄熟了，等你来"撩"！

醉在隆回金银花的花香中
◎易　欢

　　时人对湖南人的性格，概括了四句谐语："不怕死、耐得烦、吃得苦、霸得蛮"。邵阳人更是湖南人里的典型。而邵阳隆回的金银花呢，也正是沾染了这样"敢为天下先"的个性。隆回，寓名"龙回"。相传古时有一苍龙携八小龙自境内九龙山麓启程，往东海腾飞，中途回望，昔日盘地，云蒸霞蔚，金银花艳，顿生恋故之情，于是折首回归，安营九龙。从此，润物造化，衍育众生，民族交融。正可谓：九龙回头云霞散，金银花开别离难。

　　隆回的金银花叫灰毡毛忍冬，主要集中在平均海拔 1 300 米以上的小沙江镇、麻塘山乡和虎形山乡三个乡镇。恰逢花开时节，若是走进隆回县金银花主产区小沙江地区，就陶醉在了淡淡的金银花花香之中。

　　这里是被联合国亚太城市发展研究中心和联合国人居环境促进会认定的中国金银花特色产业之都；这里是申报世界非物质文化遗产——花瑶族的栖息地；也是我国近代伟大的思想家魏源的故乡；这里就是国家级农业标准化示范区——湖南隆回县。它地处衡邵干旱走廊向雪峰山脉过渡地带，地貌属半丘陵半山区类型，地势由东南向西北呈阶梯式抬升。自古以来，隆回全境林间山地广泛分布着大量的野生金银花。这种独特的气候条件，孕育了金银花含蓄而高雅的外形和忍冬傲霜斗雪、凌冬坚韧不拔、生息永不凋谢的气质与品格。近观隆回金银花，直立身姿，绿衫洒脱，金银花聚首相敬，恰如我国杰出的思想家、哲学家、明末清初大儒、明清三大思想家之一的湖南衡阳人王夫之《金钗股》诗咏："金虎胎含素，黄银瑞出云。参差随意染，深浅一香薰。雾鬓欹难整，烟鬟翠不分。无惭高士韵，赖有暗香闻。"

"花初开则色白，经一二日则色黄，黄白相间故名金银花"，相传，诸葛亮在七擒孟获的过程中，大部分将士水土不服，中了山岚瘴气。后经一小村寨，见村民面黄饥瘦，诸葛亮顿起恻隐之心，发放军粮施救。村民们十分感谢，一土著白发老人得知许多蜀兵患了"热毒病"时，便叫来自己的一对孪生孙女儿"金花"和"银花"上山去采草药来为蜀军解难。然而三天后，姐妹仍未归来，人们多方寻找，在一处山崖，只见两只药筐中已采满了草药，筐边有野狼的足迹和被撕碎的衣服鞋子，蜀军将士吃了草药得救了，而金花、银花却为此献出了生命，为了纪念她们，人们就把这种草药叫作"金银花"。

自古以来，隆回全境林间山地广泛分布着大量的野生金银花，尤以县西北部中山区和中山原区的金银花分布最广、开花最艳、香气最浓、药性最佳。该地区瑶汉游医常竞相上山采摘配药，用以医治疑难杂症。

南宋时期，战乱频繁，相传当时湘中等地瘟疫盛行，民间广泛采用金银花藤叶煎熬后口服，效果极佳。据《新化县志》记载，至明代以后隆回民间医生又发现以花入药，效果更佳。当地老中医邹石根自家祖传的一部名为《珍珠囊补遗药性赋雷公炮制药性解合编》从明清流传至今，书中描述："金银花，味苦甘。性平微寒无毒。入肺经。主热毒血痢。清瘀散毒。补虚疗风。久服延年。"

2016年，隆回县自主选育的50克"白云"金银花良种搭乘神舟十一号载人飞船顺利升上太空，开始为期33天的太空之旅，"白云"金银花良种将在"天宫二号"进行太空诱变育种实验。

天赐隆回金银花，生命之花助瑶乡。隆回全境林间山地广泛分布着大量的野生金银花。每到金银花花开季节，漫山遍野，巴茅掩映，在微风轻撩之中，幽香缕缕。金色的花朵、银色的花朵，相互斗姿争艳，绚丽多姿多彩；花开满山岗，金银铺大地。漫山遍野处处都是一幅幅壮观醉美的画卷。三三两两的摘花人有的是专为摘花而来；有的是随机摘取。山顶云雾缭绕，山间鲜花烂漫，身着民族服装的小姑娘们在花丛中嬉戏玩耍，是那么和谐、安详。

"雪峰蜜桔"的味道

◎易　欢

　　从前追逐的小伙伴，能联系上的所剩无几了。那份甜美的幸福一直藏在心底，无人分享。站在半山腰往下看，看到蜿蜒的山峰，看到残破多年的土矮房，看到硕果累累的桔子。大山里的人越来越少，天更蓝了，山更空了，今年的桔子熟了，依旧是原来的味道。

　　很怀念小时候收稻子的时候，每次出去做事，总会带些橘子出去，累了休息的时候，吃一个橘子，那种甜甜的味道，至今还在回味，渴了的时候，吃个橘子，解渴生津，有客人来到家里，招待的必不可少的也是桔子，桔子已经深深地植入到我们的生活当中，只是随着年岁的增长，渐渐的远离家乡，远离这片深爱着的土地，九月那浓浓的桔香，慢慢地，也只能在脑海中浮现，徒留怀念。

我的家乡在素有"桔城"之美誉的洞口。洞口县是湖南省蜜桔主产区，素有"水果之乡"之美称。这里的橘子就是我的小时候的味道。

就是这样一个小县城，因为一次普通的农产品展览会，与周恩来总理结下了不解之缘。20世纪70年代初的某次中国广交会开幕，参加的国家和地区达一百四十多个，周总理出席并参观了广交会的各地展区，在经过湖南省展区时，总理看见展台上的桔子卖相乖巧，光泽鲜艳，当即上前与展台工作人员交谈，并尝了一个桔子，顿时发现桔子香气清新、入口即化、无核多汁，且甜酸适中，当即向工作人员问道："这是哪里的桔子？"展台的工作人员灵机一动，赶忙答道："总理，这是来自湖南洞口雪峰山脚下的桔子，现在还没有命名咧。"周总理点了点头："好桔子，不能无名啊，既然是来自雪峰山的桔子，就叫雪峰蜜桔吧。"

我们家乡洞口种桔，有着悠久的历史。据清嘉庆《邵阳县志》记载，从公元1111年至1118年(宋徽宗政和年间)起，洞口县就开始栽培蜜桔了。清末，曾国藩率领湘军开往江浙，带回黄桔、朱红桔等品种，经过长期精心培植，与不断改良嫁接，终于衍化成了独具一格、别有风味的新品种蜜桔。

雪峰蜜桔树高几米，茎上长刺。夏初开白花，六、七月结果，到十一、十二月才熟黄色。剥去皮后，内分几瓣，瓣中有核。内瓣甘润香美，是果中的贵品。然而我们总是花费大力气去追寻一种名贵、遥远的味道，味蕾混淆了时令，也远离了本地风土之味。

雪峰蜜桔是家乡的记忆，是家乡的味道，它如同我的文字深深浸透了我的骨子。我有一丝莫名的心痛，它牵连着我脚下的这片土地和远方的心儿。

湘西篇

油桐花是美丽而易逝的精灵，花期只有半个月。如若拂过一阵清风，飘落一场春雨，油桐花便宛如飘雪一般掉落，因此得了一个浪漫的名字——"五月雪"

湘西有幽兰

◎黄　菲

　　写下"兰花"这两个字时，似乎有一缕幽香沁入心田。

　　是的，兰花之美，美在气韵。它气息清净、气质清雅、气味清香，是一种最东方、最中国的花。

　　中国传统的兰花仅指分布在中国兰属植物中的若干种地生兰，如春兰、惠兰、建兰、墨兰、寒兰等，花色淡雅，多为嫩绿、黄绿，以素心者为名贵。兰花是极难种植的植物，种植兰花被称为"艺兰"，兰花的栽培养育则被称为"兰艺"。兰花清淡，不以容色取胜。与芍药相比，它不够妩媚，与海棠相比，它不够娇艳，与月季相比，它不够丰盈，与牡丹相比，它不够富丽，然而，它就像中国人心口的那颗朱砂痣，窗前的那片白月光，中国人对它，始终有一种梦中情人般的思慕和爱意。爱兰花，在中国是一种审美正确，似乎不爱兰花，就不是一个文雅的、典型的、受中国文化熏陶的中国人。

　　兰花象征着中国人传统文化中的人格理想：德行高雅，坚持操守，淡泊自足，独立不迁。孔子是爱兰第一人，据传《幽兰操》就是孔子所作。"兰当为王者香"，"芝兰生于深谷，不以无人而不芳"，"与善人居，如入芝兰之室"，孔子对兰花的尊崇和赞美，使兰花进入了受儒家文化影响至深的中国人的审美视野。自春秋始，多少文章墨迹，借兰花而言心志。屈原写下了"秋兰兮清清，绿叶兮紫茎，满堂兮美人"，陶渊明写下了"幽兰生前庭，含薰待清风"，李白写下了"幽兰香风远，蕙草流芳根"，苏轼写下了"春兰如美人，不采羞自献"，朱熹写下了"竟岁无人采，含薰只自知"，郑燮写下了"千古幽贞是此花，不求

闻达只烟霞"……兰花的幽香清远合于君子德行的高贵雅洁，不媚流俗。所有爱兰、植兰、赏兰、咏兰之人，其实是在自觉地解读自身的心灵世界，升华自身的精神境界。

兰花象征着中国人的人文世界里最美好的事物。与兰字有关的词语，都是那么的曼妙和美好。优美的诗文是"兰章"，诚挚的友情是"兰交"，良好的氛围是"兰芷之室"，优秀的子弟是"玉树芝兰"，高雅的风姿是"空谷幽兰"，纯洁的心灵是"素心如兰"，有益的熏陶是"芝兰之化"，芳香的气味是"桂馥兰馨"……曹植笔下"含辞未吐，气若幽兰"的"洛神"，千年之下仍然令我们心驰神往。当我们用带有兰字的词语来形容一个女子，便是对她的姿容、气质、品貌、性情都表达了含蓄而又默契的赞美。"吐气如兰"多么巧妙地展示了一个女子的雅致、娇贵、温柔、灵秀；"兰心蕙质"四个字呈现出一个集美慧、柔善、高洁、文雅于一身的女子。

以兰花为市花的城市很多，但像吉首这样，将兰花品性写入城市精神的，独此一家。"气若桂，品若兰"体现的是吉首人对高尚人格、贤德品质、高雅品位的尊崇和追求。自2006年起，吉首每年春天都要为兰花举办一次盛会。在这一年一度的兰花博览会上，上百种兰花品种荟萃一堂，上万株兰花吐露清芬，以兰会友的爱兰人成为名副其实的"兰交"，这座洋溢着清幽兰香的湘西城市，也成为实至名归的"兰室"了。

丹桂不需要语言

◎黄 菲

文青们喜欢抒情，说，来生要做一棵树。惭愧，我是未遂文青，并不想成为一棵树，树没有语言，而我是一个表达欲那么强的人！可是，如果能成为一棵丹桂，我想我可以心甘情愿地放弃语言——有太多的诗句为丹桂代言，丹桂自己不需要语言。

在诗人中，白居易可以说是丹桂的第一铁粉："有木名丹桂，四时香馥馥。花团夜雪明，叶翦春云绿。风影清似水，霜枝冷如玉。独占小山幽，不容凡鸟宿……"最后，他铿锵有力地夸道："纵非梁栋材，犹胜寻常木。"——丹桂即使不是栋梁之才，但仍然远远胜过了寻常的树木！一提起丹桂，白先生的诗停不下来："天台岭上凌霜树，司马厅前委地丛。一种不生明月里，山中犹校胜尘中。""偃蹇月中桂，结根依青天。天风绕月起，吹子下人间。"——总之就是丹桂本是天上的仙物，落入凡尘那是人间的造化。

李白也甚爱丹桂。他写下一首《咏桂》，赞美丹桂的清雅高洁："世人种桃李，皆在金张门。攀折争捷径，及此春风暄。一朝天霜下，荣耀难久存。安知南山桂，绿叶垂芳根。清阴亦可托，何惜树君园。"——我们丹桂和桃李那样的喧哗争宠的俗物不一样，绿叶葱茏，香气沁人，您在庭园里多多栽种吧——那份热切之情，从诗句里扑面而来。

生活家苏东坡当然也喜爱丹桂。"月缺霜浓细蕊干，此花元属玉堂仙。鹫峰子落惊前夜，蟾窟枝空记昔年。破衲山僧怜耿介，练裙溪女斗清妍。愿公采撷纫幽佩，莫遣孤芳老涧边。"他殷殷劝好友采撷清芬美丽的桂花佩在衣裳上，莫让这份芬芳美好在山涧边孤独老去。

在李清照的笔下："暗淡轻黄体性柔，情疏迹远只香留。何须浅碧深红色，自是花中第一流。"又赞它"揉破黄金万点轻，剪成碧玉叶层层。风度精神如彦辅，大鲜明"，将它比作高洁脱俗的西晋名士。

辛弃疾的笔下多金戈铁马，然而提到桂花时，他的笔触也浸满了情思。"大都一点宫黄，人间直恁芬芳。怕是秋天风露，染教世界都香。明月秋晓，翠盖团团好。碎剪黄金教恁小，都着叶儿遮了。折来休似年时，小窗以有高低。无顿许多香处，只消三两枝儿。"丹桂一开，世界都染上了香气。

诗人们爱丹桂，爱它的高洁清雅，清逸出尘，称它为仙友、仙客。然而丹桂的粉丝绝不止于文人骚客。在中国，论人气最高的树，丹桂绝对能荣膺前三甲。在文学里，丹桂是清贵高华的。在民间，丹桂却是极亲切的。人们爱它甜蜜绵软的香气，用桂花做桂花糕、桂花糖，酿桂花酒，给生活增添许多温馨和情趣。人们爱它吉祥的寓意，用桂花寄托美好的心愿：桂花和莲花寓意"连生贵子"，桂花与桃花寓意"贵寿无极"，桂花与兰花寓意兰桂齐芳。在中国文化里，丹桂还是胜利和荣誉的象征，人们称登科为"折桂""蟾宫折桂"，用"桂冠"来比喻冠军和胜利者。

湘西人民选择丹桂作为吉首的市树，以呼应吉首的城市精神"信若山、怀若谷、气若桂、品若兰"之"气若桂"。"凡花之香者，或清雅或浓郁，二者不可得兼。"唯独桂花之香既清芬飘逸又浓郁致远，它的高洁清刚之气，与湘西的气质和精神何其相似！湘西的道路和园林处处可见丹桂，平日郁郁葱葱，绿阴匝地，美得不动声色，到了秋季，所有的丹桂树上都缀满金黄色的花朵，绵绵不绝地吐露着清雅馥郁的香气。

猕猴桃的逆袭

◎黄 菲

　　对中国人来说，猕猴桃是一种年轻又古老的水果。说它年轻，是因为猕猴桃驯化至今，也不过一百多年的时间。要知道，人们从两千多年前就开始栽种苹果，从三千多年前开始栽种桃子，而香蕉的栽培历史甚至长达七千年！与这些水果相比，猕猴桃绝对是小字辈中的小字辈。

　　国内成规模地栽培猕猴桃的时间就更短了，至今不过三十多年，以至于"80后"在童年时都没有接触过这种水果。我第一次接触猕猴桃是二十多年前的事情了。至今，我还忘不了那个硬邦邦、酸得让人掉牙的果子。

　　相对而言，猕猴桃作为庭院绿化植物的历史倒是长得多。在唐代诗人岑参《太白东溪张老舍即事，寄舍弟侄等》一诗中，就有"中庭井栏上，一架猕猴桃"这样的词句，这是猕猴桃的名字第一次出现在典籍之中。其实，我们祖先接触野生猕猴桃的历史要更为久远，在《诗经》中，有"隰有苌楚，猗傩其华"的记载。这个"苌楚"就是两千多年前古人对猕猴桃的称呼了。不管是《诗经》中，还是在岑参的诗句中，都没有把猕猴桃当果品的记载，想来那个时候猕猴桃的果实对人们并没有什么吸引力。

　　我国猕猴桃的种类众多，分布极广，但遗憾的是，野生猕猴桃果皮上布满粗毛的形象，让人完全无法将它同美味水果建立起联系。猕猴桃的果肉也无

法勾起人的自然欲望——绝大多数正常的猕猴桃果实都是晶莹翠绿的，在人类的本能认识中，红色和黄色才是成熟的标志，而绿色就是生果子的代名词。长成这个模样，猕猴桃想要在水果圈里获得一席之地，简直比登天还难了。

到1978年的时候，我国猕猴桃的栽培总面积都还不足1公顷。在同一时间，新西兰的猕猴桃们已经成为独霸一方的高级水果了。而这一切都始于一位新西兰女教师伊莎贝尔的中国之行。1904年，伊莎贝尔来中国，探望她在湖北一所教堂传教的妹妹。她对猕猴桃很感兴趣，临别时带走了一包种子，后来长成了三株猕猴桃，在新西兰广为传播。经过一年又一年的精心培育，猕猴桃脱胎换骨，终于育出了一个叫"海沃德"的品种，果子个头大，果形可爱，口感酸甜适中，而且储藏性能好，简直就是为市场而生的水果。

我们不得不赞叹华夏物种的神秘力量——"中国的就是世界的"。远赴重洋的猕猴桃成功逆袭，由默默无闻的野果成长为世界著名的水果之王，荣归故里。如今的中国已经成长为全世界猕猴桃产量第一大国。

在湖南湘西，猕猴桃还有一大功德——精准扶贫。湘西花垣县的十八洞村作为习近平总书记"精准扶贫"思想的发源地广为人知，而十八洞村正是通过种植猕猴桃脱贫的。湘西四季分明，光照充足，气候温暖潮湿，雨量充沛，同时由于地形复杂，气候类型多样，这些自然气候条件极为适宜猕猴桃的种植。湘西猕猴桃营养价值高，果肉甜酸适度，清香可口。十八洞村猕猴桃产业园规模达一千亩，2017年产量达二百吨，均通过电商平台等渠道直供我国港澳地区。因猕猴桃而脱贫致富的村民们说，想把猕猴桃送给习总书记尝尝，告诉他"扶贫花"结出了"幸福果"。

南山可采蕨

◎黄 菲

　　"陟彼南山，言采其蕨；未见君子，忧心惙惙。亦既见止，亦既觏止，我心则说。陟彼南山，言采其薇；未见君子，我心伤悲。亦既见止，亦既觏止，我心则夷。"在湘西的大山里见到满坡的蕨菜时，自然而然地想起了《诗经·召南·草虫》。

　　这首诗翻译过来就是："登上高高的南山头，采摘鲜嫩的蕨菜。没有看见那个人，我很忧伤很不安。如果我已经见着他啦，如果我已经偎着他啦，我的心情就高兴了。登上高高的南山顶，采摘鲜嫩的巢菜苗。没有看见那个人，我很悲伤很烦恼。如果我已经看见他啦，如果我已经偎着他啦，我的心情就安定了。"

　　这首诗诞生于何地，我没有研究。但是，如果说它诞生于湘西，我会觉得也在意料之中。一则湘西多情，此地"开化"较晚，其情也有着原始的质朴纯粹，热烈执着，诞生"未见君子，我心伤悲。亦既见止，亦既觏止，我心则夷"这样大胆火热的情诗，很正常。二则湘西多山，山上多蕨。蕨在植物世界的演化史当中，处在低等植物和高等植物的边界上。这一区间的植物大多无主根，攀爬在山林灌木之下，喜阴，在幽暗的林下叶层中缓慢生长。在这些植物中，最繁茂的是蕨。如果来到湘西大山的林地上，有时会发现，几乎整个山坡都被蕨覆盖了。

"陟彼南山，言采其蕨"的下一段是"陟彼南山，言采其薇"，薇和蕨一样，都性喜湿润的土壤，都长在树下，嫩叶都可吃。文人们喜欢将这些野菜用来作为小说或文集的题目。沈从文的《采蕨》显然得自《诗经》的灵感；鲁迅的《采薇》是伯夷、叔齐不食周粟的故事的变奏；郁达夫的《薇蕨集》大概就取其野菜的意思吧。在人的世界里，薇、蕨相提并论，但在自然的世界里，薇、蕨并不是一家的。蕨不开花、不结果，薇既开花、又结果；蕨出现了两亿年后，薇才来到这个世界上。

春末，蕨类勃发，生出卷曲的新叶。采蕨越嫩越好，不要等那一团卷曲松开。采时，短的四五寸，长的一尺许，以手指掐断为好。蕨菜长得快，老得也快，开始还嫩嫩的一根，待回家时，便已老了些许，要下锅，还得重新掐。野生的蕨，是真正的绿色食物，具有很高的营养价值和药用价值。

蕨菜的吃法多种多样。鲜吃，采回来后，择好，洗净，马上入锅，味道鲜美异常，陆游大赞："箭茁脆甘欺雪菌，蕨芽珍嫩压春蔬。"干吃，放到开水锅中煮一下，晾晒，干后储藏收好，食用时，用水泡软，拌些葱姜辣椒，炒出来很香。也有用缸子坛子腌酸的来吃。湘西这边常用蕨菜来炒著名的湘西腊肉，我第一次吃到时，身不由己地就着这碗菜吃了三碗白米饭。被民间称为"吉祥菜""龙爪菜"的蕨菜，吃起来清脆细嫩，滑润无筋，味道馨香，几筷子下去，口腔里会不知不觉中滋生一种来自山野的古朴清朗气息。明人罗永恭写过一首蕨菜的诗，甚是美妙可喜："堆盘炊熟紫玛瑙，入口嚼碎明琉璃。溶溶漾漾甘如饴，但觉馁腹回春熙。"蕨的质感和口感跃然纸上，此公真是一位有格调的美食家。

走遍南山寻找心上人的年代已经远去了，去湘西的山上采一把嫩嫩的蕨叶，"入口嚼碎明琉璃"，也颇有一番人间情味。

寨垅花海的唯美春夏

◎黄 菲

　　郁郁葱葱的原始次森林，清澈见底的流水，古拙的木屋和土墙，蜿蜒的小路，无垠的花海，组成了一个城市边缘的世外桃源，寨垅村。

　　寨垅村是一座群山环抱中的小村寨，距离吉首市中心不到 5 公里。进入寨龙村，沿着道路两旁向山顶延伸，蔓延至几个山头的，全是艳丽夺目的鲜花，有上千亩之广，人们称之为"情花谷"。

　　初闻此名，不由得想起《神雕侠侣》里绝情谷的情花，不知这沾染了湘西神秘巫傩之气的"情花"，与绝情谷中的情花相比，谁更厉害呢？绝情谷的情花之毒，一旦染上，便只有弃情绝爱才能保命，目的是"忘情"。而湘西儿女刚烈多情的本性注定他们做不了忘情之人、无情之人，如若不然，湘西也不会有"情蛊"的传说。那些慕名来这里的恋人们，心里也会默默地希望这湘西的"情花谷"拥有某种神秘的力量，能让有情人"白头偕老，永不相负"吧。

　　寨垅花海的春天和夏天是最美的。

　　清明雨纷飞后，那方神奇的山水，那片葱郁的茂林，那里热情淳朴的人家，便迎来了春天里最灿烂的日子。上千亩肥沃芬芳的土地上花开如锦，鸟语欢快，游人如织，一派欣欣向荣生机勃发的新气象。桃花、樱花、海棠花开得云蒸霞蔚，更壮观的是成片栽种的金盏菊、向日葵、薰衣草。因为与其他花相比，这些花大片大片盛放时更具有观赏价值。金盏菊艳丽，向日葵热情，薰衣草梦幻，置身于花海，会有一种"人在画中行"的美妙感受。这个季节悠然行走在负氧离子含量极高的寨垅大地，会有一种身轻如燕通体舒泰的愉悦和轻灵，仿佛自己不知不觉中年轻了几岁。

　　情花谷的夏天更是美不胜收。漫山遍野都是烂漫开放的百日菊和格桑花。百日菊颜色丰富，有绯红色、洋红色、白色、黄色……各色的百日菊竞相开放，风吹过，恍如花的海洋荡起了欢乐的涟漪，美得让人失神。在藏语中，"格桑"是"幸福"的意思，所以格桑花也叫幸福花。格桑花花色艳丽，花型精巧，单株固然美丽，大片栽种时，无数个"美丽"相乘，让人除了"好美，好美，好美"，就再也没法组织别的语言了。

　　不得不赏的还有荷花。七月的"荷风"一吹，朵朵清莲沿着山谷亭亭绽放，清芬一路蔓延至山间，如一幅随着慢镜头缓缓推进的水墨画，美得让人失语。农历六月二十四日是荷花生日，每年此时荷花会如约盛开。荷塘一边靠公路，一边沿山谷蜿蜒。放眼望去，花花叶叶，翠盖红裳，几乎将整个荷塘都遮住了。满眼的碧绿和那绽放在其中的粉红，在青山绵延的背景中，真如同一首清丽出尘的山水田园诗。山风吹来，缕缕清香浸入肺腑，令人暑气全消，浊气全消。站在寨垅的荷塘边赏荷，恍惚间觉得荷的花、荷的叶、荷的枝、荷的风，为你的身体，你的感官，你的心灵，撑起了一把清香流溢的遮阳伞，让人心旷神怡，久久沉醉。

　　荷花谷尽头便是寨垅老寨，寨子里长满了高高的古树，树林间偶尔传来不知名的鸟叫声，循着布满苔藓的青石板台阶往上走，一栋栋古老的木房子依山而建。民间传说，此地曾是贺龙闯荡江湖时，最早的藏身地之一，也曾是红二方面军与湘西王陈渠珍秘密会面的地方，故它的名字叫寨（载）垅（龙）。

　　这就是湘西的魅力，哪怕一个小小村庄，也可能曾经卧虎藏龙。

柿子：韬光养晦的果实

◎黄　菲

如果去永顺，最好选择秋天去。因为这个季节，永顺的红柿成熟了。而如果到了永顺，那么一定要去王村。因为，王村的红柿是最有名的，值得你一去。

王村是湖南湘西一座有两千多年文化历史、洋溢着浓厚土家族风情的古镇。深秋的王村，竹条青瓦构成的房屋随着地势起伏蜿蜒，山头的柿子树上，挂满了红彤彤的柿子。这是一幅令人心生温暖的画面。霜降之后，草木萧条，这些悬挂在树上的饱满明艳的柿子，像一盏盏被点燃的灯笼，给萧瑟的大地平添了几分温暖的喜气。

柿子是极其美味的水果。北宋诗人张仲殊赞它："味过华林芳蒂，色兼阳井沈朱，轻匀绛蜡裹团酥，不比人间甘露。"南宋诗人杨万里也甚爱柿，赞它："冻乾千颗蜜，尚带一林霜。"新鲜的柿子有一点点像果冻，但又比果冻的口感更缠绵，更浓郁，轻轻咬一口，清甜的果肉和汁水就会迅速地征服哪怕最高冷挑剔的味蕾。

柿子上市时间短，鲜食数量有限，自古以来大多是加工成柿饼。柿饼是柿之精华，上面有一层白粉状的柿霜。在古代，柿霜是珍贵的贡品，因此亦称为贡霜。除了制成柿饼，提制柿霜，柿子还可酿酒，可入药，有降血压、养胃等

功能。

柿自古被视为吉物，有两种意义。其一，柿谐音"事"，与其他吉物放在一起表示祝吉，如与柏枝放在一起曰："百事大吉。"与如意放在一起曰："事事如意。"其二，示孝。《东观汉记》曰："韦顺为东平相，赏罚必信，有柿树生屋上徙庭中，遂茂顺至孝。人以为感于天地而生。"

中国种植柿子已有三千多年的历史。《诗经》《尔雅》篇已经有柿子的记载，《礼记》《内则》篇将柿子列为珍贵的食品。西汉司马相如《上林赋》罗列"枇杷橪柿，亭奈厚朴，樗枣杨梅，樱桃蒲陶"等珍奇果木，柿子名列其中。20世纪70年代初考古学家在湖南长沙马王堆三号汉墓中，发现了柿饼和柿核，说明距今2100年前的汉代，湖南已经栽培柿树。

柿子味美，但几乎没有人注意到秋季之外的柿树。它们毫不出色地藏于田间地头，院落村角，山坡荒岗。它们在季风中悄悄地孕育出的果实，也静默地藏于阔叶之后，似乎在蓄集着力量。当春天离去，盛夏散场，秋风在大地上删繁就简，柿树，就被萧条肃穆的大地裸露出来了：那一树一树的柿子，似乎在一夜之间熟了，点亮了你的眼睛，让你从时间中惊醒。它们如同正在虚无的暗夜中被神奇的季节之手点燃的小小灯笼，有着热烈的火焰，温暖的光芒。它们沉甸甸地、喜洋洋地挂在枝头，让你不得不叹服于时间的力量。用如此漫长的韬光养晦，酝酿出令人惊艳的甜美果实，真是一种沉得住气的树。

桐花寨里桐花开

◎黄 菲

　　湘西土家族苗族自治州龙山县，有一个美丽的寨子，名唤桐花寨。桐花寨里漫山遍野都是油桐树，每到桐花盛开的季节，桐花寨便成了桐花的海洋——这是"桐花寨"名字的来由吗？我等不得而知。

　　油桐花，雌雄同株，五个花瓣，白色中渗着一点红色。一个枝条上开出数枝花，成了一簇，桐花开后，叶子也随之长了出来，手掌般大。嫩叶捧着一簇簇的油桐花，像保护着一个素净、淡雅、纯洁的小精灵。如果不是亲身前往，很难想象，每年的四五月份，桐花寨里飘满这样美丽淡雅的小精灵时，是何等盛大的美丽。

　　如果在四五月份去桐花寨，在去往村寨的盘山公路上，远远地就能闻到油桐花淡淡的清香，还混杂着雨后泥土的气息。再转几个弯，眼前便是一片一片开花的桐花林。梧桐花盛开的时候，有一种元气淋漓、朴野酣畅之美，令人惊心动魄。白花簇簇，热烈盛开，此时才能领会李商隐的名句"桐花万里丹山路，雏凤清于老凤声"的妙处。

置身于桐花林中，是一种怎样的体验呢？诗人陈翥曾有一首咏桐诗："吾有西山桐，桐盛茂其花。香心自蝶恋，缥缈带无涯。白者含秀色，粲如凝瑶华。紫者吐芳英，烂若舒朝霞……"

当代诗人席慕蓉曾用如痴如醉的笔触写道："丽日当空，群山绵延，簇簇的白色花朵像一条流动的江河。仿佛世间所有的生命都应约前来，在这刹那里，在透明如醇蜜的阳光下，同时欢呼，同时飞旋，同时幻化成无数游离浮动的光点。这样的一个开满了白花的下午，总觉得似曾相识，总觉得是一场可以放进任何一种时空里的聚合。可以放进诗经，可以放进楚辞，可以放进古典主义也同时可以放进后期印象派的笔端——在人类任何一段美丽的记载里，都应该有过这样的一个下午，这样的一季初夏。"只有置身于桐花林中，才知道，席慕容描述的这一个开满白色桐花的下午，能给心灵带来多大的震撼。

油桐花是美丽而易逝的精灵，花期只有半个月。如若拂过一阵清风，飘落一场春雨，油桐花便宛如飘雪一般掉落，因此得了一个浪漫的名字，"五月雪"。

桐花寨的桐花美名远播，吸引了众多的城市游客。2018年4月，桐花寨举办了"走实精准扶贫路 坐看遍地桐花开"首届桐花节，邀请游客相聚在缤纷的桐花树下，感受这片美丽的土地。

因桐花而来的人们发现，除了桐花，这个寨子还藏着太多太多的惊喜——随便走走，便能翻阅江南农耕文化的迷人页面：去炊烟袅袅、鸡鸣狗吠处漫步，古老的土家吊脚楼边，生长着千年古树；在那溪水缓缓流淌的岸边小径上游走，可以听到浣衣女子对玩水小孩的娇斥；心灵手巧的农妇飞针走线，绣出五彩的绣品；山里小伙的双手在木头上翻飞，制作出结实的农具；山间耕耘的农民唱起了土家山歌……"晨兴理荒秽，带月荷锄归。"在这里，山民们过着陶渊明、王摩诘一般的生活，保留着农耕时代的淳朴面貌。"故人具鸡黍，邀我至田家。""开轩面场圃，把酒话桑麻。"在这里，纯朴的山民们会用山里的土猪、土鸡和土菜招待你，让你感受人情的醇厚和温暖。

"家种千棵桐，子孙不受穷。"今天，桐花寨的桐花，果然让寨子里的人不再受穷了，桐花寨人的新生活，正在徐徐展开。

一两黄金一两茶

◎黄 菲

　　在地球上，北纬 30 度是一条神秘而精彩的纬线。这是人类历史活动最为集中的地带，是奇观美景层出不穷的地带，是充满着神秘色彩的地带。在中国境内，这条神奇的纬度带是生产优质名茶的黄金地带。

　　被誉为"中国最好绿茶"的黄金茶，其产地保靖县正好位于黄金北纬 30 度。保靖县宛如酉水河畔的璀璨明珠——上承张家界，下接凤凰古城，东邻猛洞河、五强溪水库上游，西连出土三万六千枚秦简的里耶，拥有美好的自然风光和人文历史景观。这里常年云雾缭绕，雨水充沛，夏无酷暑，冬无严寒，土地肥沃，植被茂盛。正是这样优美独特的生态环境培育出黄金茶这样的优质绿茶。

　　黄金茶有一个非常雅致的名字，叫做柳叶腊梅。柳叶腊梅是腊梅科植物，半常绿灌木，无污染，纯天然，承天地之精华，汇万物之灵气。黄金茶是柳叶腊梅的嫩叶经加工制作而成的一种功能性绿茶。

　　在吉首市马颈坳镇隘口村，耸立着一段五百年前的青石残墙。这便是明代黄金茶唯一的交易遗址。当时，深居在隘口的苗族同胞，以这种种味道醇厚、汤色如金的奇特野生茶作为主要"货币"和周边地区的人交换各种日常生活用品，深受欢迎。到了明中期之后，隘口的茶叶交易市场日益繁荣。

　　据《明世宗实录》记载，明朝嘉靖十八年（公元 1539 年），湖广都御史陆杰巡视兵防，途径保靖辖区的鲁旗深山沟壑密林中，有多人染瘴气，便向当地苗民求助。一苗族向姓老阿婆，摘采自家门前的百年老茶树叶沏汤赠与染瘴的文武官员服用，饮茶汤后，瘴气立愈。陆杰赠与向姓老阿婆黄金一两，并将

此茶献于嘉靖帝，被钦点为贡茶。从此，该茶就有了"一两黄金一两茶"的美誉。当地苗族子民，将此生长在苗家深山之中的无名野茶称之为"黄金茶"，该苗寨也因茶而名为"黄金寨"。

"黄金茶"的采摘时间非常短，在清明到谷雨前采摘，"叶芽"才是"金黄色"，谷雨后，不仅叶片颜色变绿，而且口感发涩。只有叶芽才能成为加工成茶的原料，每年产量十分稀少，以至市场市一茶难求，价格动辄上万元一斤。

黄金茶贵，但贵得有理由。轻饮一口，只觉得芳香袭人，醇和绵厚，回味悠长，清醇之中，别有一番芬馥之气。观其形，茶干柔条翠润，白毫初露，入水后嫩绿柔软。察其色，茶汤澄澈莹润如玉，纯粹清雅。嗅其香，甜润清冽，如空谷幽兰，骨子里有温润之气。品其味，韵长而饱满，浓而不苦，爽醇回甘。在品茗人心里，黄金茶有四绝：香、绿、爽、醇。其氨基酸含量高达 7.8%，是同类茶的两倍多。黄金茶还能清火解毒，防暑解暑抗感冒，并有养胃、降脂、健脑、减肥、醒酒的功效。

黄金茶是造物对湘西的恩赐。如今，吉首种植黄金茶面积近六万亩，仅在保靖县吕洞山镇黄金村的黄金寨古茶园，就有 2 057 棵古茶树，其中树龄最老树型最大的一棵"茶树王"，已经有 412 年历史了。它不仅是保靖县茶树驯化和规模化种植发祥地的"历史见证"，也是世界茶文化的"根"和"源"之一。2018年春天，这棵四百多岁的茶树王像往年每个春天那样，欣欣然地吐露出嫩绿的新叶，保靖县的"茶王"，一对姓马的姐妹，将从它身上采得的 865 克鲜叶精心制作了 100 克极品黄金茶。湘西人将黄金茶规模化，品牌化，这种来自大山深处的黄金茶，正在步入它的黄金时代。

沈从文的虎耳草

◎黄 菲

那天在湘西见到虎耳草时，虽是初见，却有如遇故知的亲切。

还在少年时代，我就在沈从文先生的文字中见过虎耳草。虎耳草，是《边城》的草，是一个唤作翠翠的姑娘的草。这个姑娘"风日里长养着"，和疼爱她的外公相依为命，纯真无邪，质朴美丽，是湘西的水土养出来的姑娘。创造翠翠的沈先生已经故去多年了，翠翠还活泼泼水灵灵地在沈先生的文字里活着。

《边城》中，虎耳草第一次出现，就是在翠翠的梦中。当翠翠听外公讲父母的爱情时，她想到了自己的感情。她梦见自己上山崖摘虎耳草。"……梦中灵魂为一种美妙歌声浮起来了，仿佛轻轻地各处飘着……飞窜过对山悬崖半腰——去做什么呢？摘虎耳草！"她把梦说给爷爷听："爷爷，我昨天在梦里听到一种顶好听的歌声，又软又缠绵，我像跟了这声音各处飞。飞到对溪悬崖半腰，摘了一大把虎耳草。"两兄弟都爱着这个纯真美丽的姑娘，决定用斗歌的方式来争取心上人，夜里那又软又缠绵的山歌是弟弟傩送唱的。翠翠那朦朦胧胧的感情明晰起来，所以"摘了一大把虎耳草"。

　青青的虎耳草，讲述着发生在边城的爱。茶峒是一个未染尘埃的世外桃源，民风淳朴，人心如清水般澄澈透明，慈爱而倔强的老船夫，纯真而坚强的姑娘翠翠，多情重义的两兄弟，荡气回肠的山歌，崖壁上的虎耳草……浪漫多情的湘西，孕育了这赤子一般的美，赤子一般的情。《边城》中的虎耳草，是爱与美的化身。

后来，我又在汪曾祺先生的文字中见到虎耳草。汪先生是沈先生的弟子。沈先生故去后，汪先生写了很多回忆沈先生的文章，其中一篇《星斗其文，赤子其人》的文章，文末写道："沈先生家有一盘虎耳草，种在一个椭圆形的小小钧窑盘里。很多人不认识这种草。这就是《边城》里翠翠在梦里采摘的那种草，沈先生喜欢的草。"我心里一动，原来，虎耳草，是翠翠的草，更是沈从文先生的草。

沈先生对故乡梦绕魂牵，对虎耳草情有独钟。亲友回忆，沈先生1982年回家乡凤凰，从小船上岸去看了虎耳草，"井旁岩壁上长满了茸茸的虎耳草，沈先生告诉我们虎耳草很能适应各种土质，开小白花，是消炎去毒的一种好药。看！它们每片叶子都很完整，虫子是不敢去咬它的。农民常用它消除一些无名肿毒。"沈先生在北京的那盆虎耳草，就是从湘西带去的。

在湘西，我终于见到了神交已久的虎耳草。它是那种野气生生的草，生长在山坡，野径，江畔，甚至石缝——据说虎耳草的学名从拉丁语直译过来是"割岩者"，因为它常常生长在岩石裂缝处，天长日久，也许有一天能将岩石割开。这意思，正是汪曾祺写沈从文特别写到的一点："沈先生很爱用一个别人不常用的词：'耐烦'。他说自己不是天才，只是耐烦。"

沈先生去世后，骨灰一部分撒入沱江，一部分归葬听涛山，墓旁种满了虎耳草。墓地的石碑上，刻着黄永玉写的铭：一个士兵不是战死沙场，便是回到故乡。

沈先生回到了故乡，陪伴他的，是他喜爱的虎耳草。

凌霄花：藤条尽头的赤子心

◎宾丝丝

夏天渐渐地深了，季节里最亮眼的花，莫过于凌霄了。在很多庭院都见到过她的身影。凌霄在半空中优雅而奋力地伸展着，垂花朵朵，溢翠飞红，没有一点顾忌的，热热闹闹的，在季节里恣意盛开。

初识凌霄花是在舒婷的那首深沉而又优美的爱情诗《致橡树》里："如果我爱你，绝不学攀援的凌霄花，借你的高枝炫耀自己……"把美丽的凌霄花比喻成了攀附高枝的势利小人，所以偶遇凌霄花，我的心中总要迟疑片刻。

后来，《致橡树》淡忘了，我心中的凌霄花又成了凌霄花。凌霄花，别称紫葳，本就是藤本植物，喜攀援，这是它的本性，与紫藤、金银花等植物是一样的。在我国有着悠久的栽培历史。最早的诗歌总集《诗经》中就有对凌霄的记载，凌霄花之名则始见于《唐本草》。可自古以来，偏偏有人不喜欢，对凌霄花的喜攀援颇有微词，有人赞它有"凌霄之志"，也有人贬其"趋炎附势"。评价因时因人而异，身为植物的凌霄当然无法争辩。只是依据自然天性，活出本来的样子，从春到秋，从百花吐艳到寂寞归隐，正像宋朝诗人吴文英在《水龙吟》中说的那样："待凌霄谢了，山深岁晚，素心才表。"

每一朵花都是有灵魂的，凌霄花在盛夏中坚定的笑容，给了我关于生命的感悟。这让我想到同样拥有赤子之心的沈从文。1931年的那个夏天，在中国公学教书的沈从文，跌入了一场无药可救的暗恋。沈从文疯狂地给自己的女学生张兆和写了一封又一封情书。张兆和对这个腼腆乡土的老师心生不耐烦，终于告到校长胡适那里去了。胡适看了信笑笑说："沈从文先生固执地爱你！"张兆和回答说："我固执地不爱他！"

在这场爱情追逐的最初，显然，张兆和是骄傲的，高高在上的，带着名门淑女的矜持与优越感；而沈从文是谦卑的，俯首并仰视的，是一个"乡下人"自卑的多情，充满了一种求之不得梦寐思服的美与哀愁。

望到北平高空明蓝的天，使人只想下跪，你给我的影响恰如这天空，距离得那么远，我日里望着，晚上做梦，总梦到生着翅膀，向上飞举。向上飞去，便看到许多星子，都成为你的眼睛了。

沈从文痴迷的情书一封封不停地写去，一直写出自己的灵魂之美，真情之挚，赤子之心。沈从文感染了张兆和，四年后，沈从文和张兆和在北京结婚。沈从文拒绝了岳父张吉友的钱财馈赠。从此，张兆和成了沈从文生命里亲爱的"三三"。沈从文笔下的"三三"是一位充满生命力的女子，挥洒着野趣，洋溢着真善美。沈从文用饱含感情的笔端倾诉着对生命近乎赤诚的热爱，且至死不渝。

一直认为，遇有一丛美丽玫瑰，未必就能拥有一株攀援在树枝上的凌霄。想要在现实中与凌霄花迎头而遇，可以来沈从文出生的千年古凤凰城，那里的南城镇素有"凌霄花"之乡的美誉。盛夏走在凤凰街的石板道上，徜徉在艳红如霞的凌霄花下，一定会让你禁不住感慨"生如夏花之绚烂"。半夏花开，在岁月最酣畅淋漓的季节如果能够遇见凌霄，将一腔欢爱挂在盛夏的檐下，随那些氤氲的香，璀璨的锦瑟，携同最蓬勃的生命体验一同汇入盛夏的华年，那该是何等幸事啊！

"天下美景张家界，人间仙果菊花芯""好水不及白沙井，好果不及'菊花芯'。"行走在张家界当地，初听类似歌谣时，我会产生这样的好奇：菊花芯，是一种茶？还是一朵花的名字？

鸽子一般的花朵

◎郭探微

　　小时候看过一首诗，诗名已经忘了，但还记得有这么几句话："亲爱的鸽子，请告诉我，你离我有多远？春天又一次展开你的翅膀，可我不知道，你离我还有多远。寂寥是落入秋水的蝉鸣，清逸如乐，我的耐心阳光而宁静，却一次一次，我把白雪扬到半空……"

　　初读这首诗，还以为讲述的就是白鸽，直到我见到一种植物开花：成片的绿林中，一只一只洁白的"小鸽子"趴在绿叶上，它们的翅膀是洁白的半透明状，微风一吹，小鸽子们似乎受了惊吓，随时可以飞走一般……走近了去看，才发觉那些活灵活现的"小鸽子"，原来是一朵一朵花。这种花，又有植物界的大熊猫之称：珙桐。

　　珙桐是落叶大乔木，树干高大挺拔，叶片先端渐尖，基部呈心形，叶片边缘有小锯齿。珙桐的叶子并不多么出众，但花却格外引人注目：春末夏初时节，当大部分花朵已经过了全盛之期，珙桐花才姗姗撑开了花瓣。从初开到凋谢色彩多变，一树之花，次第开放，异彩纷呈。

　　欣赏珙桐花的大部分人可能不知道，珙桐是我国特产的珍贵园林观赏树种，生长于一千万年前的新生代第三世纪初期。它是被法国传教士大卫神父作为西方人首次发现的，1903 年后，英国从我国引入珙桐花种，这种美丽的花朵才飞出国门，在越来越多的地方落下脚步。

　　珙桐可谓是"墙内开花墙外香"的典型：1954 年，周恩来总理赴瑞士的日内瓦参加国际会议，游览苏黎世时，听导游员娓娓道来谈起珙桐树的来历，不禁大吃一惊。他问身边随行的人，没有一个人说得清楚珙桐的来龙去脉。周总理回国后，立即指示有关人员进行专门研究、培育。

虽然国家加大了对珙桐的保护力度，但因为珙桐对周边生长环境要求很高，珙桐的倩影也不是随处可见的，只有张家界市的桑植县，发现了一片原生珙桐群落：这片珙桐林面积逾二千亩，数量超五万棵，树龄百岁以上，树围在两米以上。该群落位于桑植县八大公山乡朱家湾村，经林业专家、学者实地考察后得出结论，如此大面积、大数量、高树龄的珙桐群落实属罕见。

经过多年精心培育，原本濒临灭绝的珙桐又焕发出新的活力，这种花开洁白，叶片似心形的古老树种，被赋予了新的历史使命——"和平使者"：比如2008年12月，17棵珙桐树苗与赠台大熊猫"团团""圆圆"一起，搭乘台湾长荣航空公司的专机飞往台湾。

如果树有灵，我想，象征着爱与和平的珙桐，应该是一个白裙少女的形象。她历经命运的起伏，却不改天真与轻盈，每年春末夏初时，如果人们来到张家界桑植县，就能看到这样一树一树的花朵轻盈开放，笑盈盈地迎接着众人赞叹的目光和镜头，回眸间，或许会露出一如少女一般的甜笑："此刻你应该提着裙裾欢快地向我跑来，半山人家的炊烟已经升起……晚云的柔光里，那片安宁，许我留在密林边缘，等一个白衣飘飘的少女，飞离你的枝头。"

"平平无奇"闽楠王

◎郭探微

　　如果不是入选十大"湖南树王"，眼前这株亭亭如盖的闽楠王，在旁人眼中看来，也只是比寻常大树更蓊郁、茂盛一些而已。

　　闽楠，说到这个名字，多数人可能有些茫然，但要说"金丝楠木"，估计大家都会有默契地"啊"一声，打量这株古树的眼光，也会多了几分不同。严格来说，金丝楠木并不是一个树种，而是一些材质中有金丝和类似绸缎光泽现象的楠木（包括桢楠、紫楠、闽楠、润楠等）的泛称。树龄较长的闽楠木，其内芯会产生一些金丝一般的光泽，可以被归类为珍贵的"金丝楠木"。

因为芳香耐久，材质细密坚韧，纹理美观，楠木自古以来就是"四大名木"之首，在中国的建筑中，金丝楠木一直被视为最理想的高级建筑用材，在宫殿苑囿、坛庙陵墓中广泛应用。明朝谢在杭在《五杂俎》中提到："楠木生楚蜀者，深山穷谷不知年岁，百丈之干，半埋沙土，故截以为棺，谓之沙板。佳板解之中有纹理，坚如铁石。试之者，以署月做盒，盛生肉经数宿启之，色不变也。"

北京故宫的文渊阁、乐寿堂、太和殿以及明长陵等重要建筑都有楠木为柱或制成家具。明十三陵中，建成于明永乐十一年的长陵棱恩殿，占地1 956平方米，全殿由60根直径1.17米、高14.30米的金丝楠木巨柱支承，黄瓦红墙，垂檐庑殿顶，是中国现存最大的木结构建筑大殿之一。这些柱子，每根都要两人合抱才能围住，历经几百年沧桑不腐。

因为达官贵人们的偏爱，楠木这一树种也遭受了过度砍伐的危机，晚清末年，已经很难找到野生的金丝楠木。这株生长在张家界桑植县凉水口镇利溪坪村口的"闽楠王"，树龄500年、胸径1.68米，近代以来，不少人打过贩卖"树王"的主意，但当地百姓将它看作神树，在大家的自发保护下，它得以保存至今。

因为质地太好而遭受"灭顶之灾"，闽楠木这样的命运不免有些让人唏嘘。人们似乎很少能欣赏楠木活着时的勃勃生机，而更多把它看成是名贵的木材。正如一首诗中所写："童童挺十寻，一盖摩空绿。斜月碍枝回，凉烟附叶宿。拙斧无妄加，要经匠者目。"

每每读到这首诗，我总有些愤愤不平之意，虽然诗中提到了斜月、凉烟下的楠木，但最后两句，依旧落在了"匠者"身上，难道只有经过能工巧匠雕琢，楠木才美么？

在我看来，眼前这株树干笔直，冠盖如云，直冲云霄的"闽楠王"，才是最美的。清风拂过枝头，小鸟在树间跳跃，这样一种沉静又生机勃勃的美好，比任何大殿里庄严肃穆却"死气沉沉"的金丝楠木要可爱一万倍。与其让它成为世人眼中千金难求的良木，不如让它一直"平平无奇"生长在乡野之中，自由自在呼吸阳光和雨露，承接狂风暴雨的洗礼。

"无名美人"命名记

◎郭探微

　　杜鹃花我见过极多，每年四月份左右，漫山遍野都是一簇一簇红艳艳的花朵，正因为它如火一般的色彩，所以在很多人心中，杜鹃还有一个别名："映山红"。

　　湖北麻城曾推出过一则很有韵味的旅游推广语，叫做"人间四月天，麻城看杜鹃"，一簇一簇火红的杜鹃花印刷在公交车的车身上，每年春季，成为一座城市流动的风景。因为看多了"漫山红遍"的杜鹃花，所以第一次去张家界，看到"天门山杜鹃"时，我极其惊讶。杜鹃花不是红色的么？眼前这株花色白如玉，只有花丝处有细微红色的植物，很多人见到它后，都会闪现出同一个念头：原来杜鹃花，也有这种颜色的。

　　这种杜鹃花之所以能出现在大众面前，被更多人欣赏，和一个执着的老工程师分不开。

　　张家界永定区科技局的一位老干部黄宏全，在四十多年的工作生涯里，他几乎走遍了张家界整个森林，对张家界的一花一木都了如指掌。2005 年，为了全面掌握天门山国家森林公园的物种资源情况，天门山首次在园内开展了物

种挂牌上"户口"活动，黄宏全无意中发现，有一棵杜鹃花与现有植物分类学描述的杜鹃花都不一样。这样一株"特殊"的杜鹃花，从此闯入了黄宏全的心坎。出于科研工作者的谨慎心态，黄宏全在没有对这批"无名美人"验明正身的情况下，并没有草率给它们挂上其他名牌，从此，天门山地区就有了一批"没有户口"的杜鹃花。之后，黄宏全翻遍典籍，但最终没有找到切实的答案。无名杜鹃就如隔在云端的美人，在层层迷雾的笼罩之下，更增添了几分神秘感。

2006年，张家界举办了国际森林保护节，中南林业科技大学教授彭春良首先率科学考察组一行来到了张家界，黄宏全当即向彭教授一行讲述了这株杜鹃的发现过程。回到长沙后，彭春良教即组织省内植物分类学专家，对"无名美人"进行研究和分析。经过长达九个月的论证，"无名美人"终于在2006年11月有了新的名字：中国科学院植物所王文采院士、美国密苏里植物园瑞文教授、四川大学何明友教授等世界著名植物分类学专家一致认为，这株"无名杜鹃"是形态特征非常独特、开发利用价值很大的杜鹃花科新种，因为该新种特产地为湖南张家界天门山，所以将其命名为"天门山杜鹃"。

"无名美人"的故事告一段落，一朵一朵洁白中微微带着粉色的杜鹃，自由绽放在张家界的山野之中。它们和其他的杜鹃花有着那么多不同，不同的颜色，不同的姿态，连在微风中晃动的笑颜，都显得格外耀眼一些。如今，曾经的"无名美人"身上，名牌闪亮。如果没有一个老工程师的执着，没有植物学家们的持续跟进，我们或许要和这与众不同的洁白杜鹃擦肩而过了。

土家甘露茅岩莓

◎郭探微

　　"煮一盏茶忘记繁华，爱长出枝丫，天下无双，一叶一花。一步山水一生爱，一杯莓茶浓四海，默默远眺在等待，等待千年的对白，一步山水一生爱，一杯莓茶千里外……"车行驶至蜿蜒的武陵山脉中，电台里播放着这样的歌曲。这首《一步山水一生爱》的歌，唱的是张家界一种特殊的藤本植物——显齿蛇葡萄。

　　显齿蛇葡萄，这可不是什么水果的名字，而是一种野生藤本植物。在张家界的茅岩河流域，生长着一种不起眼的"藤草"：细细的碧藤上，怯怯地伸着细长的叶片，有一种柔弱伶仃的美感。这种藤草落地即生根，掉籽即发芽，又因为表面有一层纯天然的蛋白霜，所以深加工后的产品叫做"茅岩霉茶"，后又因为大家觉得"霉"字不好听，又改作了"莓"。

　　茅岩莓茶被当地人称为"神仙草"。据历史记载，1379年明朝洪武年间，土司覃垕在张家界永定区温塘镇茅岩河边揭竿而起，形成了一支强大的地方军。朱元璋急调25万大军征剿，经过半年的激战，义军伤兵众多，再加上山中阴热潮湿，许多人伤口溃烂，战斗力几乎全失。关键时刻，一位百岁道翁从武陵云雾山中采来一背篓的绿色藤草，给伤兵内服外用，治好了义军们的种种疾病。"神茶救兵"的故事由此在张家界流传开来。

　　明代医学家李时珍听说了这种神奇的"野藤"，曾三次入大庸（张家界市原名）寻找未果。1593年，李时珍重病，招其子于榻前，言："余此生心愿了之，唯二事终难如愿。一则，书成，却未将上之朝；二则，先人所载，太祖期间，神茶救兵具奇效，父此生三入大庸卫，终不得见，为此生之憾也！"

　　到了清朝，令李时珍魂牵梦绕的"野藤"又一次登上历史舞台：1887年，光

绪皇帝的老师陈子贺回武夷山省亲，途经永定县（今张家界天子山）时，听当地一位老人提到一种能治百病的"神草"。彼时光绪皇帝正身体虚弱，食欲不振，陈子贺便将"神草"带回紫禁城，献给光绪。光绪将神草泡水服用，不到半年后，觉得身轻体健，于是大笔一挥，欣然为藤草御赐美名："土家神茶"。

历史风云变幻莫测，没想到这样小小一株"野藤"居然数次在重大历史事件和人物生活中扮演了重要角色，也正是这样特殊的经历，让茅岩莓茶身上多了一分历史的厚重感。

旧时王谢堂前燕，飞入寻常百姓家。如今，走入张家界的特产商品店，随处可见茅岩莓茶的身影，当年的"贡品"，现在普通人也能享受得起。坐在张家界街边的茶楼，我点了一杯茅岩莓茶。

冲茶的姑娘伸出皓腕，轻盈将一杯碧绿端至我面前。入口微苦，喉间一点回甘。在热水中，"野藤"舒展了身姿，打着优美的旋儿，仿佛在舞蹈。无论是面对揭竿而起的义军，高高在上的帝王，还是普通百姓，它都尽力发挥出最大功效，把自己吸收的每一滴天地精华都转化为甘露，滋养着人们的身心。

天凉了，送你一件马褂

◎郭探微

　　"天凉了，送你一件马褂。"微信上，收到许久未联络的朋友的一条信息，配上一张照片：一片微微泛黄的、比手掌还大的叶子，不同于一般叶子中间或呈弧形，或呈尖角的样子，它叶片的两侧端向外突出，中间无端凹下去一片，正如旧时人们常穿的马褂背心。叶片的背景是被秋雨洗过的碧蓝的天空，阳光正好，为泛黄的"马褂"镀上一层暖洋洋的金边。

心中忽然被温柔地撞了一下，深秋的北方，我抬眼望向南方：在潇湘大地上，在我的故乡张家界，此时又到了鹅掌楸黄的时节啊。

在众多乔木当中，鹅掌楸无疑是很显眼的一类。这首先得益于它是个"高个子"：成熟的鹅掌楸可超过20米，胸径1米以上，在温暖潮湿的南方树林中，若夹杂着一株鹅掌楸，就像一个班级里那个最大个学生，他总会最先闯入你的眼帘。

更显眼的，莫过于鹅掌楸叶子的独特造型：两边尖尖，像两只袖子，树叶的中间呈"V"型，像被顽皮的自然精灵拿剪子，特意比对着衣领剪裁过一般。我并不是一个植物迷，但单凭一片叶子就能让我一眼认出的植物，除了蝴蝶一样的银杏叶，就是长得像马褂、又似鹅掌的鹅掌楸了。因为叶片的缘故，鹅掌楸也被叫做马褂木。

相比起高大的树干和造型奇特的叶子，鹅掌楸的花低调得多，但也是令人怜爱的鹅黄色：每年五六月份，春末夏初的时节，一朵一朵鹅黄的小花从绿色的叶片里苏醒，和"体型巨大"的叶片相比，更有一种娇娇小小的感觉，这才让整株鹅掌楸有了一点南方乔木的秀美之气。好友曾调侃说，那娇小的花朵映衬着高大的树木与宽阔的叶片，有种奇特的"反差萌"。

我是南方姑娘，小时候，因为在树林里经常能发现鹅掌楸的踪迹，并不觉得它有多么稀奇，我和好友经常在后山，绕着一棵高大的鹅掌楸疯跑、玩耍，那马褂一样的叶片常被我们的笑声震得一颤一颤的。到了夏初，我们还会在树下捡拾被风吹落的鹅掌楸花，小心将一朵一朵鹅黄插在发间，小姑娘们爱臭美，总希望借自然的光彩，为自己添一份娇憨与明媚。

鹅掌楸是我国特有的珍稀树种，只在北美有一个"近亲"叫做北美鹅掌楸。我国的"鹅掌楸"树王生长在张家界桑植县芭茅溪乡楠木坪村，树高28米，胸径160厘米，树冠覆盖面积64平方米（原为252平方米，后在"冰灾"中压断众多枝条）。主干通直圆满，生长十分旺盛，年年开花结果。中外林学家多次到此考察，认为它是国内发现的胸径最大的鹅掌楸。

这株树王，我有没有亲眼见过呢？大约是没有罢，但我家后山的那棵，却是我心中的"树王"，因为它扎根在我的记忆深处，和故土紧紧相连，它仿佛一把钥匙，只要一握住它，就能随时打开穿越回故乡的那扇大门。

柚中珍品菊花芯

◎郭探微

　　"天下美景张家界，人间仙果菊花芯。""好水不及白沙井，好果不及'菊花芯'。"行走在张家界当地，初听类似歌谣时，我会产生这样的好奇：菊花芯，是一种茶？还是一朵花的名字？直到看到街边，有淳朴的村民们用板车拉着黄澄澄、圆滚滚的柚子叫卖，我才恍然大悟：原来菊花芯是一种柚子的名字。

　　张家界菊花芯柚，柚果微呈椭圆形，因果脐部有放射状沟纹，像菊花的花瓣一样，才有了这个好听的名字。菊花芯柚主产区位于永定区澧水流域，海拔100米—300米，坡度在25度以下的低丘、冲积平原的沙质土壤地带。张家界土肥水甜，终年仙雾飘飘，所以出产的菊花芯柚也酸甜可口，营养丰富。尤为难得的是，菊花芯柚比其他柚子储存的时间更长一些，因此有了"水果罐头"的美誉。

菊花芯柚历史文化传承悠久，相传清朝末年，永定区胡家河村住着一位姓胡的农人。有一天，他在自家菜园子里薅草，忽地从树上摔下来一只受伤的布谷鸟，他把布谷鸟抱回家，帮它包扎好伤口，悉心照料。布谷鸟的伤好后，扑棱着翅膀，恋恋不舍地离开了农人。过了几天，布谷鸟又飞来，绕着农人飞了三圈，从口中吐出一粒白籽。

农人将白籽种在地里，一株幼小的绿苗发了芽，又过了好几年，冬去春来，夏走秋至，绿芽长成一棵大树，大树上挂满了金灿灿的柚子。这种柚子和当地其他柚子不同，果脐处有一丝一丝放射性纹路，像盛开的菊花花瓣。当地村民们觉得稀奇，争相采摘果实，品尝过的人都说："味道鲜哩，比空心、塌塌（当地传统的柚子品种）好十倍！"

这当然只是传说，据正史记载，菊花芯柚是清朝光绪年间开始驯化栽培，迄今逾百年，已成为中国特有的红肉甜柚优良品种。据说当年宣统登基庆典，全国大办皇会，菊花芯柚一举夺魁，跻身全国名柚之列。还有人说，民国初期，这枚小小的柚子还曾漂洋过海，在巴黎万国博览会上崭露头角，因此菊花芯被张家界本地人骄傲地称作"国货之光"。

菊花芯柚是否真的曾代表中国"出席"过国际博览会或不可考，但2007年，张家界全市柑橘鉴评大赛中，它一举夺得"优质奖"，此后还多次获得国家农产品地理标志登记保护产品等殊荣。

剥开一片菊花芯，红色的果肉晶莹剔透，在阳光的照射下散发出甜美的气味。放入口中，舌尖先是品尝到一丝清甜，接着是一点微微的酸，好像把人推到了雨后初晴的大山之中，空气中有潮湿的植物香，整个人在清新的大自然中舒展开来。

陌生人对一个地方最初的记忆，往往是一处特别的风景，一碗美味的菜肴，或者是一个热情温暖的人。于我而言，对张家界最初的记忆，就来自这一只黄澄澄的菊花芯柚。

其实对张家界当地人而言，也是如此。每年十月，在金色的秋天里穿行，上至七旬的老人，下至十岁的孩童，闻到柚子成熟的香气，都会情不自禁笑眯了眼。味道唤醒记忆，记忆酝酿情绪，情绪又反过来加深味道的沉淀……或许对当地人而言，菊花芯柚，就是家乡的味道。

千锤百炼，方成冰肌玉骨

◎郭探微

挥舞锄头，在高山上挖掘，将沾满了泥巴、树根一样的块茎从泥土中拔起，洗净，放在坚硬的石头上。健壮的土家汉子们拿着木槌，一槌一槌冲根茎狠砸下去。一下，两下，坚硬的块茎终于不敌土家汉子们的一身好力气，被打碎。

白色的汁液慢慢流出，手脚麻利的妇女们将砸碎的根茎放入清水中，反复淘洗。一次又一次，根茎中的淀粉成分在清水中沉淀下来，然后再拿了滤网，细细过滤掉沉淀物中的渣滓。清水和灰渣被滤网分离掉，一桶一桶灰白的原浆生成了。接下来的工序，得交给时间。把原浆放置一晚上，原浆的精华沉到了桶的最底部，上面又剩下清水。一勺一勺把桶最上面一层的水舀出，会发觉桶底已经有结好块的沉淀物了。用刀将一整块沉淀物分开，白天，把它们均匀铺在阳光底下晒，晚上，放到炉火旁烘烤，等完全干透，再碾成粉……葛根的加工工作才算大功告成。当然，我描述的是比较原始的加工方法，现在都是半机械化操作，比从前的人工制粉要简单得多。

一袋一袋包装好的葛根粉，进入不同人家的餐桌上，巧手的主妇拿凉水搅匀，开水冲调，白色的粉末变得晶莹剔透，散发出植物特有的清香。再加半勺白糖，葛粉糊糊成了一道又简单又有营养的"佐餐汤"。有时候，炒菜正忙着，发觉厨房的生粉没了，别着急，抓一把葛根粉，均匀拌在肉里，炒出来的肉鲜嫩多汁，比裹了生粉的肉更好吃……

在盛产葛根粉的张家界，葛根还有一种特别的吃法：葛根粉炒肉。将葛根粉调成糊状，冷却后切片，和土家腊肉一起放入锅中爆炒，葛根片能将腊肉中的油全部吸去，沾了葛根粉的腊肉变得肥而不腻，浸了腊肉油的葛根片则变得格外滑口，让人停不下筷子。

　　贫穷年代，张家界当地的老百姓们是拿葛根粉当充饥的食物用的，如今，随着养生保健大行其道，葛根又因为一系列保健功效而成为人们的"宠儿"。毕竟，葛根的强大功效在历史上就有神仙级的名人"加持"：传说彭祖"不食人间烟火，但不能不吃葛根"，以葛根为生命之根本。葛根还是我国中草药方之母本，具有"合百药、主补剂"之功效，大寒之剂因它而不寒，大燥之剂因它而不燥，在中草药之中有"四大君子"（人参、鹿茸、葛根、田七）的美誉。李时珍的《本草纲目》中也有记载："葛，止眩、消渴、消毒、祛脂、醒酒之上品。"日本人也很喜欢食用葛根，将其称为"长寿龙根"。

　　当人们张嘴，把这么一份美味吞入腹中时，很少能想到，葛根的原貌是那么的不起眼。千锤百炼，方得冰肌玉骨，对葛根而言是如此，对每个人而言，又何尝不是经历种种磨炼，才能成就最好的自己？

白垩纪时期的幸存者

◎郭探微

　　1.455 亿年前的白垩纪时期，大陆被海洋分开，蔚蓝色的星球变得温暖干旱，适合动植物们的繁殖和生长。更多品种的恐龙踏着沉重的步伐出现了，它们的脚下，一缕烟尘之中，一种柔弱而色彩艳丽的小花，也静静绽开了笑靥。

　　那是"大家伙"们横行的时代，天上飞的、地下跑的、水里游的恐龙们成为地球的主宰，没有任何一束目光会停留在这种长得酷似龙虾的小花上。在今后几千万年的岁月中，恐龙自顾自地主宰地球，龙虾花们自顾自地开放，直到公元 6500 万年前，一颗小行星撞上地球，造成超级火山爆发，整个地球被火山灰和毒气覆盖……

　　接下来发生的一切，大家都不陌生了。很多生物就此灭绝，其中就包括曾是地球霸主的恐龙。当最后一只恐龙庞大的身躯颓然倒下，它的目光，也许会第一次留意到这朵小花：那是一朵纤长的紫葡萄色的小花，因为恐龙的倒地，它在地面上微微颤动着花蕊，虽然柔弱，却竭力舒展花瓣，适应着正在恶化的大环境。后来，这些小花儿们又经历了第四纪大陆冰川活动的考验，大部分灭绝了，但依然有一小部分顽强活了下来，在湖南张家界武陵源，就多次发现这一珍稀植物。

　　龙虾花被人们认为是地球上现存最古老的开花植物之一，它是湖南凤仙花、滇南凤仙花、黄金凤等十余种凤仙花的总称。因为是多种凤仙花的总称，所以龙虾花的色彩格外艳丽丰富：它们有的鲜红如珊瑚；有的金黄如琥珀；有的烟

紫如葡萄。每一朵花都藏在绿叶下面，花柄像一根青丝线，"虾头"上有两根卷须，虾身有一道一道的花纹。微风一吹，它们便在风中活蹦乱跳，如同神气活现的彩色大虾。

龙虾花似乎格外钟爱武陵源地区，在金鞭溪、畲刀沟、十里画廊、西海等阴湿地，以及天门山、天罗山、天平山、黄石寨、宝峰山堡子界林场等处，如果留心的话，都能发现这种小花。如果你感到好奇，轻轻伸出指尖碰触一下小花的花瓣，便会发出"啪"的一声，花瓣竟炸裂了。那一声响，虽然微弱，却饱含着生命的呐喊和绽放的热情，会让人遥想起这朵小花的出生以及一路盛开的艰辛。大约是因为这种顽强的生命力，龙虾花打动过很多诗人和作家的心：

当沧海错落成莽原时，龙虾，蜕变为一朵瑰丽的奇葩，至死不改变自己的形象，永远不背弃故乡。这就是你给人的启示吗，龙虾花？

你来自大海，更依恋青山，你告别远古，更迷恋今天。龙虾花，栉风沐雨生长在武陵源，让芬芳浸入张家界的迷雾，将色彩溶进天子山的源泉。

或许，千百年后，当地球的霸主之位再次易手，这朵柔弱的、安静的小花，依然可以灿烂地活下去……

惊心动魄采岩耳

◎郭探微

眼前是一碗色泽透亮、散发着诱人香气的汤。汤用陶碗盛着，洁白的鸭肉，青翠的小葱，一朵一朵黑色的"木耳"舒展开来，让人食指大动。入口时，只觉得这种"木耳"比平时吃的略微薄一些，唇齿摩擦间，一种更为悠长鲜美的味道细细密密占据了味蕾。

"这可不是木耳，是我们张家界特有的岩耳。"煲汤的私房菜厨子老张，淡淡一笑，笑容里有"世外高人"一般的淡然和骄傲。

岩耳又称石耳，形状和木耳相似，但比木耳大，表面呈黑色，有细刺，背部长着一层青苔似的淡绿膜，正中有蒂，长在悬岩绝壁阴湿处的石隙之中，一般要六七年才能长成。李时珍早在《本草纲目》中记载："岩耳性甘平无毒，能明目益精。"清代的《本草纲目拾遗》中称岩耳"久食色美，益精悦神。作羹饷食，最为珍品。"

张家界的大山大水吸收了天地自然的灵气，也成为很多珍稀动植物的乐园，岩耳就是其中的一种。它藏身在悬崖峭壁的石隙之中，因为采摘困难、产量极少，所以有"张家界三宝"的称号。端着一碗岩耳炖鸭，食客们可能不知道，这道鲜美的名菜背后，隐藏着一场惊心动魄的采摘。《永定县志》就曾简短记载过采摘岩耳的过程："采岩耳者以长绳一头束腰，一头绾铁钉，陷石罅中渐移，遇上下亦如之……间或偶遇飞虎剪绳，则立成齑粉"。

毗邻张家界景区的中湖、兴隆、思难峪、索溪、插溪峪等地，有终身以采岩耳为职业者，当地人把他们叫作"岩耳客"。成为"岩耳客"可不是一件容易的事。"岩耳客"们要先拜师，掌握了基本的登山要领后，再去实地攀爬，系一根绳子在身上，腰间别着简单的开凿工具，一边开山，一边前进。先矮山后高山，循序渐进，待胆子练大了，就可以放绳子去悬崖峭壁采岩耳了。

并不是每一座石山上都长着岩耳，"岩耳客"们自有一套"神秘"的踩点方式：进山前，他们要先看山附近的溪水，若能在溪水中发现红沙、白沙，就可断定这一带山上有岩耳。进山前一晚，等到夜深人静之时，"岩耳客"们还要虔诚去山脚下，焚香化纸，敬山神，避山鬼，画"万法归井"的字符，把字符压在进山的十字路口处。

遥想悬崖峭壁之间，一腰间缠绳的"岩耳客"像壁虎一样，紧贴着岩石，小心翼翼一步一步挪向石耳生长的地方。这一过程充满了艰辛和不可预知性：有一种当地人叫做"飞虎"的异兽，面相凶恶如虎，腋生两翅，凶猛无比，其牙齿十分尖利，尤其喜欢咬绳索，有时一个俯冲，张口咬断绳索，"岩耳客"必被摔得粉身碎骨。有时候猴子也来凑趣，虽没有"飞虎"破坏力那么大，但猴群把绳子拉扯得左右摇晃，或者拿果子砸人，也很让人头疼。

那神秘的"岩耳客"们，正是因为深谙自然残酷，深深敬畏自然之力，才会抱着虔诚之心去封山、拜神，将每一次收获当做上天的恩赐吧！思及此，我手中的这碗汤更多了其他的味道，我推开窗户，遥看远处云雾笼罩的苍山，似乎看见了一个黑点在山崖上缓缓移动……

思仙佳木落人间

◎郭探微

　　北京郊区有一个小公园，叫做"杜仲公园"。初次去那里时有些好奇，杜仲是人名还是地名？去公园时，已经是初冬时节，只见公园里一片光秃秃的林子，景致实在算不上好。不过好歹是弄明白了一件事：这里的杜仲是树木的名字，公园因为大量种植了杜仲树而得名。

　　"咱们这儿的杜仲不算好，张家界有一个慈利县，那里有全国最大的杜仲基地。"公园里养护杜仲树的工人告诉我，杜仲虽然其貌不扬，但是一种名贵的中药材。

　　再次见到这种"相貌上平平无奇"的树，真的就是在张家界。导游小姐轻快的声音落在褐色的树皮、绿油油的树叶、藏在树叶后面淡黄色的小花身上，我的目光，也再次聚焦在杜仲身上："因为折断树枝时，里面可以看到像棉絮一样的汁液，所以杜仲在本地得名为丝绵树。关于丝绵树，当地还流传着一个故事……"

　　古时候，湖南因水而兴，那时候的货运主要是木船，船上拉纤的纤夫们因为长年累月弯腰低头拉纤，大多患上了腰膝疼痛的顽症。有一名叫做杜仲的年轻纤夫，心地善良，粗通医术，他一心想找到一味药能结束纤夫们的痛苦。

有一天，杜仲上山寻药，遇到一位采药老翁，他将自己的心愿告诉老翁，老翁仔细打量了他一下，一言不发转头就走。杜仲离家已经多天，身上的干粮也所剩无几，但他没有放弃，一直跟随着老翁，诉说着纤夫们的疾苦。老翁最终被他执着的精神打动，从药篓中掏出一块树皮递给他，并叮嘱说："这种树生长在险峻的地方，它的树皮可以治疗腰膝疼痛，你要一路当心！"

杜仲拜别了老翁，沿山间险道攀登而去。等他艰辛地爬到半山腰时，只见飞鸟盘旋，雌鹰对着雄鹰哀啼，心中一慌，失手滚落山崖。幸运的是，半山腰的一株大树接住了他，杜仲清醒过来后，发觉这株大树，就是他要找的树！

杜仲用尽最后的力气采集树皮，最终精疲力尽，被山间瀑布冲走，水流一路把杜仲冲入洞庭湖，在湖边劳作的纤夫们发现了他的尸体，杜仲的双手还紧紧抱着一捆采集到的树皮。纤夫们含着泪吃下树皮，腰膝疼痛的毛病得到了缓解。

"为了纪念杜仲，人们就把这种树命名为杜仲，还有两句诗流传下来，'感恩采药杜仲仙，身殒换得良药来'。"导游小姐的声音渐渐小了，我看这种树的目光也有了不同。回去后翻看医经，又发现了这一树名来历的有趣说法，李时珍说："昔有杜仲服此得道，因以名之。思仲、思仙，皆由此义。"原来在医圣眼里，这种药材吃了可以得道升仙，所以人们也会叫它"思仲""思仙"。

当地人告诉我，杜仲嫩芽可作蔬菜食用，爆炒、凉拌、余汤都味美可口。临走时，我也点了一盘清炒杜仲芽吃，一丝丝植物的清香在舌尖上绽放开来，不禁让我想到，这样一种"功用奇佳"的仙木，居然有着这样接地气的长相，还有着这样接地气的吃法，也算是难得了。

怀化篇

"向日葵，花儿黄，朵朵葵花向太阳……"
相信不少人一提到葵花，都会哼上这首儿歌，
都会在脑海里浮现葵花在灿烂阳光下盛开的景
象。这种景象，你到了怀化市洪江区的星空庄园，
就会真切地看到，甚至比你脑海里的景象还要
壮观

怀化·槐花

◎张 坤

怀化市的市树市花评选了很长一段时间，但至今没有结果。市树的候选品种是香樟、栾树、榆树、杨梅和桂花树，市花的候选品种是山茶花、杜鹃、紫薇、木槿花和月季花。看到这个名单，很多人在问，也在纳闷：为什么槐花没有列入怀化的市花候选名单呢？

槐树，有国槐和洋槐之分，但都是乔木，都称槐树。一般将槐树开放的花朵称为"槐花"，也称"槐蕊"，花蕾则称为"槐米"。槐树常植于屋边、路边，中国各地普遍栽培，主要在北方，以黄土高原和华北平原为多，一般在每年四五月开花，花期一般为10到15天。

槐花具有良好的观赏价值，每到花期来临，一串串洁白的槐花缀满树枝，空气中弥漫着淡淡的素雅的清香，沁人心脾。自古以来，文人都不吝对槐花的歌咏。仅在唐代，就有众多诗人唱吟槐花，白居易《秋日》云："袅袅秋风多，槐花半成实。"子兰《长安早秋》云："风舞槐花落御沟，终南山色入城秋。"罗邺《槐花》云："行宫门外陌铜驼，两畔分栽此最多。欲到清秋近时节，争开金蕊向关河。层楼寄恨飘珠箔，骏马怜香撼玉珂。愁杀江湖随计者，年年为尔剩奔波。"

今天，著名湘籍歌词作家曾鸣对怀化的槐花更是情有独钟，专门为此写了一首歌词《怀化开槐花》："怀化满城开槐花，槐花粒粒白似牙；童年挂在槐树上，外婆没牙眼不花；槐花白似牙，香甜满嘴爬；老街躲在清风里，外婆踮脚喊回家。怀化是你家，怀化开槐花！怀化满城觅槐花，槐花串串结泪花；思念挂在槐树上，小妹有心咬紧牙；槐花白似牙，月色满枝桠；新城何处花落处，小妹踮脚盼回家。怀化是你家，怀化开槐花！"

曾鸣的歌词自然让人想起许多文学作品许多影视剧中门前或村口的那棵大槐树，在文学大师沈从文的笔下，怀化就有这样一个"槐花镇"。后来，很多人根据沈从文在《槐花镇》中的描述去寻找去考证，认为如今怀化市中方县的

泸阳镇就是沈从文笔下的"槐花镇"。

当然，如果你真的来到如今的泸阳镇，自然已经看不到什么槐花，更见不到那棵标志性的大槐树了。不过，当你走进那条老街，和老街坊谈古说今，那个"槐花镇"就会重现在你的眼前：百十年前，老街北侧的那条小河，河水清澈，流水潺潺。岸边，有一棵大槐树，树之大，二十多个人才能合抱；树干中还有一孔，孔之大，可以容下一张牌桌，镇上每天都有一伙赌徒在里面吆五喝六。后来，这棵大槐树自然死去。开始人们传说，这是棵成了精的古树，谁去动了它，谁就将遭厄运。但后来还是被人们锯了当柴烧，据说一条街的人家整整烧了一年。

怀化是全国闻名的"广木之乡""水果之乡""药材之乡"，全市森林覆盖率达67.2%，列湖南省首位，是我国九大生态良好区域之一。自然而然，槐花在怀化也是到处都有的。但是不是因为那个"槐花镇"不敢确定，那棵"大槐树"死去了不吉利，槐花就没有被列入怀化市市花的候选名单呢？其中内情，外人自然不得而知。但许多人认为：相比于那些姹紫嫣红的各类名花，槐花朴素、洁白、纯美，又谐音怀化，如果槐花是怀化的市花，怀化满城开着槐花，人们观赏着一城的槐花，品味着这市花与市名之间的巧合，该是多么浪漫的事啊！

是啊，怀化美，槐花香……

叹为"云树"的"最美重阳木"

◎张　坤

　　说到芷江，很多人首先想到的是那座巍峨的芷江受降纪念坊。不错，那是一座纪念中国人民抗日战争胜利暨世界反法西斯战争胜利的标志性建筑物，以"中国凯旋门"著称于世，为全球八大凯旋门之一。

　　如果说芷江受降纪念坊是纪念中国抗战胜利的一座标志性建筑，那么芷江的"杨溪云树"则是中国"最美树王"大家族的一棵标志性重阳木。

　　2017 年，中国林学会在全国范围开展了"寻找最美树王"活动，全国共有 72 个树种的 72 棵古树最终获得了"最美树王"称号，其中湖南就有三棵：桑植县八大公山自然保护区的亮叶水青冈、芷江侗族自治县岩桥镇小河口村的重阳木、安化县江南镇黄花溪村的梓叶槭。这三棵古树树龄都在一千五百年以上，枝繁叶茂，树形优美，长势良好，历史久远，文化深厚。

芷江小河口村位于水河和杨溪交汇的地方，这棵重阳木，当地人称之为"杨溪云树"。它生长在芷江县城南 3 公里处的杨溪河口，为西汉时期所植，迄今已有两千多年的历史。该树高达 24 米，地径 4.3 米，胸围 12.5 米，树冠面积810 平方米。因其树干高大，树枝网密，枝叶繁茂，近观浓荫覆地，远望如云参天，故被老百姓叹为"云树"，又因其长在杨溪河边，则以"杨溪"冠之。今天，这棵重阳木主干虽已空心，但枝叶仍然茂郁葱茏。

据传，公元前 202 年，西汉高祖在芷江建无阳县。芷江地形平坦，土地肥沃，只可惜河堤两岸光秃秃的，多处被洪水冲成梁凹，很不好看。县官们首先想到的是保护河南岸的土地，要在沿河南岸植树，派农民进山采树苗。这年正月，有个叫吴老山的农民被派去山里采树苗。吴老山累了，便躺下休息，不想一躺下便睡着了，还做了个梦。他梦见树神来问他采挖的树苗"愿意植在哪里"，柳树说："我适应水边，植在河岸，给人们保堤遮荫。"树神点了点头。树神又问楠木，楠木说："我是贵重木材，最好植在离河岸远些的地方，我怕洪水。"树神再问松树，松树说："我枝繁叶茂，植到路旁，让人乘凉最好。"树神问了每棵树苗，每棵树苗都说了自己的去向，虽愿意去护河堤，但都想植到离河岸较远地势较高的地方，唯有重阳木说："水河和杨溪交叉的地方，一涨洪水，浪大波猛，单靠柳树难于守堤，我去协助柳树守河堤。"树神笑了："好样的！没有哪种树像你这样乐于去帮助柳树防堵洪水，精神可嘉，赐你们长寿，活三千岁！"最后，树神对吴老山说："我给你托了梦，你是领头人，你就按照它们的意愿办吧。"吴老山一惊，醒了。他把这个梦告诉了大家，于是大家十分神圣地在杨溪河口种植了四棵重阳木，陪伴着一行行的柳树守护在河岸。

岁月沧桑，时光悠悠，河岸的许多树木已繁衍了不知多少代，唯独重阳木仍是"四兄弟"，其中的"老大"就成了今日中国的"最美重阳木"。芷江的四棵古重阳木，均由政府挂牌保护。每年雨季，各色蝴蝶、白鹭等，密集而来，树下树上，或飞或栖，五彩缤纷，云蒸霞蔚，甚为壮观；夏秋时分，常有市民、游客置方桌、凳椅于树下，饮酒赋诗，怡然为乐，有如世外桃源。如今，芷江的"最美重阳木"已经被列为湖南重点名胜风景游览之地，成了芷江又一座美丽的"风景坊"。

怀化的春天"赏花地图"

◎张　坤

　　如果你在怀化，如果你到怀化，每一季每一月，你都可以尽情地去看花赏花。因为在怀化，每个月都有花仙子降临。她们用不同的花型、不同的颜色点缀着怀化大地，让怀化各地季季有花开、月月有花季、处处有花海。怀化围绕"春赏花、夏避暑、秋采摘、冬闹年"四个主题，发展起了颇具特色的休闲观光农业。"一月寒梅二月杏，三月桃花舞春风，四月丹芍艳群芳，五月石榴红似火，六月荷花清香闻，七月凤仙羞嫁娘，八月桂花浓如蜜，九月菊黄净人心，十月芙蓉娇似媚，十一海棠依旧灿，十二腊梅傲雪香。"这首《赏花谣》，正好可以当做怀化的"看花挂历"，也可以当做怀化的"赏花地图"。

　　特别是在春天，如果你来到怀化，怀化的19条赏花路线，绘出的春天"赏花地图"，会带着你徜徉在怀化的一片片花海中。

　　"黄萼裳裳绿叶稠，千村欣卜榨新油。爱他生计资民用，不是闲花野草流。"如果你想看油菜花，麻阳县隆家堡乡步云坪村、溆浦县卢峰镇思蒙镇、沅陵县筲箕湾镇花舒大坪、通道县万佛山镇玉带河千水滩旅游度假区等地，都是你的好去处。在麻阳步云坪，从空中俯瞰千亩盛开的油菜花，蔚为壮观，那用彩色油菜花打造的中国长寿之乡麻阳图案，更是让人耳目一新；在沅陵花舒大坪，同样是千亩油菜花海，满坪金灿灿的油菜花，在春风吹拂下，宛若千层金色波浪在绿海里翻滚，让人心旷神怡。

　　"黄师塔前江水东，春光懒困倚微风。桃花一簇开无主，可爱深红爱浅红。"如果你想看桃花，芷江县艾头坪乡塘家桥村、辰溪县小龙门乡中伙铺村穿岩湾和辰阳镇锦岩新村熊首山黄桃基地、洪江市黔城镇桃源村、麻阳县兰里镇苍冲

村雄山、会同县林城镇东岳司村等地，都是你的好去处。在芷江塘家桥，你会看到湖南最大的桃花园，一万亩的桃花园连片成林，漫山遍野，桃花盛开，有如彩虹般灿烂美丽，仿佛真的置身在了世外桃源；在辰溪熊首山黄桃基地，千亩黄桃蜿蜒在沅江岸边，宛如沅江的一条美丽镶边；在麻阳雄山，1 360亩的黄桃，成梯田状分布园区，一层一景，一步一情，看得你流连忘返。

如果你想看梨花，就直接去靖州吧。排牙山国家森林公园、太阳坪乡太阳岛、铺口乡林源村，都是观赏梨花的大本营。在排牙山国家森林公园，万亩金秋梨基地绵延在山山水水间，"千树万树梨花开"的壮阔景象，真的会让你震撼得窒息，你如果登高远望，山上山下，密密麻麻的梨花融成了一片白茫茫的花海，一簇簇雪白的梨花，如团团云絮，漫卷轻飘，震撼中又有陶醉；在太阳岛，除了梨园，还有桃园、橘园、李园等，这个小小的村落，种了17大类80余个品种的水果，是一个名副其实的"百花园""百果园"，一年四季，空气中氤氲着的花香果香，直扑游人肺腑，把游人灌得微醉而归。

其实，不止春天，也不止油菜花、桃花、梨花，还有芷江机场的梅花、嵩云山国家森林公园的樱花、洪江市黔城镇茶溪村的柑橘花、沅陵县官庄镇辰龙关茶叶庄园的茶花、通道麒麟山的杜鹃花、泸阳伊江花海的薰衣草、中方黑禾田的荷花、麻阳楠木桥的葵花、洪江老屋背村的紫薇花、鹤城黄岩的格桑花、黔城水源山的桂花、溆浦紫云村的菊花……怀化的春天，是花样的春天；怀化的四季，是花样的四季；怀化的一年，是花样的一年！

66棵古树活了千年的秘密

◎张　坤

新晃侗族自治县古树名木资源丰富，经林业部门调查，全县现有古树名木5 239株，古树群落161个，其中国家一级保护树种银杏65株、南方红豆杉266株，二级保护树种樟树373株、大叶榉101株，此外还有楠木、花榈木等。树龄最高、胸径最大、冠幅最宽的古树是位于鱼市镇斗溪村白果组土地边的银杏，树龄1 700年，胸径278厘米；最高古树是位于鱼市镇老黄冲村上寨组的枫香，树高45.3米；经济价值最大的古树是位于步头降乡黄阳村大坪冲的樟树，又名为龙脑樟，系新晃龙脑产业原料林的唯一母本。而最为知名的，则是大湾罗乡向家地村的66棵古松古柏。

向家地村距县城15公里，位于大山深处，整个村庄坐落在1 100米海拔之上。这里的每座山都有溶洞，大大小小，深深浅浅，数不胜数，神秘莫测。因此，向家地村被人们称为"溶洞上的村庄"。这里景色宜人，有千年茶树、古红豆杉、悬棺等奇景。这里春可观雾，探竹海抽笋；夏可避暑，闻百亩荷香；冬可听雪，品土酒土茶。

向家地村的群山上，生长着各种各样的树木，杂乱无序，但令人惊奇的是，山下的村落，房前屋后，生长的树木以松柏为主，还有少量的香樟、红枫。向家地村是龙溪的发源地。走近向家地村，一眼望去，那66棵古松柏像是村落的"护卫"，把家家户户"抱"在怀中，无怪乎村民们将这些古树视作"护村树"。远山影影绰绰，村里古树参天，村边溪流潺潺，高大粗壮的古树与安宁祥和的农舍相互映衬，那一种美景不言而喻。而不时传来的鸡鸣，又让村庄显得生机盎然。

松树和柏树，都是常青树，他们成为向家地村的"村树"，再合适不过了。这66棵古松柏，四季常青，高大粗壮，最高的超过13米，最粗的要由两个成年人伸开双臂才能环抱得住。它们的树龄都已上千年。这66棵古松柏为何能活到现在？

原来，这些松柏树是由王氏祖先沿溪流栽种的，目前已经流传16代。当时之所以种下66棵松柏树，是因为松柏寓意长寿，数字"66"又代表"六六大顺"。于是，一代接一代，长辈们总是教育后代，要保护好这些树，培育好这些树。并立下族规：不管再穷再苦，都不能砍伐祖先种下的古树！于是，向家地这个百十人的小山村，世世代代都悉心守护着这片大自然的瑰宝。

今天，当人们看到向家地村这个美丽村落的风貌时，无不为大自然的造化而感恩；当人们知道了向家地人护树爱树的秘密时，又无不为他们的朴素情怀而感动。

花背村的"荷花淀"

◎张　坤

从怀化城区潕水五桥桥头往右，沿河向南行驶 5 公里，或者从中方县鸭嘴岩码头渡河，便到了鹤城区花背村。走进村落，跌入眼帘的连片荷花，在弥漫的绿色荷叶中绽放，粉的白的，让我们的心，也跟着摇曳。

花背村背靠花背山，前临潕水，曾经一座名不见经传的城郊小村落，这些年来，因为有了一座 500 亩的"荷花淀"，市民和游客便纷至沓来，特别是在火热的夏天。如今，花背村的"荷花淀"已经成为怀化市郊区最大一处荷花观光休闲景点。

这座美丽的"荷花淀"来自大自然的恩赐。20 世纪 90 年代，因为潕水花背村段修建三角滩电站，导致当地水位抬升 7 米左右，尽管政府部门积极修建排灌站，但在汛期，有大片农田的水仍无法排尽。年复一年，花背村便形成了一千多亩的湿地。湿地，被誉为"地球之肾"。一千多亩湿地，在以怀化市区为中心的方圆 40 公里内规模最大；另外，潕水河流经花背村 12 公里，河床宽阔，水质清澈，村中大部分水域水质可达国家 II 类标准。这一切，既帮助怀化城"过滤"了水源，也让花背村形成了水质良好的生态环境。纵横交错的沟

渠，坑坑洼洼的沙丘，摇曳多姿的芦苇荡，星星点点的草地，低飞的白鹭，游走的野鸭，还有摇摇晃晃的小渔船……这一切，都在显示着花背村良好的湿地生态魅力，也在召唤者对这片湿地的升级利用。于是，一个500亩"荷花淀"的蓝图被勾画了出来；于是，怀化市供销社与花背村联合开发的"荷花淀"呈现在了人们面前。蜿蜒曲折的观光走廊，风格各异的赏花凉亭……花背村的"荷花淀"如今成为了怀化市最大的荷花观赏休闲地。

春天走了，气温逐渐抬升，初夏过去，便是盛夏。花背"荷花淀"的荷花，也在蒸腾的热气里，渐次绽放，弥漫花香。忙碌的人们，或背着行囊，或带着家人，或牵着爱侣，走进花背"荷花淀"，观荷赏景，给心情放假，给心灵慰藉，给未来期许，与荷花与湖水与自然亲密拥抱亲切交流，好不惬意！清风徐来，"荷花淀"里风光无限。荷淀看上去好似无边无际，碧绿的荷叶高低错落，在微风中轻轻摇曳；含苞待放的花骨朵，如"鹤立鸡群"傲视群芳；成千上万的荷花或洁白或粉嫩，亭亭玉立，争奇斗艳，显得格外娇艳。

"接天莲叶无穷碧，映日荷花别样红。"当花背村"荷花淀"的荷花竞相绽放时，你可别忘了去看看。如果你运气好的话，说不定正赶上那里举办每年一届的"荷花节"呢。

贡田的古事，贡田的古树

◎张　坤

　　会同县马鞍镇贡田村，虽然距县城只有十几公里，但看起来像是世外桃源。这是一个古村落，这是一个有故事的小地方。

　　相传宋朝，会同有一才子在京城高中，被皇帝招为驸马，是年携公主回家看望父母，因山高路险，在江市弃船骑马而归，入乡境界，为尊敬父母长辈，卸鞍步行，后来此地命名"马鞍"。父母闻讯相迎，驸马与父母相见之地，后来被命名为"相见"。时值中午，在一农舍就餐，几味山野小菜清香可口，大米饭上桌时，那饭粒油亮发光，稻香扑鼻。与驸马同行的公主胃口大开，吃过饭后，唇齿留香，回味无穷。归时公主带了少许稻米进宫，给父皇品尝，皇帝大加赞赏，遂指定该米为贡米，每年由地方征集进宫，生产这种大米的稻田便被称为"贡田"，这个村子由此便叫作了"贡田村"。

贡田村是个小小的村落，只有两个自然村，百十户人家，四百来人，有龙、梁、张、雷等姓，侗族、苗族、汉族共居。数百年来，村民和睦相处，从不吵嘴红脸，民风纯朴，从不争山争水，没有邻居纷争，没有家庭矛盾。尊老爱幼美德代代相传，健在的古稀以上的老人常常占村民总人数的六分之一多，且大都身体健康。这些老人下田种地，上山放牧，屋内生火做饭，屋外照看儿孙，样样都干得动。

贡田村四周群山环绕，满目苍翠。村里现存有大片古树群落，上百年的古树有三百多株，品种有樟、枫、檀、银杏、松等七十余种，真是难得一见。从远处看，一片一片的古树，像一件一件的绿色披风，裹着一个一个的山坡，郁郁苍苍，重重叠叠，生机盎然。山下，树屋相映，鸟语蝉鸣，宁静祥和。一条小溪从村前流过，潺潺小溪水长年不涸，一年四季唱着那和谐悦耳的歌曲，温柔而欢快滋润着那片"贡田"。秋天，一丘丘稻田，像铺了一地的金子，一阵阵金风送爽，一层层稻浪翻滚，那种情景，令人陶醉。

贡田村的这些古树，最大的围径在4米以上，最高的达30多米。它们或挺拔、或俊秀、或优美、或苍老，有的像才子，满腹经纶的样子；有的像智者，胸有成竹的样子；有的似玉女，羞答答的样子；有的像"药王"，仁慈仁爱的样子；有的像青春少年，壮志凌云的样子；有的像老夫妻，执子之手的样子；有的像不倒翁，心早已被掏空，还死撑着不倒下……贡田的山神护佑着古树，古树也荫庇着村民。村民依树建房，每家每户房前屋后必有古树，古树成了贡田村民心中护佑家族繁衍昌盛的神明。他们说，"大树底下好乘凉"！

或许是出于对那个宋代驸马的敬仰和景仰，如今，贡田人还把这些古树名木进行了划分和命名，他们把整个村落的古树分为同心林、家和林、健康林、长寿林、孝子林、财富林、求学林等七大块，同时对那三百多株百年以上的古树，根据每棵树的形象和特点，一棵一棵地为它们署上富有个性和寓意的名字，进行挂牌保护，砥砺子孙后代。你只要走进贡田，那一棵棵叫做"同心""壮志凌云""胸有成竹""金不换"等等名字的古树，就会走进你的心田，与你静静地"对话"。

贡田的古事年年在咏传，贡田的古树年年发新枝。

溆浦的金银花，王跃文的"忍冬居"

◎张　坤

　　金银花产业已经成为溆浦农村经济的支柱之一，全县现有金银花种植面积15万亩以上。如今，你走进溆浦的各个乡村，漫山遍野都是金银花。

　　"金银花"一名出自《本草纲目》，正名为忍冬。植物学家说，金银花夏季开花，到了秋末虽然老叶枯落了，但在其叶腋间又会簇生新叶，新叶是紫红色的，凌冬不凋，所以便叫它"忍冬"。由于忍冬花初开为白色，后转为黄色，因此又得名"金银花"。金银花既是赏心悦目的观赏花，又是用途广泛的中药材。金银花自古被誉为清热解毒的良药。它性甘寒气芳香，甘寒清热而不伤胃，芳香透达又可祛邪，既能宣散风热，还善清解血毒，用于各种热性病，如身热、发疹、发斑、热毒疮痈、咽喉肿痛等症，均效果显著。金银花原来主要来自野生，2003

年那场"非典"，金银花成了"神药"，从此全国各地大规模种植，成为一大产业。

金银花有这么好的功效，因此很多名人都喜爱金银花。从溆浦走出来的大作家王跃文，就特别喜欢金银花。王跃文成名后，总想回老家去。他总是忘不了那一方平常不过的山水，一望无际的稻田、橘园、甘蔗、油菜花，低低的山峦，浅浅的河水，还有山峦上的金银花、浅水里的小鱼虾。有一年四月，王跃文悄然回乡住了些日子，萌生了在老家"盖几间房子"的念头。于是，父亲和弟弟按他们的想法，盖了一座四周有檐廊、窗户有木格子，可以徜徉、可以闲坐的两层小楼，看上去就是乡下随处可见的那种汉屋。

作家毕竟是作家，虽然是座寻常小楼，但总要有点不同，有点文人的气质。于是，王跃文又要弟弟买些有些年头的砖石砌个围墙，他想回老家时，在这围墙内的小屋里喝茶，看旧书，想四散天涯的朋友。还想着围墙上爬满金银花，他说："那是我家乡常见的物种。金银花原来有个很雅的名字，忍冬花。忍冬二字很有意趣。冬是需要忍的。世间万事，很多都需要忍。不忍，又能怎样呢？我想，忍其实是我们苟活于世的理由。周作人引用别人的一句诗说，忍过事堪喜。此言信矣！我的乡间小屋，就叫做忍冬居吧。"

如果你到溆浦看金银花，也可以到王跃文的乡间小屋"忍冬居"里去坐坐，跟作家一起虚构一下自己的乡居梦。

静静地待在炭家垅的古树下

◎张　坤

　　麻阳大桥江乡有一个叫炭家垅的村落，坐落在山腰上，进村的盘山公路弯弯曲曲，让人眩晕，但一排排、一片片迎面而来的参天古树，却让人心旷神怡。这些古树仿佛在列队迎接游人的到来，透过古树就能见到远处的梯田和群山，开阔的视野和"一览众山小"的即视感，让人忘却了时间，只想静静地待在树下，放空思想和灵魂。

　　炭家垅到处都是古树，除了散落分布的古树外，这里有一片在全国都十分罕见的大密度古树群。这是一处保存完好的天然原生态古树群，有 208 株古树名木，分布在半径约 500 米的范围内。这片枝繁叶茂的古树群环绕着整个村庄，村里原生态的生活环境、无污染的绿色食物、就地取材的木质民居，让人停下脚步，流连忘返；淳朴的民风、纯天然的山泉水，还有那关于古树的种种故事，让人忘我感受、乐不思蜀。这片古树群以枫香树为主，最高的那棵枫香树，身高30多米，胸围4.5米。夏天，这棵枫香树的叶子是绿色的，绿得靓丽耀眼；秋天，这棵枫香树的叶子是火红的，整棵大树如一团熊熊燃烧的烈火，照亮着整个村庄。许多村民、许多驴友，都特别喜欢坐在那棵最高的枫香树下，望着远山，听着流水，闻着枫香，回味村民们讲述的故事，静静地享受这美好的休闲时光。

枫香树，是一种落叶乔木，最高可达30米，胸径最大可超过1米。炭家垅这棵高大的枫香树是不是湖南乃至中国与世界最高大的，目前没有进行科学考证，但无疑算得上最高大的之一。或许人们有所不知的是，枫香树和我们平时所说的枫树不是一回事。枫香树与枫树一样，有相似的装饰秋天的红叶、相似的树干外形、甚至相似的名字。可是，我们俗称的枫树，和枫香树，确实是两种完全不同的植物。据说是因为最初学者定学名时犯了错误，把枫香树当成了枫树，又把真正的枫树错命名为槭树。可是出于习惯，生活中人们还是管槭树叫枫树，最终造成了概念的混乱。真可谓是枫不叫"枫"，名"枫"者实又不为枫。个中曲折，真是绕脑子。不过，枫香树的"香"字可不是白取的，它的树脂的确含有香气，并且有个美丽的名字叫做"白胶香"，可以入药或是调配香料，用处多多。

我们还是撇开枫树和槭树的"爱恨纠葛"吧。作为植物枫香树本身来讲，那可是相当美丽的树种。有它装点的道路，一到秋天便变得绚丽多彩；有它染红的山坡，一到秋天就满山火热；有它亲近的村庄，一到秋天则枫香满屋、清香满径、馨香满村，譬如炭家垅就是这样。

炭家垅有如此多的古树，有如此高大的枫香，有如此天然的佳境，但它今天又是如此偏僻幽静，还是一个有待开发的绝佳旅游目的地。于是，不少人大代表、政协委员和普通村民纷纷建议，将炭家垅开发成一个代表麻阳乡村旅游的特色旅游区。也许，用不了多久，炭家垅的古树群就会成为"网红"，"炭家垅山村游"就会成为旅行社的一个热销产品，而那棵高大的枫香树说不定就会被哪个大艺术家设计成炭家垅的鲜红标识，从而让炭家垅"红"遍中国，吸引着源源不断的游客到这棵枫香树下来坐一坐，来发一发呆。

芷江的"普罗旺斯"

◎张　坤

　　芷江阿依莎薰衣草庄园，被人们誉为芷江的"普罗旺斯"。

　　薰衣草，又名香水植物、灵香草、香草、黄香草，原产于地中海沿岸、欧洲各地及大洋洲列岛，后被广泛栽种于世界各国各地。其叶形花色优美典雅，蓝紫色花序颀长秀丽，是庭院中一种新的多年生耐寒花卉，适宜花径丛植或条植，也可盆栽观赏。其鲜花或干花，还可以作为洗浴的香料，中国古代民间一直将其作为治疗皮肤病的一种美妙补充。

　　在欧洲的文化传统中，薰衣草似乎与爱情天然相关，大量的爱情传说或民间习俗都涉及到薰衣草，《薰衣草代表真爱》是伊丽莎白时代最具代表性的抒情诗。薰衣草的花语是"等待爱情"，就像电视剧《薰衣草》所演绎的那样，薰衣草意味着一种含蓄的示爱，一种坚定的承诺，历经磨难而终能携子之手。

　　法国的普罗旺斯，是薰衣草的故乡。在这里，一直流传着这样一个爱情故事：普罗旺斯的村里有个少女，一个人独自在寒冷的山中采着含苞待放的花朵，但是却遇到了一位来自远方但受伤的旅人，少女一看到这位青年，整颗心便被他那风度翩翩的笑容给俘虏了。于是少女便将他请到家中，也不管家人的反对，坚持要照顾他直到痊愈。青年旅人的伤慢慢好了，两人的恋情也渐渐火热了。那一天，青年旅人要向少女告别离去，而正处于热恋中的少女却坚持要随青年一起远走，亲人们极力挽留，少女还是坚持要和青年一起回到他的故乡，因为青年的故乡开满玫瑰花！就在少女临走的前一刻，村子里的老太太给了她一束薰衣草，要她用这束薰衣草来试探青年旅人的真心，因为传说薰衣草

的香气能让不洁之物现形。正当旅人牵起她的手准备远行时，少女便将藏在大衣里的薰衣草丢掷在青年的身上，没想到，青年的身上发出一阵紫色的轻烟之后，就随着风烟消云散了。而少女在山谷中还仿佛隐隐听到青年爽朗的笑声。就这样，留下了少女一人的孤单身影。没过多久，少女竟也不见踪迹，有人认为她和青年一样幻化成轻烟消失在山谷中，也有人说，她循着薰衣草花香去寻找青年了……

于是，全世界的人都把普罗旺斯看成是浪漫之地，都把薰衣草视作爱情之花。于是，全世界不知多少地方建起了多少薰衣草花园，都把它们誉为自己的"普罗旺斯"，芷江的阿依莎薰衣草庄园，就被芷江人誉为芷江的"普罗旺斯"。阿依莎薰衣草庄园位于芷江县小溪村农业园，距县城1公里，占地面积1 200亩。庄园以薰衣草种植为核心，是一个集薰衣草产品开发、摄影旅游观光、特色农业、餐饮小吃、度假养生、露营露天酒吧、蒙古包住宿、新疆特色民族风俗体验园等功能为一体的大型创意观光农业园。

有薰衣草的地方就有爱情，有花香的地方就有好心情。如果你来到了阿依莎薰衣草庄园，当紫色花海随风起伏，送来淡淡薰衣草花香，你可以信步花田，采下一束薰衣草，或献给挚爱之人——"等待爱情、守护爱情"，让薰衣草为你代言，诉说爱的誓言；或取一精美花瓶，摆放家中，让紫色芳香飘荡，为家人拂去疲惫和辛劳。

盛开在星空庄园的向日葵

◎张　坤

　　"向日葵，花儿黄，朵朵葵花向太阳……"相信不少人一提到葵花，都会哼上这首儿歌，都会在脑海里浮现葵花在灿烂阳光下盛开的景象。这种景象，你到了怀化市洪江区的星空庄园，就会真切地看到，甚至比你脑海里的景象还要壮观。

　　葵花，学名向日葵，别名太阳花，是菊科向日葵属的植物，一年生高大草本。向日葵原产北美，现世界各国均有栽培。通过人工培育，向日葵在不同生长环境中形成了许多品种，特别在头状花序的大小、色泽及瘦果形态上有许多变异。向日葵的种子含油量极高，味香可口，可炒食，亦可榨油，为重要的油料作物。葵花的花托、茎秆、果壳，可作工业原料；种子、花盘、茎叶、茎髓、根、花等均可入药。向日葵看上去像是仰慕、凝视着你，给人以温暖、向上、忠诚之感，其花语为爱慕、光辉、高傲。因此，俄罗斯、秘鲁等国家将其选为国花。

关于葵花，世界上有很传说。古希腊神话中的一则传说是这样的：水泽仙女克丽泰，爱上了太阳神阿波罗，但是高傲的太阳神却连看都不看她一眼。伤心欲绝的克丽泰只能每天在她的水塘边仰望着天空，凝视着阿波罗驾着他金碧辉煌的日车从天空辗过。众神可怜她，就把她变做了一株向日葵，她的脸儿变成了金色花盘，永远向着太阳，时时追随着骄傲的阿波罗。因为向日葵永远承接着太阳的热度和光芒，至死方休，一直在向太阳神无语诉说着恒久不变的恋情。因此，向日葵也代表这一种"沉默的爱"。

神话归神话，其实从科学角度讲，向日葵的向阳是有依据的。因为，在向日葵的大花盘四周，有一圈金黄色的舌状小花，中间是管状小花。管状小花中含的纤维很丰富，受到阳光照射后，温度升高了，纤维会发生收缩。这一收缩就使花盘能主动转换方向来接受阳光。由此可见，向日葵花盘的转动并不是由于光线的直接影响，而是由于阳光把花盘中的管状小花晒热了，温度上升使花盘向着太阳转动起来。但是，在日常生活中，人们更乐意接受那些神话传说，更喜欢向日葵那沉默的爱，那爱的沉默。

洪江区星空庄园的向日葵花海，向你诉说的就是这种温暖这种爱。星空庄园坐落在洪江区桂花园乡茅头园村，现为国家3A级景区、湖南省五星级乡村旅游示范点、湖南省科普教育示范基地。"更无柳絮因风起，惟有葵花向日倾。"向日葵花开时节，星空庄园的向日葵，金华灼灼，绿叶婆娑，绰约枝干，临风弄影，默默灿烂着一片土地，点缀着一方天空。在这个1600亩的偌大庄园，那一片片向日葵亭亭玉立，暗香盈盈，那浓酽似海的绿韵中托起一个个金黄的花盘，那份淡然静默、朴实无华的美，在每一个不经意间倏然扑入人们的眼帘，温暖着人们的视野，激扬成一场美轮美奂的心灵盛宴。

到星空庄园来看盛开的向日葵吧！在这里，你不仅会重温那些美丽的向日葵神话，你更有可能回想起许多真实的向日葵故事，因为在我们国人心中，一直盛开着一朵永不凋谢的向日葵。

永州篇

阳明山的杜鹃红了，来阳明山观赏杜鹃花海的人们，心儿醉了

阳明山的杜鹃红了

◎张　坤

　　也许，你读过《我们爱韶山的红杜鹃》，对韶山的杜鹃充满神往充满崇敬；也许你知道，国人对杜鹃情有独钟，中国许多城市都把杜鹃选为市花。在湖南，就有长沙、娄底、永州三市，都通过立法程序，郑重其事地将杜鹃确定为市花。

　　杜鹃是中国十大名花之一。在所有观赏花木之中，称得上花、叶兼美，地栽、盆栽皆宜，用途很广泛。白居易赞曰："闲折二枝持在手，细看不似人间有，花中此物是西施，芙蓉芍药皆嫫母。"诗人赞美杜鹃，把杜鹃比作了花中的西施。

　　都说"人间四月天，最美杜鹃花"。在湖南，在永州，在双牌阳明山，从三月到五月，杜鹃花红了，更多的游客来了，山山水水更热闹更美丽了。赏花时节，阳明山景区万和湖的鹿角杜鹃倾情盛开，秀美的一湖春水、满山紫色花团，那是阳明山的春天召唤，那是阳明山的春天情怀。进入阳明山，你会看到，阳明山景区的杜鹃花从山脚开向山顶，一路蔓延，一路向上，直到天边，蔚为壮观。

　　阳明山属五岭之一都庞岭山脉，气候条件、土壤土质都非常有利于杜鹃花生长。阳明山共计有28个杜鹃花品种，面积近十万亩。其中万寿寺花海是开发较早、面积最大的一块，大面积的野生云锦杜鹃，干枝如松柏，花姿若牡丹，有

"杜鹃王后"美誉，它们成片盛开，花团锦簇，看得晃眼，此处因而被载入大世界吉尼斯纪录最大野生杜鹃花基地，有"天下第一杜鹃红"美誉。还有万和湖山顶的万亩杜鹃，更是将湖光山色和杜鹃花海融为一体，仿若人间仙境。

阳明山景区的赏花游道纵横交织，人们可以随时随地随意变换路线和视角观赏，而且不仅可以观赏壮美的杜鹃花海，还可以一边赏花一边回味历史人文。譬如万和湖景区，是柳宗元《游黄溪记》的源头，明朝秒竹公主曾在湖边歇马庵出家修行，历史文化底蕴深厚，自然风光秀丽无匹。目前，湖边广阔的平地已建设了可同时容纳两万游客的集散中心，还有 3 000 个车位的大型停车场。

2015 年，永州市人大常委会审议通过了市人民政府《关于将香樟和杜鹃确定为我市市树和市花的议案》，决定香樟为永州市市树，杜鹃为永州市市花。杜鹃花在永州城乡栽培种养普遍，在城市公园、小游园和街道绿地的绿化造景随处可见，特别是双牌县阳明山的十万亩高山杜鹃被誉为"天下第一杜鹃红"，永州市每年与台湾地区在阳明山举办"和"文化节暨杜鹃花会，更是使杜鹃成了永州市一张红遍海峡两岸的城市"名片"。

阳明山的杜鹃红了，来阳明山观赏杜鹃花海的人们，心儿醉了。

斑竹的前世今生

◎张　坤

我们都知道，广州别称"羊城"，济南别称"泉城"，成都别称"蓉城"，等等。各个城市的别称，都是有由来的。九嶷山下的永州别称"竹城"，当然也是有来由的，而且更悠远更深厚。

竹，亭亭玉立，袅娜多姿，四时青翠，凌霜傲雨，备受我国人民喜爱，有梅兰竹菊"四君子"、梅松竹"岁寒三友"等美称。我国古今文人骚客，嗜竹咏竹者众多。大诗人苏东坡"宁可食无肉，不可居无竹"；大画家郑板桥无竹不居，留下大量竹画和咏竹诗。竹的种类繁多，共计五百余种，著名的有南竹、凤尾竹、佛肚竹、箭竹、龙拐竹、花竹、龟甲竹、金竹、罗汉竹、墨竹等。永州称为"竹城"，自然到处都有竹，自然什么样的竹都有，尤以斑竹最为有名。

相传尧舜时代，湖南九嶷山上有九条恶龙住在九座岩洞里，经常到湘江来戏水玩乐，以致洪水暴涨，庄稼被冲毁，房屋被冲塌，老百姓叫苦不迭。舜帝得知恶龙祸害百姓的消息，茶饭不思，一心想要到南方去帮助百姓除害解难，惩治恶龙。

舜帝有两个妃子——娥皇和女英，是尧帝的两个女儿。她们虽然出身皇家，又身为帝妃，但她们深受尧舜的影响和教诲，并不贪图享乐，而总是在关心着百姓的疾苦。她们对舜的这次远离家门，也是依依不舍。但是，想到为了给湘江两岸的百姓解除灾难和痛苦，她们还是强忍着内心的离愁别恨欢欢喜喜地送舜上路了。

舜帝走了，娥皇和女英在家等待着他早日胜利归来。可是，一年又一年过去了，舜帝依然杳无音信，她们担心了。她们两人思前想后，决定迎着风霜，跋山涉水，到南方去寻找丈夫。翻了一山又一山，涉了一水又一水，她们终于来到了九嶷山。这一天，她们在一个名叫三分石的地方，发现了一座翠竹环绕的大坟墓，坟墓上布满珍珠。她们感到惊异，便问附近乡亲："这是谁的坟墓？为何修得如此壮观美丽？"乡亲们含着眼泪告诉她们："这便是舜帝的坟墓，他老人家从遥远的北方来到这里，帮助我们斩除了九条恶龙，人民过上了安乐的生活，可是他却鞠躬尽瘁，流尽了汗水，淌干了心血，受苦受累病死在这里了……"原来，舜帝病逝之后，当地的父老乡亲们为了感激舜帝的厚恩，特地为他修了这座坟墓。九嶷山上的一群仙鹤也为之感动了，它们朝朝夕夕地到南海去衔来一颗颗灿烂夺目的珍珠，撒在舜帝的坟墓上。娥皇和女英得知实情后，抱头痛哭起来。她们一直哭了九天九夜，最后哭出了血泪，也哭死在了舜帝的旁边……娥皇和女英的眼泪，洒在了九嶷山的竹子上，竹竿上便呈现出点点泪斑，有紫色的，有雪白的，还有血红血红的……于是，人们便把这种竹子称为"湘妃竹"，也叫"斑竹"。

四千多年后，人民领袖毛泽东，因接到好友来信，想起了他的"霞姑"，同时联想到舜帝的两个妃子，于是写下了一首梦幻与现实、柔情与豪情相互交融、瑰丽斑斓的《七律·答友人》："九嶷山上白云飞，帝子乘风下翠微。斑竹一枝千滴泪，红霞万朵百重衣。洞庭波涌连天雪，长岛人歌动地诗。我欲因之梦寥廓，芙蓉国里尽朝晖。"毛泽东的诗，不仅让我们重温了那个美丽的传说，更让我们有了一种对欣欣向荣的祖国的感奋之情。

永州是斑竹的故乡，斑竹的前世今生，似在告诉永州人民：怀念伟大是美好的，建设新的伟大会更美好！

2500年的"最美古银杏"

◎张　坤

东安县南桥镇马皇村的一棵古银杏树，树龄二千五百多年，它不仅是"湖南第一古银杏""湖南十大树王"，而且被中国林学会评为"全国十大最美古银杏"。

银杏是目前地球上最古老的高等植物之一，是我国特有的珍贵树种，具有极高的经济、生态、观赏和科研价值，有"植物大熊猫""金色活化石"之称。"银杏王"是银杏的一种，为民间对树龄超过千年之银杏的尊称，广布我国各地，著名者有湖南新化大熊山银杏王、河南桐柏淮源镇银杏王等，而最著名的当然要数湖南东安的这棵"最美古银杏"了。

银杏果是营养丰富的高级滋补品，在宋代被列为皇家贡品。日本人有每日食用银杏果的习惯，西方人圣诞节必备银杏果。银杏果含有粗蛋白、粗脂肪、还原糖、核蛋白、矿物质、粗纤维及多种维生素等成分，每 100 克鲜银杏果中含蛋白质 13.2 克，碳水化合物 72.6 克，脂肪 1.3 克，且含有维生素 C、核黄素、胡萝卜素，及钙、磷、铁、硒、钾、镁等多种微量元素，具有很高的食用价值、药用价值、保健价值，对人类健康有特殊的功效。

东安县是著名的"中国银杏之乡"，银杏树是东安县县树。全县种植银杏 7.6 万亩，2 103 万株，年产银杏果 300 多吨，产叶 5 000 多吨。银杏树不仅是景观树，更是东安农民的重要经济来源。

据林业科学家考证，东安县南桥镇马皇村的"最美古银杏"系春秋战国时期古越人所栽种，距今约 2 500 年。原树高 60 余米，明末清初时遭雷击后树干被拦腰击断，撕裂至根际，树梢架落在距树蔸 55 米远的山包上，如架天桥。古银杏只留下外皮，蔸部内空，宽敞得能摆下一个大圆桌。如今，它的身高又长到了 60 米左右，胸径有 3.84 米，东西冠幅 20 米、南北冠幅 22 米。

这棵"最美古银杏"虽然"高龄"2 500 岁了，但仍然生机勃勃，每年能产银杏果 500 多公斤。每到果实成熟的时节，全村男女老少都要选择吉日，如欢庆节日般地聚集采摘，分享丰收和喜悦。

村民们历来将这棵"最美古银杏"视为"神树"。他们根据村事家事私事的需要，或集中或全家或个人来到古银杏树下，向古银杏祭祀祈福，以求吉祥昌瑞。

如果你有幸亲睹这棵"最美古银杏"的风姿，你一定会想象得到这棵古银杏春天郁郁葱葱、秋天满树金黄的样子，还有可能隐约听到明末清初那声炸雷的余音。

神奇的"湖南樟树王"

◎张　坤

　　祁阳县黎家坪镇官塘村有一棵古樟树，树龄1 100多年，树高28米，东西冠幅35米，南北冠幅40米，胸径6.5米，需14个成年人方可合抱。这棵千年古樟，被称之为"湖南樟树王"，位列十大"湖南树王"之首。

　　2017年，湖南省绿化委员会、湖南省林业厅开展了一场寻找和评选"湖南树王"的活动，希望以此为契机，不断挖掘全省各地古树名木资源的生态、科研、历史、文化、景观价值，大力宣传古树名木保护的重要意义，增强全社会保护古树名木的生态意识，助推美丽湖南和生态强省建设。活动历时 8 个月，评选范围覆盖湖南省县级以上人民政府认定并登记挂牌保护的古树。评选专家通过实地考察，根据树龄、树体两个定量指标，综合树形、保护价值、人文内涵等三个定性指标，为推选的"树王"打分，最终有 109 株古树获封"湖南最美古树"称号，有 10 株古树被封为"湖南树王"。十大"湖南树王"依次为：祁阳县黎家坪镇官塘村 1 138 年古樟树，东安县南桥镇马皇村五组罗汉山 2 500 年古银杏，城步县长安营镇大寨村 1 600 年古杉木，炎陵县鹿原镇东风村老屋背 680 年古马尾松，澧县复兴镇顺林桥居委会蚂蝗堰 1 020 年古枫香，安化县龙塘乡夏植村仁家桥土地庙 1 000 年古桂花，湘潭县排头乡黄荆坪村隐山庙 880 年古柏木，浏阳市小河乡田心村罗汉公园 1 900 年古罗汉松，桑植县凉水口镇利溪坪村 500 年古楠木，资兴市州门司镇杨公塘村上垅组 1 000 年古南方红豆杉。

祁阳的千年古樟之所以能获封"湖南樟树王"，是因为它有深厚的人文历史，有神奇的民间故事。这棵千年古樟，相传为唐僖宗乾符六年（公元 879 年）十月，黄巢起义军北上经祁阳直下潭州途经官塘宿营时所植。据《徐霞客游记》记载，明代著名地理学家、文学家徐霞客，曾由衡州至祁阳官塘看古樟，停留一个时辰有余，对古樟赞不绝口。其时古樟下是一条北通武汉南连桂林的官道，驿道痕迹现清晰可见。据官塘村的族谱记载，清乾隆年间，一饱识之士在古樟下办塾馆，招 9 个学生，乡试时却有 10 人报考，竟全部高中。何也？原来塾馆厨师也是好学之人，窗外听读，用心感悟，潜移默化，满腹经纶，一同报考，"金榜题名"。此事曾在方圆百里引起轰动，传为佳话。人们都说，这棵古樟有灵性，于是这棵古樟又多了一层神奇色彩。于是，官塘村"护樟卫绿，子孙责任，切记勿忘"的祖训得以代代相传，村民护树更为勤谨。

祁阳的这棵千年古樟历经千年风雨雷电的洗礼和考验，如今依然生机旺盛，枝繁叶茂，不仅继续为当地村民遮风挡雨送清凉，而且由于有了"湖南樟树王"的封号，这里被建设成了乡村旅游的又一个难得的好景区，为官塘续写着新的历史新的神奇。

香零山的香草今何在

◎张　坤

　　永州历史悠久，风光美丽。朝阳旭日、回龙夕照、蘋洲春涨、香零烟雨、恩院风荷、愚溪眺雪、绿天蕉影、山寺晚钟等，被誉为"永州八景"，享誉海内外。

　　"永州八景"之"香零烟雨"，描述的是香零山的独特风光。香零山，耸立于零陵古城东五华里处的潇水河心，是一座石岛小山，东西长约20米，南北宽约15米，高出水面约8米。山以天然石矶结构，地处中流，山势险要，若雨后日出，烟锁山脚，雾雨朦胧，往来舟楫，若隐若现，给人一种烟波浩渺的意境，故有"香零烟雨"美誉。

　　有一个传说，说是香零山之名，是由一种香草而来。

　　很久很久以前，天上的太上老君和南极仙翁两位仙人酒后下棋，南极仙翁眼见又要落败，借机偷了太上老君一颗棋子，并将这颗棋子抛下天庭。棋子正好落在潇水河中，就变成了一块石矶。潇水河中自有了这块石矶，常常弄得往此经过的船只和木排碰撞、翻覆，不知断送了多少人的性命。玉帝得到报告后，便下旨巡查缘故，南极仙翁自知闯了祸，为弥补过失，就将从瑶池采摘的几粒香草种子撒向潇水河中的石矶，石矶上便长出了香草。香草长得异常茂盛，馨香四溢，能医治百病，尤其对跌打损伤有特效。于是在此往来的船只或木排，一旦发生意外有人受伤了，很容易就能找到他们的"救命草"。

后来，舜帝南巡，崩于苍梧之野，葬在九嶷山上。消息传回，娥皇女英两位妃子不远千里，寻觅而来。她们乘坐的船在潇湘二水汇合处的蘋岛触碰，女英前额撞出了一个伤口，鲜血淋淋。船过石矶时，忽然闻得花草异香，船夫将船泊靠石矶，上岸采下一把香草，捣烂之后敷在女英的伤口上，不久伤口就愈合了。

慢慢地，慢慢地，人们都知道了潇水河中心的石矶上长有一种能治百病的"仙草"。因为这草很香，又生在零陵地界，人们就将此草叫做香零草，生长香零草的那座石岛小山就叫香零山。到了西汉元鼎六年（公元前111年），汉武帝下令筹建零陵郡，负责建设的大臣听说景色秀美的香零山盛产一种名贵的香草，于是报告皇上。皇帝知道后，便将此草定为贡品。进贡香草之事见清光绪《零陵县志》："（香零山）地产香草，其叶如罗勒，香闻数十步，唐世上供，郡人苦之，刺史韦宙奏罢之。"可见香零山上产香草，是真有其事。至于这香草是不是南极仙翁种下的，我们大可不必深究。

唐代诗人刘禹锡贬谪朗州司马时，收到好友永州司马柳宗元来信，谈及香零草之事，联想到舜帝之德、二妃之情，有感而发，作了《潇湘神》两首，其一就是："湘水流，湘水流，九疑云雾至今愁。君问二妃何处所？零陵香草露中秋。"清代蒋本厚《香零山小记》亦云："方春流汤汤，如贴水芙蓉，与波明灭；至秋高水落，亭亭孤峙，不可攀跻。予曾泊舟其下，明月东来，江水莹白。独坐揽袂，觉草木皆有香气，知古人命名，殊不草草。"

只是，年复一年，朝复一朝，作为贡品的香零山上的香草，进贡数量逐年增加，香草采尽，仍然不能满足皇宫的需要。采集贡草，终于成了百姓的苦役，不少人只好背井离乡。到了唐代，郡守韦宙，将香草采尽的实情奏明皇帝，方获免贡。传到清代，香草就已经绝迹了。

如今，香零山的香草虽然早已绝迹，但只要你登上香零山，你就会想起香草想起那些香草故事，你就会隐隐感到香零山上的香草犹在，香气犹存。

在永州植物园花海赏花

◎张　坤

　　永州植物园花海位于永州市冷水滩区伊塘镇，距冷水滩城区 15 公里，距零陵城区 22 公里，距永州植物园 1.5 公里。

　　永州植物园花海，占地 300 多亩，主要由大型花卉基地、茶花林休息区、松树林休息区、樟树休息区、多肉植物 DIY 馆组成，是一个绿色天然的市民休闲、观光、放飞心情的好去处，也是一个婚纱摄影的好场所。永州植物园花海种植范围大、品种多，花期分布全年，时时有花看，月月有花赏，每天带给市民和游客的，总是鲜花盛开的视觉盛宴。

　　在永州植物园花海，你会看到八万多株杜鹃花同时火红绽放、六万多株菊花一起美丽盛开的壮观场面，也会看到上千株三角梅、上千棵罗汉松、上千盆多肉植物的精致造型，唯美浪漫的樱花、璀璨夺目的太阳花、姹紫嫣红的郁金香，还有格桑花、蓝香槟、三色堇、甘蓝……上百个品种、一百多万株花木，在园内争奇斗艳，让你一入园内，就时时处处置身在花海之中。置身花海，在大中小的不同区块，根据不同景色、不同主题、不同地形转换，你还可以看到七彩风车、七彩蝴蝶、"熊出没"城堡、稻草人等景观适时呈现在你的眼前，让你浮想联翩，让你浪漫惬意。

　　在永州植物园花海看花，你肯定会看花眼，你也肯定会看出一个个小亮点——

　　这里的月季花海有诗意。这里的月季花海，是湖南最大的月季花海之一。"春风得意巧梳妆，路边篱旁四季芳。夜来风染胭脂笔，浓妆粉黛逐月香。"

看了这里的月季花，你或许也会诗意大发。

这里波斯菊花海有灵犀。波斯菊，花语纯真并永远快乐着。这里的波斯菊花海，盛开的花朵如同人间的精灵，形态万千让人着迷。驻足观赏，拈花一笑，与一朵跟你性情相通的波斯菊花邂逅或者与一只飞蝶不期而遇，或许会让你感受到一种莫名的情缘。

这里的菊花很淡定。那一丛丛一簇簇的菊花，色彩斑斓，姿态各异，生机盎然，那从容淡然的身姿迎着徐徐秋风在轻歌曼舞，那娇媚雅致的花瓣沐着暖暖阳光在吐露心声，此情此景，你或许会想到"人淡如菊"的那种人生意境。

这里的多肉植物很可爱。在这里，各种各样的花，绽放着五颜六色的光彩，散发着沁人心脾的芬芳，展现着生活的美丽与热闹，唯独那些多肉植物，它们不与鲜花争艳夺丽，而总是在默默展现着自己独特的丰腴美，让你在美丽与热闹中感受到美好与富足。

在永州植物园花海赏花，你肯定会在欣赏美的同时，也提高了美学素养，或许还会对花之艺、花之歌、花之韵、花之乐、花之绘什么的说出些道道来。

那么好吧，有空闲了，或者有心情了，就到永州植物园花海去赏花吧。

"白竹九老"年轮里的记忆

◎张　坤

　　某年某月某日，有一位诗人采风的脚步踏进了东安县井头圩镇白竹村。他发现，养在深闺的白竹村，原来是个"古樟村"，其中有九棵"在一起"的古香樟，树龄都在千年以上，九棵古香樟总计树龄超过 11 000 年。于是，诗人诗意盎然地把它们唤作"白竹九老"。

　　走进白竹村，最引人瞩目的就是"白竹九老"。它们成队伫立在村中心，绿阴如盖。每棵古香樟的主干周长都在 6 米以上，树阴面积超过 100 平方米。最大的一棵古香樟主干周长超过 10 米，十来个人才能合抱；树高 30 多米；主干已空心，中间可容一个小圆桌。令人惊叹的是，这些古香樟集中在村中的 1 000 多平方米范围内，密度大，保护完好。如此高密度的古香樟群，在湖南乃至全国都很罕见。

　　白竹村临水环山，是一个秀美的村落。白竹村原属山口铺乡，后撤区并乡扩镇，白竹乡划归井头圩镇。白竹村田姓居多，先祖明朝初年从江西吉安迁入。据田姓族谱记载，明初田氏始祖从江西吉安府太和县迁入永州府东安县，落脚于山口铺各处，白竹田姓为其中一支。村中老人说，始祖初迁此地，见有 10 棵成群结队的大香樟，便将此处视为风水宝地。历代祖先都把这些古樟树视为神明，立族规予以保护，围以篱笆，禁人擅入；不准折树枝、摘树叶，不准扫落叶。就是在 20 世纪"大炼钢铁"乱砍滥伐的那些年月，村民也舍命守护这片古香樟，它们因此得以幸存。唯一的例外，是因为有一年村办学校课桌有了很大缺口，经过反复协商，才在万般无奈的情况下，砍了其中的一棵，打造了60余套桌椅供学生读书之用。即使是做如此公益之举，也听说有一位参与砍伐的村民从树上跌落，差点丢命。于是，人们便开玩笑地说"人老有脾气，树老有灵气"，大自然让人敬畏，是不好惹的。

那位到白竹村采风的诗人，听了关于"白竹九老"的这些故事后，不禁大发感慨："大地上的风云变幻，人世间的人事更替，历史课本往往仅有粗枝大叶的记录，更多生动细节却全部湮埋在岁月的尘埃里。只有在这些古樟树的年轮里，还储存着丝丝缕缕记忆的密码。它们是活着的历史读本，是白竹村的最大福祉……"

如今，因为有"白竹九老"，白竹村被湖南省林业厅列入"秀美村庄"建设计划。村里对每棵古香樟都悬挂了保护牌，明确了保护责任人；对"白竹九老"，更是修建了围栏，加固了根部的土丘，让它们受到更为特殊的保护。白竹村也因此成为了人们体验乡村风光、感受绿色家园的好去处。

"楠木王国"的"楠木王"

◎张　坤

　　说到永州，人们很快就会想到柳宗元笔下的"永州异蛇"。不难想象，蛇出没的地方，一定是深山幽谷、森林茂密的地方。不错，永州真有这样一个神秘的地方，这个地方就是金洞管理区，也叫金洞国家森林公园。

　　金洞国家森林公园人烟稀少，森林面积达十余万亩，且多半为原始次生林，其中珍稀植物品种繁多。特别让人惊讶的是，这里竟有六万亩楠木，百岁以上的楠木就有六千多棵。如今金洞国家森林公园已被国家命名为"中国楠木之乡"。走进金洞就像走进了一个神奇的"楠木王国"。

　　"楠木王国"中，有一棵赫赫有名的"楠木王"。它身高35米，胸径1.48

米，冠幅直径超过 45 米，树龄 500 年。这棵"楠木王"生长在金洞管理区金洞镇小金洞村。小金洞村有一片楠木林，占地六七亩，"楠木王"置身其中，周围生长着树龄不等、树高不同的楠木，鹤立鸡群般耀眼。这些楠木历经数百年繁衍生长，成了一个楠木群落。正因为这个楠木群落的独特风景，小金洞村被誉为"中国楠木第一村"。

在"中国楠木第一村"，有一位老人叫奉明浩。每天，他准时来到村后的楠木林，清扫地面、浇水培土。他这样坚持了五十多年。有记者采访他，问他为啥这样坚持，他说："一天不来，心里就慌。因为，从小长辈就告诉我们，这片楠木林比我们村的历史还要早，是村庄的'守护神'。"

在小金洞，人们都知道奉明浩坚持守护楠木林、舍命保护"楠木王"的动人故事。1965 年，村里有几个人要砍那棵"楠木王"，而且理由很"充分"：把树砍下卖掉买拖拉机。林区工作人员赶来阻拦，但那几个人根本不听劝阻，气势汹汹，就要动手砍树。这时，奉明浩闻讯赶到。他紧紧抱住"楠木王"，大声喊道："谁要砍这棵树，就先砍掉我奉明浩的脑壳！"顿时，大家都怔住了。最后，那几个人见拗不过奉明浩，只好走了。此后，奉明浩在离"楠木王"近处建了房，每天早晚巡查。哪怕是夜里，一有风吹草动，他都要起来查看。

这几年，楠木苗木市场行情一路看涨。每到楠木林结籽的时候，有不少人拿着工具爬上树打采树籽，用于育苗。为此，奉明浩自费买了一个扩音器，每天不厌其烦地告诉大家，打树籽对树木有损伤。他还请大家留下联系方式，承诺把掉到地上的楠木籽给大家送过去。附近村民要楠木籽的，他一家一户送上门；地方远的，他自掏腰包寄快递。

奉明浩说："楠木林已是我生命的一部分。只要我动得了，我就要把这片楠木林守护好，把这棵'楠木王'保护好。"

如今，"楠木王国"的"楠木王"已经声名远播，"中国楠木第一村"已经成了楠木主题文化公园，就连我国首个楠木主题文化森林音乐会的舞台也建在了这里……千年荣茂，伞冠高擎，楠香阵阵——这棵"楠木王"，真帅；这个"楠木村"，真美！

萍岛上的那些花草树木

◎张　坤

　　永州市零陵古城北4公里，潇水和湘水汇合的地方，有一个小岛叫萍岛，原名蘋洲，又名萍洲、浮洲。萍岛呈橄榄状，环绕一周，约600米，面积0.6平方公里。这里四面环水，高洁幽静，诗情画意，风物宜人，岛上古木参天，竹蕉繁茂，风光旖旎。这里初春桃李比绿，盛夏芭桑争艳，深秋金桂飘香，严冬修竹摇影，被宋代诗人米芾称之为"瑶台"仙境。

　　有名有趣的"蘋洲春涨"，说的就是这里；有诗情有画意的"潇湘夜雨"，说的也是这里。

　　萍岛上曾经的庙宇"潇湘祠"，还有清朝时期就建于此的永州最高学府"蘋洲书院"都已毁于战乱，如今人们只能从柳宗元诗作《湘口馆潇湘二水所汇》中揣测当时之面貌了。柳诗云："九疑浚倾奔，临源委萦回。会合属空旷，泓澄停风雷。高馆轩霞表，危楼临山隈。兹辰始澄霁，纤云尽褰开。天秋日正中，水碧无尘埃……"遥想当年，这里一定是层层叠翠，鸟语花香。月光下的书院，江上摇曳的渔火，江风轻送渔歌，学子们在花前月下读书，简直如诗如画。难怪陆游感叹"挥毫当得江山助，不到潇湘岂有诗"了。

　　也许是得天独厚的地理条件，成就了萍岛这块风水宝地。萍岛像一颗明珠点缀在青山绿水之间，熠熠生辉。潇水蜿蜒南来，湘水奔腾西至，同时扑向萍岛，好似二龙戏珠。一阵戏耍之后，二龙轻心惬意地扬长北去，朝两岸撒下无边的欢乐，绿了庄稼，红了山花。于是，萍岛上林木葱茏，花卉葳蕤，一步一

景，美不胜收。

　　萍岛上有香樟、香桂、香椿、桑树、梁木、八角枫、五爪枫等古树名木上百种，其中上百年的古树就有三百多株。最令人惊叹的是，这里所有的树木都"不按常理出牌"，它们依着自己的本性，肆意发挥生长，书写着大自然的鬼斧神工，讲述着树世界的古老童话。岛上还长满芭蕉、竹子和野花。绿树满岛，绿草满地，花香满径，美丽又美妙，醉人又迷人。

　　有树有花有草就有鸟。平时来萍岛栖息最多的是白鹭和八哥，再加上其他的鸟群，这里成了百鸟翔集的鸟世界，它们唱歌跳舞、嬉戏追逐，把这里变成了音乐岛、欢乐岛，也更衬托出这里的静谧与安宁。

　　萍岛上如此有灵性的花草树木，要是碰上夜雨来临，便会共同生出心灵感应，奏起美妙的和谐乐章：雨打芭蕉，叮叮咚咚；雨滴树叶，滴滴答答；雨洒草丛，淅淅沥沥；雨落花间，咿咿呀呀；雨入人心，清清爽爽……夜雨潇潇，万籁齐鸣，像音乐大厅的千琴万瑟在演奏优雅而雄浑的交响乐章，应和着潇湘云飘水荡的韵律，显得格外深沉、幽远、隽永，烘托出一个壮阔浩渺而又明丽淡雅的意境。

　　这么美好的萍岛，真叫人无不心向往之。怪不得曹雪芹将美的形象大使林黛玉安置在"潇湘馆"里，独享那份世人难得的清新和逸致——曾经有人说曹雪芹在《红楼梦》设置的"潇湘馆"就是萍岛的代名词，就是"潇湘夜雨"意境的化身。对于此说，不管别人信不信，反正，我信了。

先有何仙姑，后有罗汉松

◎张　坤

在永州市零陵区富家桥镇大仙观村，有一株树龄为一千二百多年的罗汉松，它是迄今为止全国已发现的最古老的罗汉松之一。

这株位于大仙观村虎形山下的罗汉松，树高20多米，胸径1.5米，树干表皮斑驳粗糙，青苔厚积，枝干上爬满青藤，枝叶茂盛，生机盎然。这株罗汉松的前面，原来有一座规模宏大的道观——大仙观。大仙观系唐朝时为纪念传说中的仙女何仙姑而建。大仙观兴建后，后人才种植此树。

相传，大仙观是道教的胜地，也是何仙姑的故乡，何仙姑是在此得道成仙的。据《吕祖全书·海山奇遇·之七》记载：何仙姑，永州零陵人也。父讳英，母钟氏，喜清净布施。何仙姑母亲，一天梦游遇到潇湘神女，神女对何母说："将寄汝家，一游人世。"何母注目久之，觉而有娠，何仙姑得以在元和三年十一月初一日出生。何仙姑后来在红玉洞修炼时，遇上仙人吕洞宾点化，遂成为八仙之一。

大仙观村是进水和贤水相汇的地方。进水和贤水是两条发源于都庞岭柴君峰的姊妹河，贤水为姐，进水为妹，飘逸如少女的身段，清脆似少女的情歌，秀澈像少女的双眸，俊丽若少女的面庞。河岸的山上有个红玉洞，就是何仙姑修炼常住的洞。

那时，山下的贤水河里有一条鲤鱼，得道成精后，专干危害老百姓的坏事。每年的春夏时节，它就呼风唤雨，把贤水河搅得浊浪排空，滚滚洪水淹没贤水河两岸的庄稼和农舍。鲤鱼精趁此机会吞食农家小孩和家畜，老百姓恨透了它，却又拿它毫无办法。在红玉洞里潜心修炼的何仙姑看在眼里，急在心里，发誓要制服这条作恶多端的鲤鱼精，为民除害。若干年之后，当鲤鱼精又施淫威时，何仙姑手执双刃剑，从红玉洞里一跃而出，轻飘飘地站在浊浪排空的波峰浪尖之上，指着鲤鱼精厉声喝道："孽障！看我今天怎么收拾你！"那鲤鱼精自恃得道成精，法力无边，见一个黄毛小丫头跟它叫板，顿时恼羞成怒，腾空一跃，欲把何仙姑吞入腹中。何仙姑使出浑身功夫，在山上、空中、水里经过一番殊死的较量，鲤鱼精败下阵来。何仙姑欲杀了它为民除害，鲤鱼精苦苦地哀求道："求仙姑剑下留情，放我一条生路，在下再也不敢为非作歹、伤害百姓了。我甘愿作你的坐骑，永远伺候你。"何仙姑见鲤鱼精真心悔过，也就原谅了它，将它作了自己的坐骑。在后来飘海时，这条改过自新的鲤鱼精还真的帮何仙姑大显了一番神通哩！

何仙姑制服鲤鱼精为民除害、祈求修道成仙的事，很快就禀报到了天庭。于是，天庭派下吕洞宾，给何仙姑送上"云母粉"和"仙桃"让她吃下，何仙姑由此得道成仙，加入"八仙"队伍。后来，唐朝在天宝年间，为纪念何仙姑，便修建了大仙观，又在大仙观前种下了这棵罗汉松。

自此之后，大仙观及其附近的村民因为何仙姑因为大仙观，都把这株罗汉松视为神明，对其特别敬重并加以保护。20世纪50年代"大炼钢铁"时，大仙观后虎形山上的大树全被砍伐，唯有这株罗汉松得以幸存。可惜的是，罗汉松后的大仙观已在"文革"时被拆。

有趣的是，大仙观没有了，何仙姑的传说还在，罗汉松还在。罗汉松籽掉到地上，长出了很多幼苗。于是，近些年来，有很多村民将这些幼苗移栽到自家房前屋后，许多已长成小树。他们或是在想着延续这棵"仙松"的生命，以此来遥忆着那个邻家女孩，那个美丽的"仙姑"。

图书在版编目（CIP）数据

芳菲湖南 / 徐茂君主编. -- 长沙：湖南大学出版社，2018.10
（文化中国）
ISBN 978-7-5667-1659-0

Ⅰ.①芳… Ⅱ.①徐… Ⅲ.①湖南 – 概况 Ⅳ.① K926.4

中国版本图书馆 CIP 数据核字（2018）第 237166 号

芳菲湖南
FANGFEI HUNAN

主　　编：徐茂君

副 主 编：唐韶南　罗满元

撰　　稿：黄　菲　宾丝丝　郭探微　张　坤　易　欢

责任编辑：邹　彬　郭　蔚

责任校对：尚楠欣　　　　　　　　责任印制：陈　燕

装帧设计：山和水设计工作室

印装：湖南天闻新华印务有限公司

开本：787×1092　16开　　　　印张：20　　　　　　字数：327千

版次：2018年10月第1版　　　　印次：2018年10月第1次印刷

书号：ISBN 978-7-5667-1659-0

定价：68.00元

出版人：雷鸣

出版发行：湖南大学出版社

社址：湖南·长沙·岳麓山

邮编：410082

电话：0731-88822559（发行部），88821594（编辑部），88821006（出版部）

传真：0731-88649312（发行部），88822264（总编室）

网址：http://www.hnupress.com
